U0919496

Jiaotong Hangye Biaozhun Huibian

交通行业标准汇编

·公路工程材料卷·

本社汇编

人民交通出版社

内 容 提 要

本书是《交通行业标准汇编》之公路工程材料卷。它收录了2007年底前发布的、目前在用的公路工程所使用的土工合成材料、玻璃纤维增强塑料产品等方面的交通行业标准共36种。

本书是公路和桥梁设计、施工以及养护管理等单位的从业人员必备的工具书。

图书在版编目(CIP)数据

交通行业标准汇编. 公路工程材料卷/人民交通出版社编. —北京:人民交通出版社,2008. 6

ISBN 978-7-114-07220-8

Ⅰ. 交… Ⅱ. 人… Ⅲ. ①交通工程－标准－汇编－中国 ②道路工程－建筑材料－标准－汇编－中国 Ⅳ. U－65 U414－65

中国版本图书馆CIP数据核字(2008)第083506号

书　　名: 交通行业标准汇编·公路工程材料卷·
著 作 者: 本社汇编
责任编辑: 夏　迎
出版发行: 人民交通出版社
地　　址: (100011)北京市朝阳区安定门外外馆斜街3号
网　　址: http://www.ccpress.com.cn
销售电话: (010)59757969,59757973
总 经 销: 北京中交盛世书刊有限公司
经　　销: 各地新华书店
印　　刷: 北京密东印刷有限公司
开　　本: 880×1230　1/16
印　　张: 18.25
字　　数: 547千
版　　次: 2008年8月第1版
印　　次: 2008年8月第1次印刷
书　　号: ISBN 978-7-114-07220-8
印　　数: 0001—2000册
定　　价: 58.00元

目　录

JT

中华人民共和国交通行业标准

JT/T 203—95

公路水泥混凝土路面接缝材料

Joint sealing material of cement concrete pavement for highway

1995-08-24 发布　　　　1996-03-01 实施

中华人民共和国交通部　发布

中华人民共和国交通行业标准

JT/T 203—95

公路水泥混凝土路面接缝材料

Joint sealing material of cement concrete pavement for highway

1 主题内容与适用范围

本标准规定了公路水泥混凝土路面接缝所用接缝板和填缝料的技术要求、试验方法和检验规则。

本标准适用于公路水泥混凝土路面接缝的新建、改建和维修养护。

2 术语

2.1 接缝材料 Joint sealing material

指水泥混凝土路面面板接缝所用的接缝板和填缝料。

2.2 接缝板 Joint fillet

指为防止水泥混凝土路面面板膨胀压屈，置放在胀缝中的预制板。

2.3 填缝料 Joint filler

指为防止雨水及砂、石等杂物进入水泥混凝土路面面板各种接缝内部，在其上部灌入的材料。

3 分类

接缝材料按使用性能分为接缝板和填缝料。填缝料按施工温度分为加热施工式填缝料和常温施工式填缝料两种。

4 基本要求

4.1 接缝板应能适应混凝土面板的膨胀和收缩，具有施工时不变形，复原率高和耐久性好等性能。

4.2 填缝料应具有与混凝土面板缝壁粘结能力强、弹性好、拉伸量大、不溶于水、不渗水、高温时不流淌、低温时不脆裂和耐久性好等性能。

5 技术要求

5.1 接缝板的品种主要有杉木板、泡沫橡胶板、泡沫树脂板和纤维板等。其技术要求应符合表1的规定。

表1 接缝板的技术要求

试验项目	接缝板种类			备注
	木材类	塑料泡沫类	纤维类	
压缩应力(MPa)	5.0～20.0	0.2～0.6	2.0～10.0	
复原率(%)	＞55	＞90	＞65	吸水后不应小于不吸水的90%
挤出量(mm)	＜5.5	＜5.0	＜4.0	
弯曲荷载(N)	100～400	0～50	5～40	

中华人民共和国交通部 1995-08-24 批准　　1996-03-01 实施

5.1.1 木板应挖除板上的树节,并用原质木材修补。

5.1.2 接缝板厚度误差范围为±5%,长度与宽度误差范围为±2%。

5.2 加热施工式填缝料的品种主要有聚氯乙烯胶泥、沥青橡胶类和沥青玛蹄脂等。其技术要求应符合表2的规定。

表2 加热施工式填缝料的技术要求

试验项目	低弹性型	高弹性型
针入度(0.1mm)	<50	<90
弹性(复原率)(%)	>30	>60
流动度(mm)	<5	<2
拉伸量(mm)	>5	>15

5.3 常温施工式填缝料的品种主要有聚氨酯焦油类、氯丁橡胶类、乳化沥青橡胶类等。其技术要求应符合表3的规定。

表3 常温施工式填缝料的技术要求

试验项目	技术要求
灌入稠度(s)	<20
失粘时间(h)	6~24
弹性(复原率)(%)	>75
流动度(mm)	0
拉伸量(mm)	<15

6 试验方法

6.1 接缝板的试验方法

6.1.1 吸水试验

6.1.1.1 试验目的

测定接缝板的吸水率,用以分析吸水对接缝板复原率等的影响。

6.1.1.2 仪器设备

a. 电热干燥烘箱——自动控制恒温60±1℃;

b. 天平——称量500g,感量0.1g;

c. 其它——恒温水槽、温度计等。

6.1.1.3 试验步骤

将任选的接缝板加工成100mm×100mm×20mm试件三块。将试件放入电热干燥烘箱中,保持60℃恒温24h后,称量其质量g_1;再浸水24h后,取出擦去表面浮水称其质量g_2。吸水率按式(1)计算,以三个试件测值的算术平均值作为样品的测定值。如任一个测值与中值的差超过中值的15%时,则该组试验结果无效。

$$w=\frac{g_2-g_1}{g_1}\times 100 \qquad (1)$$

式中:w——吸水率,%。

6.1.2 压缩和复原试验

6.1.2.1 试验目的

测定接缝板的压缩和复原性能。

6.1.2.2 仪器设备

a. 压力试验机——量程 300kN；

b. 其它——百分表、卡尺、金属加荷板(100mm×100mm×12mm)二块和金属衬垫等。

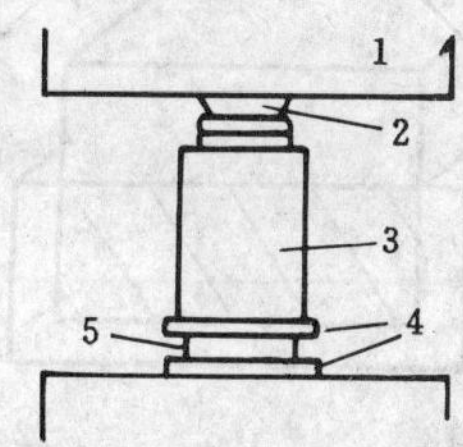

图 1 压缩和复原试验装置

1-试验机横头；2-球臼接头；3-金属衬垫；4-加荷板；5-试件

6.1.2.3 试验步骤

将任选的接缝板加工成 100mm×100mm×20mm(精确至±0.5mm)试件三块，要求表面平滑，平面度公差不大于±0.5mm。

在压力机上放置加荷板，将试样置于板上，试件上再放一块板(必要时加放一衬垫)。以 0.01mm/s 的加荷速度，将试件压缩至原来厚度的 1/2，同时记下此时的荷载。卸荷后停止 30min，按上述方法再重复二次，最后卸荷后 1h 测量其厚度，并每小时测量一次，直到稳定为止。复原率按式(2)计算，压应力按式(3)计算，样品测定值的计算及异常数据取舍原则同 6.1.1。

$$r=\frac{H_2}{H_1}\times 100 \qquad (2)$$

式中：r——复原率，%；

H_1——加荷前试件厚度，mm；

H_2——卸荷后恢复到稳定时试件的厚度，mm。

$$S=\frac{P}{A} \qquad (3)$$

式中：S——接缝板压缩到 1/2 时的应力，MPa；

P——接缝板压缩到 1/2 时的荷载(包括试件上加荷垫板和衬垫的重力)，N；

A——接缝板压缩到 1/2 时之后的试件面积，mm^2。

6.1.3 挤出试验

6.1.3.1 试验目的

测量接缝板在一定压应力作用下的挤出量。

6.1.3.2 仪器设备

a. 压力试验机——量程 300kN；

b. 电热干燥烘箱——自动控制恒温 40℃±2℃；

c. 试模一套——包括槽形底模和承载板等，见图 2；

d. 其它——电吹风机、温度计等。

6.1.3.3 试验步骤

将任选的接缝板加工成 100mm×100mm×20mm(精确至±0.5mm)试件三块。将试件放入模框中，装好承载板，一并置入烘箱内，保持 40℃±2℃恒温 4h 后，迅速取出放在压力机上，同时用电吹风机使试件周围温度保持在 40℃±2℃，开动压力机，以 0.01mm/s 的速度将试件压缩至原来厚度的 1/2，测量挤出的长度(mm)，精确至±0.5mm。样品测定值的计算及异常数据取舍原则同 6.1.1。

6.1.4 弯曲试验

6.1.4.1 试验目的

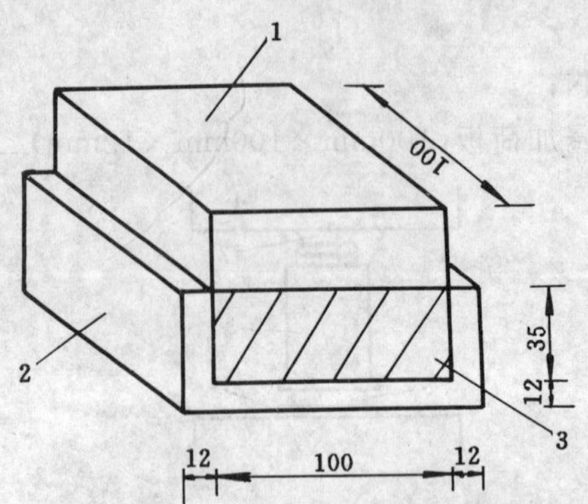

图 2 挤出试验装置(尺寸单位:mm)

1-承载板;2-底模;3-试件

了解接缝板是否容易折断及用于施工的可能性。

6.1.4.2 仪器设备

a. 弯拉试验装置——可用水泥砂浆抗折强度试验机、拉力机或其它精度能准确到 1N 的仪器,另加工一个单支点加荷试验支座(图 3);

b. 其它——百分表、温度计等。

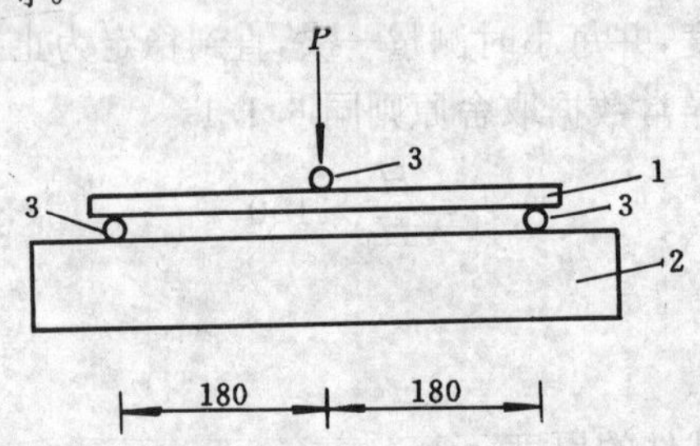

图 3 弯曲试验装置(尺寸单位:mm)

1-试件;2-支座;3-圆钢($d=10$mm)

6.1.4.3 试验步骤

将任选的接缝板加工成 400mm×100mm×20mm(精确至±0.5mm)试件三块。将试件放置在跨度为 360mm 的支座上,使其中部与上面加荷装置接触,将加荷装置调至零点,以 0.1mm/s 的挠度变化速度加荷,测量挠度达到 10mm 时的加荷重力,即为弯曲荷载(N)。样品测定值的计算及异常数据取舍原则同 6.1.1。

6.2 加热施工式填缝料试验方法

6.2.1 灌入温度试验

6.2.1.1 试验目的

确定填料施工时的适宜温度。

6.2.1.2 仪器设备

a. 沥青粘度仪——流孔直径 10mm,见图 4;

b. 电加热器——直接在油里加热,加热范围可达到 200℃;

c. 其它——秒表、温度计、量杯、油浴、电炉等。

6.2.1.3 试验步骤

将任选的填缝料 700~800g 放入搪瓷杯里,在油浴里加热,边加热边搅拌直至熔化,温度达到 100℃时,倒入沥青粘度仪试样筒里,其数量至球棒标记钉处(沥青粘度仪上油浴里的油预先应加热至 100℃)。流孔下面放一量杯,提取球棒同时启动秒表,使填缝料自由流出试样筒至流满 50mL 为止,记下流淌时间。按上述方法每次将填缝料温度增加 10℃,至填缝料加热至发生质的变化为止(发生质的变化

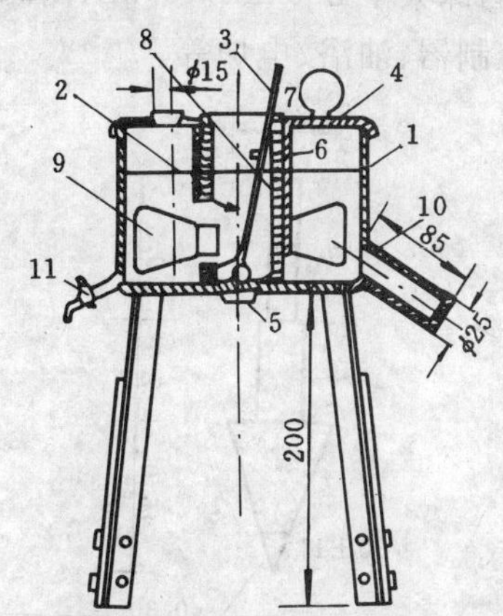

图 4　沥青粘度仪(尺寸单位:mm)

1-油浴;2-搅拌器套筒;3-球棒;4-盖;5-流孔;6-安装试样筒的圆井;

7-试样筒凸肩;8-试样筒;9-搅拌叶片;10-加热管;11-放油龙头

可用目测确定)。以比初发生质的变化时的温度低 20～30℃作为灌入温度。

6.2.2　流动度试验

6.2.2.1　试验目的

测定填缝料在高温时产生流动的程度。

6.2.2.2　仪器设备

a. 镀锡板——尺寸 200mm×120mm×3mm;

b. 黄铜模框——模框的内尺寸 60mm×40mm×4mm(精确至±0.2mm);

c. 电热干燥烘箱——自动控制恒温 60℃±1℃;

d. 三角架——与水平方向的夹角为 75°,见图 5;

e. 其它——电炉、油浴、烧杯、卡尺、刮刀等。

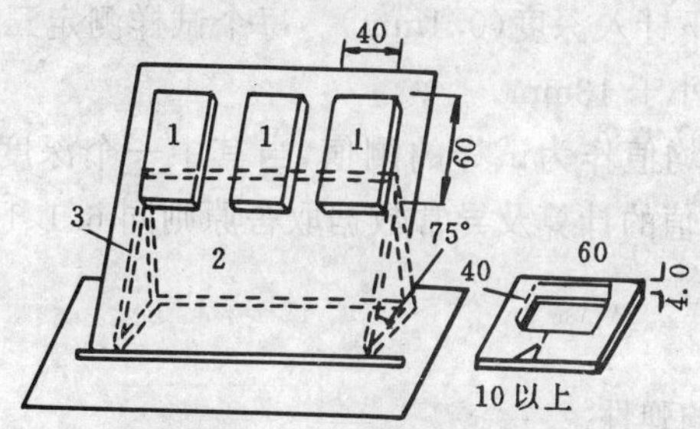

图 5　流动度试验装置(尺寸单位:mm)

1-试件;2-镀锡板;3-三角架

6.2.2.3　试验步骤

在镀锡板上并排放上三个模框,模内涂一层脱模剂。将制备好的填缝料加热至灌入温度,分别注入三个模内,用刀子刮平,在室温中冷却 24h 后,拆下模框,制成三个 60mm×40mm×4mm 试件。将镀锡板连同试件放在三角架上,置入 60℃±1℃的恒温箱内保持 5h,取出试件,量测各试件的长度(精确至 0.1mm),减去原来的长度,其差值即为流动度(mm)。样品测定值的计算及异常数据取舍原则同 6.1.1。

6.2.3　针入度试验

6.2.3.1　试验目的

测定填缝料在夏季高温时对砂石等杂物嵌入的抵抗能力。

6.2.3.2　仪器设备

a. 针入度试验仪——采用沥青针入度仪,将原仪器的标准针取下换成特制的圆锥针(图 6),圆锥针用黄铜或不锈钢制成,锥针加连杆总质量为 150g±0.1g,锥角 30°±1°;

b. 平底玻璃水浴——容积10L(内深大于200mm),0.5L(内深大于80mm)各一个;

c. 其它——秒表、温度计、恒温控制器、油浴、电炉等。

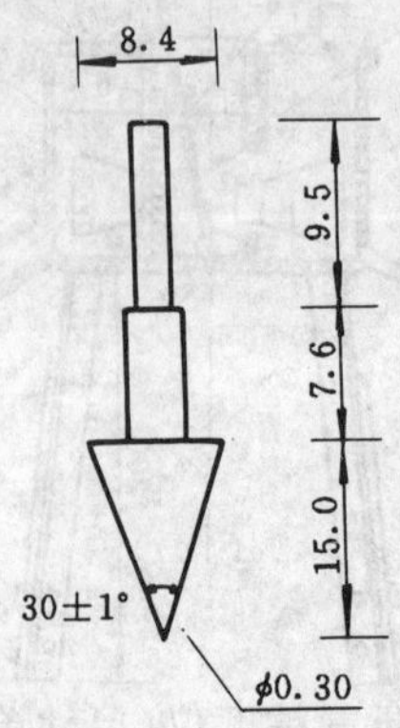

图6 圆锥针(尺寸单位:mm)

6.2.3.3 试验步骤

将配制好的填缝料试样900～1 000g放入搪瓷杯中,在油浴中加热至灌入温度,倒入直径ϕ70mm、内部深度45mm±1mm的试样器里,倒满后刮平并注意排除气泡。在相同条件下制做三个试样为一组。试样制备完毕后放在室温15～30℃的空气中冷却1.5～2.0h,将试样放在一个带孔支架上,移入恒温25℃±0.5℃、容积10L的水浴中,距水底不小于50mm,距水面不小于100mm,放置1.5～2.0h。

调节针入度仪的水平,检查连杆和导轨等是否灵活。

将试样从10L容器中取出后移入容积为0.5L,并带有一个不锈钢三角架的平底玻璃水浴容器中。水浴中的水温应恒温至25℃±0.5℃,试样表面至少应有10mm水层。

将平底玻璃水浴容器连同试样一并放在针入度仪的平台上,慢慢放下连杆,使圆锥针尖刚好与试样表面接触,用揿钮固定连杆,拉下齿杆与连杆顶端接触,调节刻度盘指针至零。

用手紧压揿钮,同时启动秒表,圆锥针自由地落下,圆锥贯入时间为5s时,停压揿钮,使锥针连杆固定,拉下齿杆与连杆端接触,记下针入深度(0.1mm)。每个试样测定三个针入深度,测点之间距不应小于25mm,测点距试样边缘不应小于13mm。

以三个针入深度的算术平均值作为试样的测值,当其中一个深度值与中间值之差超过中间值的20%时,试验应重做。样品测定值的计算及异常数据取舍原则同6.1.1。

6.2.4 弹性试验

6.2.4.1 试验目的

测定填缝料在不同温度下的弹性。

6.2.4.2 仪器设备

a. 弹性试验仪——采用沥青针入度仪,将原仪器的标准针取下,换成特制的球针(图7);钢球直径

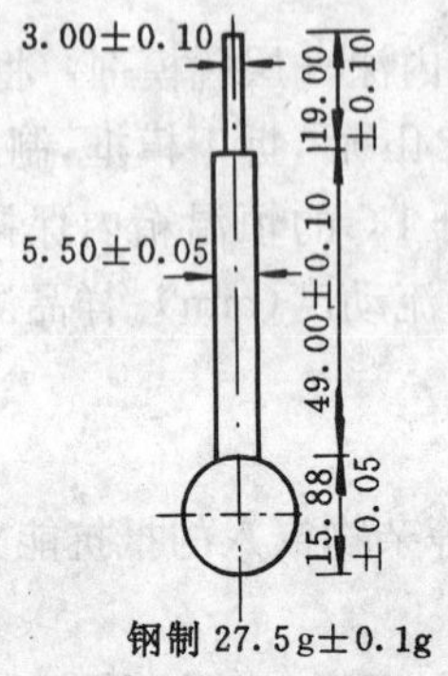

图7 球针(尺寸单位:mm)

15.80mm±0.5mm，针杆长 49m，直径 ϕ5.5mm，球针加连杆总质量为 150g±0.1g；

b. 电热恒温箱——自动恒温并能调节，(25～90)℃±1℃；

c. 低温冰箱——自动恒温，−10℃；

d. 平底玻璃水浴——容积 10L(内深大于 200mm)、0.5L(内深大于 30mm)各一个；

e. 酒精、干冰——酒精纯度大于 95%；

f. 其它——百分表、秒表、刮刀、温度计、滑石粉、甘油等。

6.2.4.3 试验步骤

按 6.2.3 针入度试验的试验步骤制备试样和调整针入度仪，从 10L 水浴容器中取出三个试样。一个试样放在水温 25℃±1℃、容积为 0.5L 的水浴容器中做常温的弹性试验；另一个试样放在−10℃低温冰箱里恒温 4h 后，取出放在 0.5L 平底玻璃水浴里(水浴里装酒精、干冰溶液以保持−10℃)做低温弹性试验；第三个试样放在 90℃±5℃恒温箱中保持 160h±2h，使之老化，取出冷却 1h 后放在 25℃±1℃恒温水浴容器里，做老化后的弹性试验。

在钢球上涂上一层甘油或滑石粉，按顺序将试样连同平底玻璃水浴容器或干冰酒精溶液容器，放在针入度仪的平台上，慢慢放下球针连杆，使球针刚好与试样表面接触，用揿钮固定连杆，拉下齿杆与连杆顶端接触，调节刻度盘指针至零。用手紧压揿钮，同时启动秒表，使球针自由落下，球针贯入时间为 5s 时，停压揿钮，使球针连杆固定，拉下齿杆与连杆端接触，读刻度盘指针读数，贯入量为 H_1(mm)。然后用手压连杆，使球针在 10s 内匀速压入填缝料中 10mm(低温 5mm)，拉下齿杆，此时总贯入量为 H_2(=H_1+10 或 5)(mm)。固定球针 5s，将齿杆上推，再按压揿钮并提起球针使试样表面自由复原 20s 后，按压揿钮，使球针与复原后的试样表面接触，拉下齿杆，读刻盘指针读数 H_3(mm)。按式(4)计算复原率：

$$r=\frac{H_2-H_3}{H_2-H_1}\times 100 \tag{4}$$

式中：r——复原率，%。

每个试样测定三个测点，测点位置和试样测值的计算应符合 6.2.3 的规定。样品测定值的计算及异常数据取舍原则同 6.1.1。

低温弹性试验，可根据自然气候区的划分和特殊要求或其它不同的低温要求进行试验。

6.2.5 拉伸试验

6.2.5.1 试验目的

测定填缝料在低温时的拉伸性能。

6.2.5.2 仪器设备

a. 拉伸试验机——电动式，行程速度 0.05mm/min(图 8)；

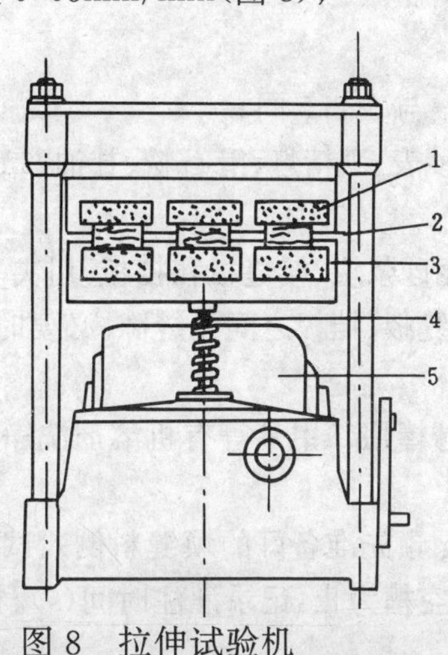

图 8 拉伸试验机

1-水泥砂浆块；2-填缝料；3-卡子；4-升降螺杆；5-电动机

b. 低温装置——低温室或低温冰箱，其体积至少能容纳拉伸试验机，恒温控制能达－10℃±1℃～－30℃±1℃；

c. 水泥砂浆块——尺寸 120mm×60mm×34mm，抗压强度大于 30MPa，若干块(图 9)；

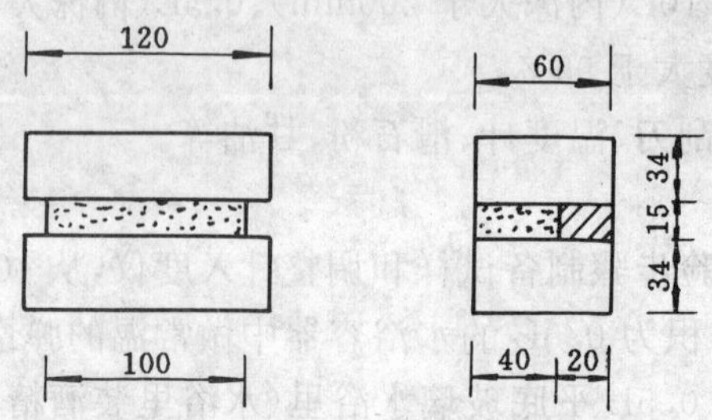

图 9 试块(尺寸单位：mm)

d. 接缝板——尺寸 15mm×20mm×100mm；

e. 其它——秒表、温度计、搪瓷杯、电炉、油浴、夹板等。

6.2.5.3 试验步骤

在二块水泥砂浆块之间放一块接缝板，并在两端放上挡板(尺寸为 10mm×15mm×70mm)，用卡具夹好，使二块水泥砂浆块之间形成尺寸为 15mm×40mm×100mm 的空槽。根据填缝料种类和性质，必要时在水泥砂浆两侧面涂刷一层冷底子油，挡板和接缝板上涂脱模剂。将填缝料在油浴里加热至灌入温度，灌入空槽内，刮平后在室温 15～30℃条件下养生 24h。拆除挡板和接缝板，将试件安装在拉伸机上，放入－10℃±1℃低温室或冰箱里，冷冻 4h(根据自然气候区可选择－20℃或－30℃冷冻)。调整拉伸机、卡子和试件间距，使其互相接触，将百分表调至零点。开动拉伸机同时启动秒表，以 0.05mm/min 的速度均匀拉伸，观察位伸情况(若在冰箱里拉伸，可通过隔温玻璃观察)。填缝料若从砂浆块表面脱落或本身出现裂纹即停止拉伸，记录拉伸长度(mm)，精度至 0.1mm。样品测定值的计算及异常数据取舍原则同 6.1.1。

6.3 常温施工式填缝料试验方法

6.3.1 灌入稠度试验

6.3.1.1 试验目的

确定填缝料的稠度是否适宜灌入所设计的接缝内。

6.3.1.2 仪器设备

a. 稠度仪——采用沥青粘度仪，将原仪器中的装样桶取下换成底部为 60°的圆锥形试样筒(用不锈钢或黄铜制成，壁厚 1mm)，见图 10；

b. 滤筛——筛孔直径 2mm；

c. 水泥砂浆块和接缝板——与 6.2.5 同；

d. 其它——温度计、油浴、秒表、酒精灯、滑石粉、甘油、二甲苯等。

6.3.1.3 试验步骤

按 6.2.5 的试验步骤将水泥砂浆块、接缝板和挡板，用夹具夹好，使之形成 15mm×40mm×100mm 的空槽，并保证水泥砂浆块与接缝板、挡板之间无缝隙。必要时用滑石粉加甘油将缝堵塞，防止填缝料漏出。

调节稠度仪水平(试样筒、球棒用二甲苯等有机溶剂洗净)，将水泥砂浆块放在稠度仪流孔下，空槽中心对准流孔中心。

流孔用球棒堵塞好，取 150g 预先准备好的填缝料倒入试样筒内，提升球棒使填缝料自由流入空槽内，同时启动秒表至填缝料流满空槽为止，记录灌注时间(s)。样品测定值的计算及异常数据取舍原则同 6.1.1。

试验温度分为 10℃、20℃、30℃，可根据施工温度选择。试样可借助冰箱、油浴和酒精、干冰溶液等

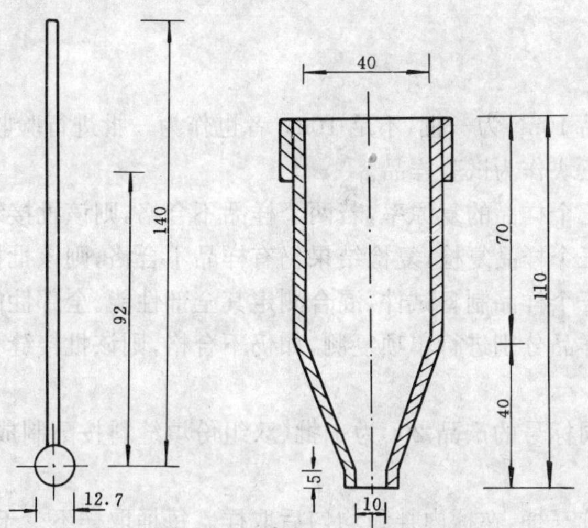

图10　试样筒、球棒(尺寸单位:mm)

达到要求的恒温。

6.3.2　失粘时间及流动度试验

6.3.2.1　试验目的

失粘时间试验的目的是测定填缝料的凝固时间,特别是对于双组份聚氨酯类填缝料的固化时间和固化过程;流动度试验的目的是测定填缝料在高温时发生流淌的程度。

6.3.2.2　仪器设备

a. 镀锡板、黄铜模框、电热干燥烘箱——与6.2.2同;

b. 压重板——金属制成,质量为35~36g,长宽尺寸为50mm×30mm,厚度根据不同金属相对密度而定;

c. 聚乙烯薄膜——剪成70mm×50mm小块,厚0.1~0.2mm;

d. 其它——秒表、薄片刀、钢板尺等。

6.3.2.3　试验步骤

将三个模框并排放在镀锡板中间,模框内预先涂一层脱模剂。将准备好的填缝料灌入模框内,用小刀刮平,盖上聚乙烯薄膜,并压一块压重板,水平地放在20℃±3℃养护室或恒温箱内。养护3h后,取下压板,将聚乙烯薄膜慢慢卷揭,若试样仍与聚乙烯薄膜粘结,则重放压板,继续养护,每间隔1h拿出卷揭一次,至完全不粘薄膜为止。总养护时间即为失粘时间(h)。样品测定值的计算及异常数据取舍原则同6.1.1。

失粘时间试验完成以后,将试件放在20℃±3℃恒温箱内继续养护24h,拆下模框,将试件连同镀锡板放在三角架上,置于浅盘中,移入60℃±1℃的恒温箱内3h。取出试件,测量各试件的长度(精确至0.1mm),减去原来的长度,其差值即为流动度(mm)。样品测定值的计算及异常数据取舍原则同6.1.1。

6.3.3　弹性试验

(1)试验目的与6.2.4同。

(2)仪器设备与6.2.4同。

(3)试验步骤与6.2.4同。但试件养护温度为20℃±3℃,养护时间为从失粘时间起再养护48h后进行试验。常温试件(20℃±1℃)的贯入量为5mm,低温试件(−10℃±1℃)的贯入量为3mm。老化试件养护温度为70℃±2℃,试验温度20℃±1℃,贯入量5mm。

6.3.4　拉伸试验

与6.2.5同。

7 检验规则

7.1 接缝板

7.1.1 接缝板以同类产品 $10m^3$ 为一批，不足 $10m^3$ 者也作为一批进行验收。

7.1.2 每批接缝板任取三块作为试验样品。

7.1.3 接缝板应先测定三个样品的复原率，若两个样品不合格，则该批接缝板为不合格品；若只有一个样品不合格，允许再另取三个样品复检，复检结果仍有样品不合格，则该批接缝板为不合格品。

如复原率合格，则将三个样品制备试件，混合测定其全部性能。全部性能合格者为合格品；如有任何一项不合格，可另取三个样品分别进行单项复测，如仍不合格，则该批接缝板为不合格品。

7.2 填缝料

7.2.1 填缝料以同品种同标号的产品 20t 为一批(双组份填缝料按配制成品数量计)，不足 20t 者也作为一批进行验收。

7.2.2 每批填缝料中任选三桶，在桶内拌和均匀后取样。每桶取样不少于 1kg(按配成成品计)。

7.2.3 填缝料应先测定三个样品的流动度，若两个样品不合格，则该批填缝料为不合格品；若有一个样品不合格，允许再另取三个样品复检，复检结果仍有样品不合格，则该批填缝料为不合格品。

如果流动度合格，则将三个样品混合制备试件，测定其全部性能。全部性能合格者为合格品；如有任何一项不合格，可另取三个样品分别进行单项复测，如仍有不合格，则该批填缝料为不合格品。

8 包装、运输、储存

8.1 接缝板

8.1.1 出厂的接缝板应用塑料编织布或其他不易破裂的薄膜包裹，捆扎包装，在捆扎角处需衬垫硬质材料。包装应符合运输要求，便于搬运与装卸。

8.1.2 出厂的接缝板每个包装件均应有产品合格证，并标明产品名称、规格、批号、生产日期、生产厂名、检验员印章以及标准编号。

8.1.3 在运输和储存保管时，严禁接近烟火，避免受热；不可重压猛摔和与锋利物品碰撞；应水平放置，以防变形；不能接触使其溶解、破坏的化学物品。

8.1.4 储存时应放在干燥通风的棚内，不宜露天雨淋和暴晒。

8.2 填缝料

8.2.1 出厂的填缝料应用铁桶包装，并贴上注册商标，注明产品名称、规格、批号、生产日期、生产厂名、有效期限、净质量、毛质量、检验员印章及标准编号。每个包装桶均应有产品合格证。

8.2.2 保管和运输时应离开热、火源，周围温度不应超过 70℃，避免雨淋和日晒。

8.2.3 填缝料应储存在干燥阴凉的棚内，储存期不应超过有效期限。过期产品应重新检验，合格后方可使用。

附加说明：

本标准由交通部科学技术司提出。

本标准由交通部公路管理司归口。

本标准由水泥混凝土路面技术委员会、交通部公路规划设计院负责起草。

本标准参加单位：山西红旗化工厂

本标准主要起草人：韩以谦、李华、程英华、祝心树、郭春华

ICS 93.080.10;ICS 83.120
Q23
备案号

中华人民共和国交通行业标准

JT/T 480—2002

交通工程土工合成材料　土工格栅

Geosynthetics in the traffic engineerings—Geogrid

2002-08-01 发布　　2002-10-10 实施

中华人民共和国交通部　发布

交通工程土工合成材料　土工格栅

1　范围

本标准规定了土工格栅的分类与命名、规格与尺寸、技术要求、试验方法、检验规则、标志、包装、运输和贮存的要求。

本标准适用于公路、港口工程用土工格栅。铁路、水利工程用土工格栅可参照执行。

2　规范性引用文件

下列文件中的条款通过本标准的引用而成为本标准的条款。凡是注日期的引用文件，其随后所有的修改单(不包括勘误的内容)或修订版均不适用于本标准，然而，鼓励根据本标准达成协议的各方研究是否可使用这些文件的最新版本。凡是不注日期的引用文件，其最新版本适用于本标准。

GB/T 1549　钠钙硅铝硼玻璃化学分析方法

GB/T 7689.3　增强材料　机织物试验方法　第3部分宽度和长度的测定

GB/T 13021　聚乙烯管材和管件碳黑含量的测量　热失重法(neq ISO 6964:1986)

GB/T 14798　土工布　鉴别标志(eqv ISO 10320:1991)

JTJ/T 060　公路土工合成材料试验规程

3　术语和定义

下列术语和定义适用于本标准。

3.1

每延米拉伸断裂强度 tension fracture strength per metre length along the width direction

单位宽度土工格栅在外力作用下拉伸断裂强度，以 kN/m 表示。

3.2

每延米极限抗拉强度 limit tensile strength per metre length along the width direction

单位宽度土工格栅在外力作用下拉伸极限强度，以 kN/m 表示。

4　产品分类与命名

4.1　分类

4.1.1　按使用受力的方向分二类：

单向土工格栅，代号为 GD；双向土工格栅，代号为 GS。

4.1.2　典型产品形状见图1、图2、图3和图4。

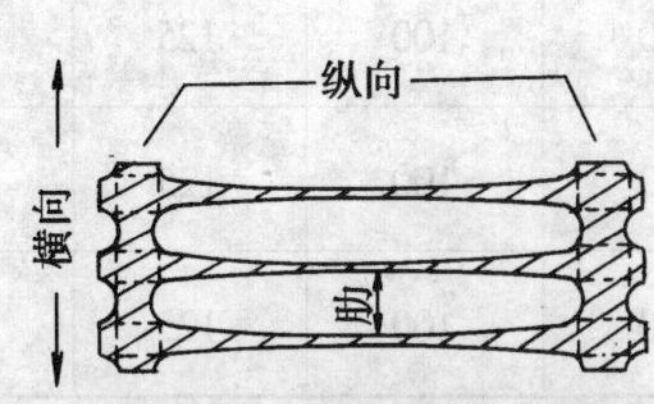

图1　单向拉伸土工格栅

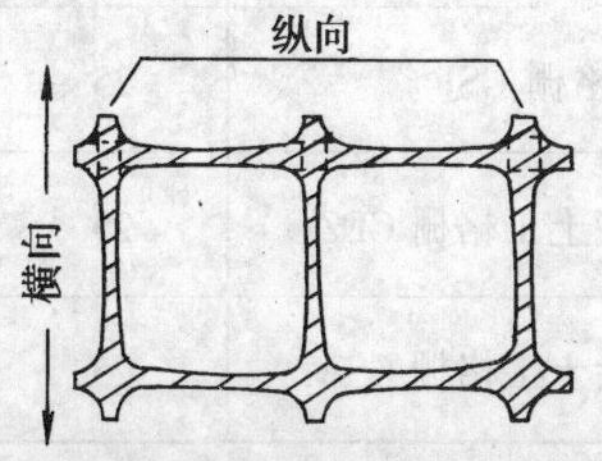

图2　双向拉伸土工格栅

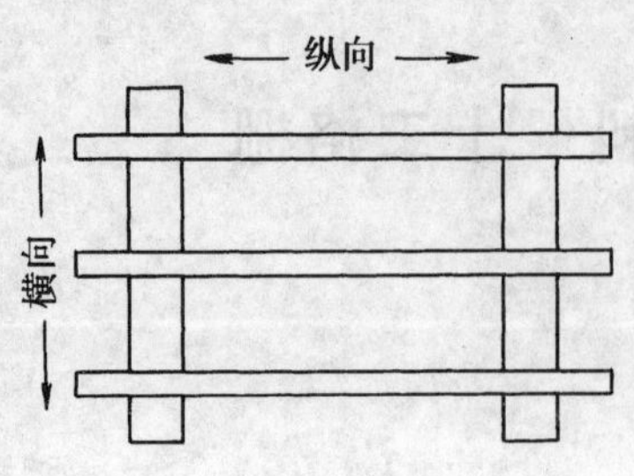

图 3 单向经编、粘焊土工格栅

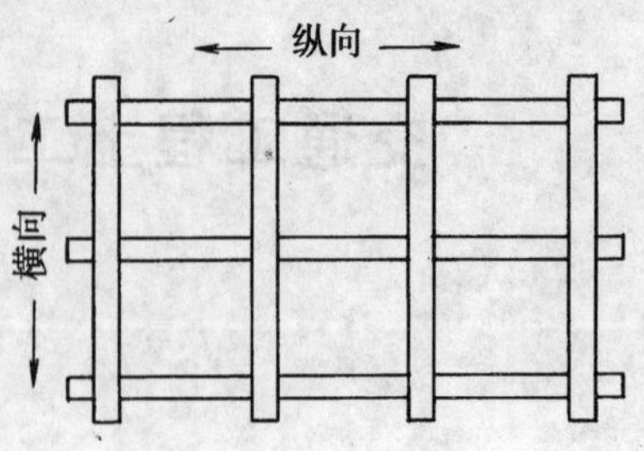

图 4 双向经编、粘焊土工格栅

4.2 命名

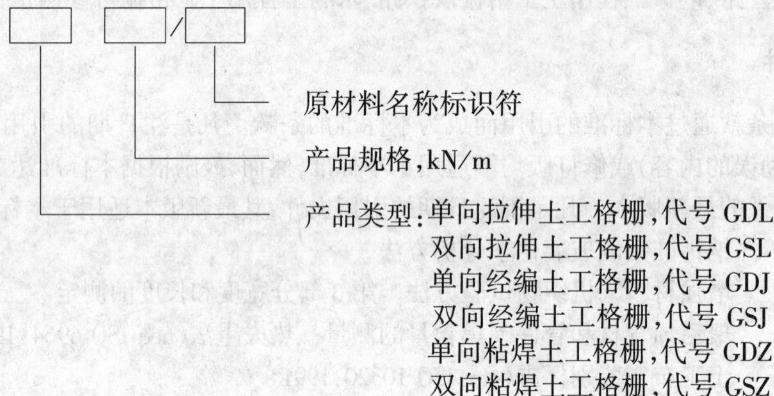

示例 1:

每延米极限拉力 25kN 的单向拉伸土工格栅,原材料为聚丙烯,表示为:GDL25/PP

示例 2:

每延米纵、横向极限拉力均为 20kN,双向拉伸土工格栅,原材料为聚乙烯,表示为:GSL20/PE

5 产品规格系列与尺寸及偏差

5.1 规格系列

规格系列见表 1。

表 1 产 品 规 格

格 栅 种 类	标称每延米抗拉强度 kN/m						
单向拉伸土工格栅 GDL	20	35	50	80	100	125	150
双向拉伸土工格栅 GSL	20	35	50	80	100	125	150
单向经编土工格栅 GDJ	25	40	60	80	100	125	150
双向经编土工格栅 GSJ	25	40	60	80	100	125	150
单向粘结、焊接土工格栅 GDZ	25	40	60	80	100	125	150
双向粘结、焊接土工格栅 GSZ	25	40	60	80	100	125	150

5.2 尺寸及偏差

5.2.1 单向和双向拉伸以及粘焊土工格栅

单向和双向拉伸以及粘焊土工格栅尺寸及偏差应符合表2规定。

表2 单向和双向拉伸、粘焊土工格栅尺寸及偏差

标称单位面积质量相对偏差 %	±5.0	宽度偏差 mm	+20
单向土工格栅宽度 m	≥1.0	单向土工格栅网孔中心最小净空尺寸 mm	12 +2
双向土工格栅宽度 m	≥2.0	双向土工格栅网孔中心最小净空尺寸 mm	20 +2

5.2.2 单向、双向经编玻纤格栅、高强聚酯长丝土工格栅

单向、双向经编玻纤格栅、高强聚酯长丝土工格栅尺寸及偏差应符合表3规定。

表3 单向和双向经编、玻纤土工格栅尺寸及偏差

标称单位面积质量相对偏差 %	±5.0	宽度偏差 mm	+19
单向土工格栅宽度 m	≥1.0	网孔中心纵、横向最小净空尺寸 mm	9.0 +0.5
双向土工格栅宽度 m	≥2.0		

6 技术要求

6.1 物理力学性能

6.1.1 物理力学性能参数应符合表4~表9的规定。

表4 单向拉伸(GDL)和高强聚酯长丝经编(GDJ)土工格栅技术参数

项目	规格						
标称 GDL 或 GDJ	20	35	50	80	100	125	150
每延米极限抗拉强度 kN/m	≥20	≥35	≥50	≥80	≥100	≥125	≥150
标称抗拉强度下的伸长率 %	≤12	≤12	≤12	≤13	≤13	≤13	≤13
2%伸长率时的拉伸力 kN/m	≥6	≥10	≥15	≥24	≥30	≥37	≥45
5%伸长率时的拉伸力 kN/m	≥12	≥20	≥28	≥45	≥59	≥78	≥96

表5 双向拉伸(GSL)和高强聚酯长丝经编(GSJ)土工格栅技术参数

项目	规格						
标称 GSL 或 GSJ	20	35	50	80	100	125	150
每延米纵、横向极限抗拉强度 kN/m	≥20	≥35	≥50	≥80	≥100	≥125	≥150
纵、横向标称抗拉强度下的伸长率 %	≤13	≤13	≤13	≤13	≤13	≤14	≤14
纵、横向2%伸长率时的拉伸力 kN/m	≥7	≥12	≥17	≥28	≥35	≥43	≥52
纵、横向5%伸长率时的拉伸力 kN/m	≥14	≥24	≥34	≥56	≥70	≥86	≥104

表6 单向经编玻纤土工格栅(GDB)技术参数

项目	规格						
标称 GDB	25	40	60	80	100	125	150
每延米拉伸断裂强度 kN/m	≥25	≥40	≥60	≥80	≥100	≥125	≥150
断裂伸长率 %	≤4						

表 7　双向经编玻纤土工格栅(GSB)技术参数

项　　目	规　　格						
标称 GSB	25	40	60	80	100	125	150
每延米纵、横向拉伸断裂强度 kN/m	≥25	≥40	≥60	≥80	≥100	≥125	≥150
纵、横向断裂伸长率　%	≤4						

表 8　单向粘焊土工格栅(GDZ)技术参数

项　　目	规　　格						
标称 GDZ	25	40	60	80	100	125	150
每延米纵向极限抗拉强度　kN/m	≥25	≥40	≥60	≥80	≥100	≥125	≥150
纵向标称抗拉强度下的伸长率　%	≤10	≤10	≤10	≤11	≤11	≤11	≤11
纵向 2%伸长率时的拉伸力　kN/m	≥10	≥20	≥22	≥35	≥55	≥60	≥85
纵向 5%伸长率时的拉伸力　kN/m	≥15	≥25	≥40	≥55	≥65	≥90	≥100
粘、焊点极限剥离力　N	≥30						

表 9　双向粘焊土工格栅(GSZ)技术参数

项　　目	规　　格						
标称 GSZ	25	40	60	80	100	125	150
每延米纵、横向极限抗拉强度　kN/m	≥25	≥40	≥60	≥80	≥100	≥125	≥150
纵、横向标称抗拉强度下的伸长率　%	≤12	≤12	≤12	≤13	≤13	≤13	≤13
纵、横向 2%伸长率时的拉伸力　kN/m	≥10	≥20	≥22	≥35	≥55	≥60	≥85
纵、横向 5%伸长率时的拉伸力　kN/m	≥15	≥25	≥40	≥55	≥65	≥90	≥100
粘、焊点极限剥离力　N	≥30						

6.1.2　光老化等级应符合表 10 的规定。

表 10　土工格栅光老化等级

光老化等级	I	II	III	IV
紫外线辐射强度为 $550W/m^2$ 照射 150h 强度保持率　%	<50	50~80	80~95	>95
工程情况	无光老化要求	0.5~1 年 临时工程	1~3 年 施工期	3~8 年 质保工程
碳黑含量　%	—	≥2.5±0.5		
碳黑粒径　纳米(10^{-9}m)	—	≤25.0		
碳黑在格栅材料中的分布要求	均匀、无明显聚块或条状物。			

6.1.3　蠕变性能技术参数按下列规定计算确定。

计算公式：　　$\varepsilon_t = \varepsilon_o + b\log t$

式中：

ε_t——在 P 荷载作用 t 时后的总应变量，%；

ε_o——受力开始时的初始应变量，%；

t——试验历时，h；

b——蠕变系数，$b \geq 0.0167$。

蠕变试验加荷水平:为产品标称极限(断裂)抗拉强度的60%。试验温度为20℃。

6.2 原材料名称标识及技术要求

6.2.1 对蠕变要求

单向拉伸塑料土工格栅原材料要求:高分子量高密度聚乙烯(HDPE)共聚物。密度应在0.940~0.960g/cm^{3}之间。在温度为190℃、质量为21.6kg条件下,材料的MFR(容体流动速度)小于15,或在2.16kg、190℃条件下MFR小于0.25。

注:单项拉伸塑料土工格栅在拉伸后的纵向筋条中材料中的分子高度“取向性”并穿过横向肋条,分子排列方向与筋条方向一致(其他类型材料的土工格栅参照执行)。

6.2.2 原材料的名称标识及技术要求见表11。

表11 原材料的名称标识及技术要求

<table>
<tr><th rowspan="2">类 型</th><th rowspan="2">名 称</th><th rowspan="2">标识符</th><th rowspan="2">技 术 要 求</th><th colspan="2">主要生产工艺</th></tr>
<tr><th>名称</th><th>代号</th></tr>
<tr><td rowspan="2">塑料格栅</td><td>聚丙烯</td><td>PP</td><td rowspan="2">必须是原始粒状颗粒原料,严禁使用粉状和再造粒状颗粒原料</td><td rowspan="2">拉伸</td><td rowspan="2">L</td></tr>
<tr><td>高密度聚乙烯</td><td>HDPE</td></tr>
<tr><td>玻璃纤维格栅</td><td>无碱玻璃</td><td>GE</td><td>碱金属氧化物的含量不大于0.8%</td><td rowspan="2">经编</td><td>B</td></tr>
<tr><td>经编格栅</td><td>高强聚脂长丝</td><td>HP</td><td></td><td>J</td></tr>
<tr><td>粘结格栅</td><td rowspan="2">聚丙烯或
高密度聚乙烯</td><td rowspan="2">PP或
HDPE</td><td rowspan="2">必须是原始粒状颗粒原料,严禁使用粉状和再造粒状颗粒原料</td><td>粘结</td><td rowspan="2">Z</td></tr>
<tr><td>焊接格栅</td><td>焊接</td></tr>
</table>

6.3 外观质量

6.3.1 产品颜色应色泽均匀,无明显油污。

6.3.2 产品无损伤、无破裂。

6.4 成品尺寸

——宽度

土工格栅宽度不得小于标称值。

——长度

土工格栅每卷的纵向基本长度不允许小于50m,卷中不得有拼段。

7 试验方法

7.1 碱金属氧化物含量的测定按GB/T 1549的规定。

7.2 经编玻纤宽度和长度的测定按GB/T 7689.3的规定。

7.3 碳黑含量的测定按GB/T 13021的规定。

7.4 网眼尺寸、单位面积质量以及伸长率和蠕变指标的测定按JTJ/T 060的规定。

7.5 每延米极限抗拉强度、拉伸断裂强度指标的测定按JTJ/T 060的(宽条法)规定。

7.6 粘焊格栅的剥离强度测定见附录A的规定。

7.7 外观目测检查可参照附录B。

8 检验规则

产品需经检验合格并附有质量检验合格证方可出厂。

8.1 检验分类

8.1.1 出厂检验

产品出厂时必须进行出厂检验。出厂检验的项目见表2~表9,对于玻纤土工格栅还应包括碱金属含量。

8.1.2 型式检验

有下列情况之一时,应进行型式检验:

a)正式生产后,如结构、材料、工艺有较大改变,可能影响产品性能时;

b)正常生产时,每半年进行一次型式检验;

c)产品停产超过三个月,恢复生产时;

d)出厂检验结果与上次型式检验有较大差异时;

e)国家及部级质量监督机构提出进行型式检验要求时。

型式检验的项目包括本标准技术要求中的各项。

8.2 组批与抽样

8.2.1 组批

产品以批为单位进行验收,同一牌号的原料、同一配方、同一规格、同一生产工艺并稳定连续生产的一定数量的产品为一批,每批数量不超过500卷,每卷长于或等于50m,不足500卷则以5日产量为一批。

8.2.2 抽样

产品检验以批为单位,检验从每批产品中随机抽取五卷。

8.3 判定规则

8.3.1 外观质量的判定

样品外观质量应符合6.3的规定。

8.3.2 土工格栅外观疵点的规定

8.3.2.1 临近的不同名称、不同程度的外观疵点,参照附录B执行。

8.3.2.2 凡按长度扣分的疵点,均按最大长度计算。

8.3.2.3 测量断续或分散的疵点长度时,间距在10mm以下的,量其全部长度,间距大于10mm的分别量其长度。

8.3.2.4 距土工格栅边缘5mm内的网眼抽缩和涂覆不良不扣分。

8.3.3 理化性能的判定

碱金属氧化物含量、网眼尺寸以样本算术平均值判定。

8.3.4 复验判定

若6.1.1和6.2.2全部合格,而5.2,6.3.1中只有一项不合格,则判为合格批。若6.1.1和6.2.2有一项不合格,则应在该批产品中重新抽取双倍样品制作试样,对6.1.1和6.2.2中的不合格项目进行复检,复检全部合格,该批为合格;检测如果仍有一项不合格,则判为该批不合格。复验结果为最终判定依据。

9 标志、包装、运输和贮存

9.1 标志、包装

标志、包装按GB/T 14798的规定。

9.2 运输

产品在装卸运输过程中,不得抛摔,避免与尖锐物品混装运输,避免剧烈冲击。运输应有遮篷等防雨、防日晒措施。

9.3 贮存

产品不得露天存放,应避免日光长期照射,并离热源大于5m。产品自生产日期起,保存期为12个月。玻纤土工格栅应贮存在无腐蚀气体、无粉尘和通风良好干燥的室内。

附 录 A
(规范性附录)
粘焊土工格栅极限剥离力的测定

A.1 原理

在规定条件下,测定粘焊格栅的粘焊点在剥离时所需的负载。

A.2 试验设备

A.2.1 拉伸试验机,加载速率能够设定和控制,示值精度不大于1%。

A.2.2 剥离试验专用夹具,应能保持剥离时试样不滑动和不夹坏试样。

A.3 试样制备

A.3.1 取样:按 JTJ/T 060 标准取样。

A.3.2 试样状态调节;按 JTJ/T 060 标准的规定对试样进行状态调节。

A.3.3 剥离试样应从抽取样品上随机截取,单向格栅横向截取五个剥离试样,双向格栅纵、横向各截取五个剥离试样。

A.4 试验步骤

A.4.1 拉伸试验机试验条件设定

拉伸试验机试验条件的设定,选择负载量程使剥离荷载在满量程负荷的30% ~ 90%之间,并设定试验机的拉伸速率为50mm/min。

A.4.2 夹持试样

安装剥离拉力试验专用夹具,将试样横向筋带夹持在夹具中,调整夹持器的间距,使夹具水平夹住试样粘焊点横向筋带的两端(靠近纵向筋带处),夹持长度为横向筋带宽度的两倍并且不小于50mm,并使两夹持面和剥离轴线处在同一平面上,以保证剥离时试样不发生扭曲,并使剥开面向着操作者。见图 A.1。

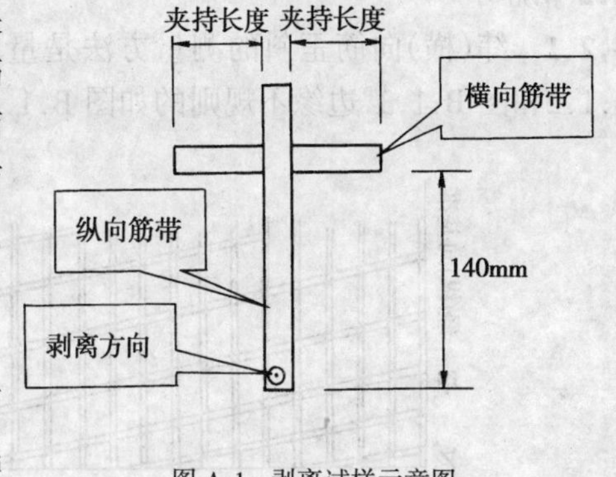

图 A.1 剥离试样示意图

A.4.3 启动试验机

启动拉伸试验机进行一个试样的剥离拉力试验,直到粘焊点完全剥离方可停机,并记录剥离时的最大剥离拉力 C_i(N)。

A.5 试验结果

A.5.1 粘焊格栅粘焊点极限剥离力

粘焊格栅一个检验试样粘焊点的最大剥离力值 C_i(N)

单向格栅粘焊点极限剥离力,以横向五个检验试样的最大剥离力值的算术平均值计算。

双向格栅粘焊点极限剥离力,以纵、横向 10 个检验试样的最大剥离力值的算术平均值计算。

A.5.2 粘焊格栅粘焊点极限剥离力 Q 按下式计算:

$$Q = \frac{1}{n}\sum_{i=1}^{n} C_i$$

式中:

Q——粘焊格栅粘焊点极限剥离力,N;

C_i——粘焊格栅一个检验试样粘焊点的最大剥离力值,N;

n——粘焊格栅检验试样的个数。

附 录 B
(资料性附录)
土工格栅外观检查要求

B.1 土工格栅外观检查要求见表 B.1。

表 B.1 土工格栅的外观检查要求

序号	疵点名称	疵点程度	扣分
1	缺经(纵)筋 缺纬(横)筋	不允许	不允许,属于不合格产品
2	纬(横)筋歪斜	1)纬(横)筋有规则的歪斜,10cm 以上的,每米 2)纬(横)筋不规则的歪斜,5~10cm 的,每米 3)纬(横)筋不规则的歪斜,3~5cm 的,每米 4)距边 5cm 内的纬(横)筋不规则歪斜	6 4 2 不扣分
3	网眼抽缩	1)纬(横)向宽 5cm 以下的,每米 2)纬(横)向宽 5~10cm 的,每米 3)纬(横)向宽 10cm 以上的,每米	1 3 5
4	涂覆不良	1)面积小于 $0.01m^2$ 2)面积大于 $0.01m^2$	5 不允许,属于不合格产品
产品外观疵点程度和扣分,平均每米扣分不大于 1.00。			

B.2 说明

B.2.1 纬(横)向筋歪斜的测量方法是量取甲点到乙点的距离,有规则的如图 B.1.1,不规则的如图 B.1.2和图 B.1.3,边缘不规则的如图 B.1.4。

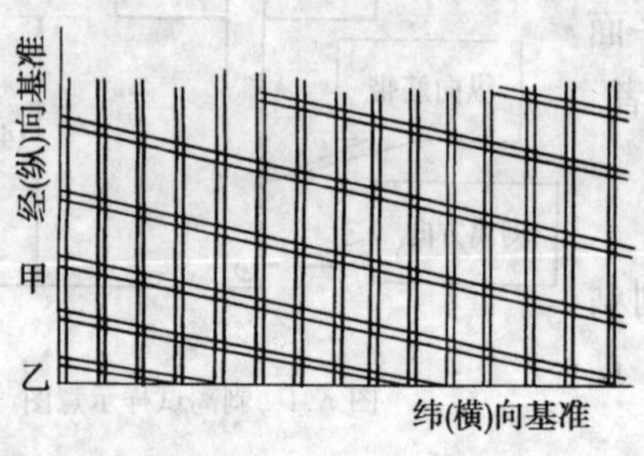

图 B.1.1

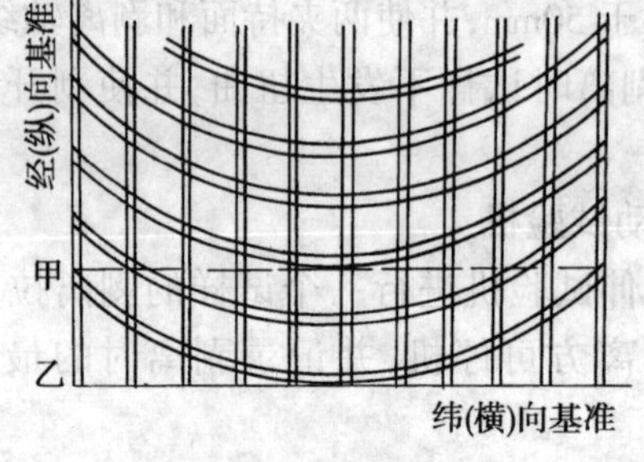

图 B.1.2

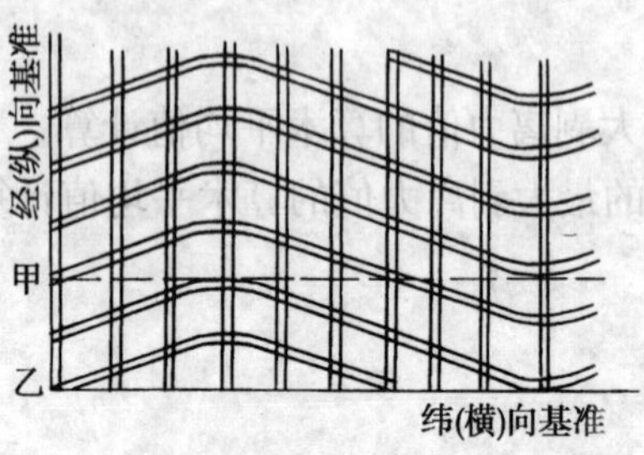

图 B.1.3

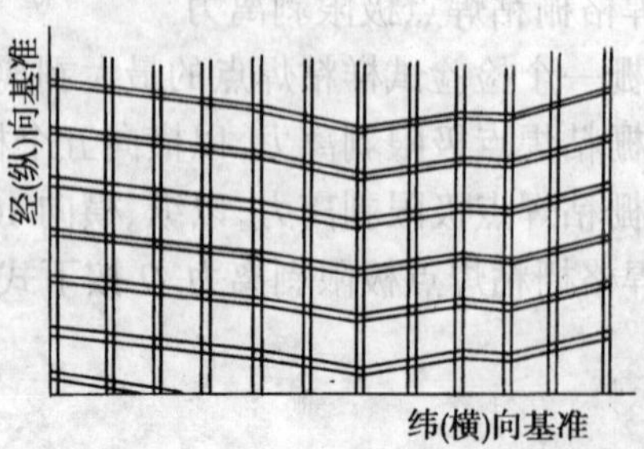

图 B.1.4

B.2.2 网眼抽缩指经(纵)向张力不均匀造成网眼不正常。

ICS 93.080.10;ICS 83.120
Q 23
备案号:

中华人民共和国交通行业标准

JT/T 513—2004

公路工程土工合成材料　土工网

Geosynthetics in highway engineerings
—Geonets and geomats

2004-04-16 发布　　　　2004-07-15 实施

中华人民共和国交通部　发布

公路工程土工合成材料　土工网

1　范围

本标准规定了土工网的术语和定义、分类、规格系列与尺寸偏差、技术要求、试验方法、检验规则、标志、包装、运输和贮存的要求。

本标准适用于公路斜坡表面防护及绿化工程用土工网。水运、铁路、水利工程用土工网时可参照执行。

2　规范性引用文件

下列文件中的条款通过本标准的引用而成为本标准的条款。凡是注日期的引用文件,其随后所有的修改单(不包括勘误的内容)或修订版均不适用于本标准,然而,鼓励根据本标准达成协议的各方研究是否可使用这些文件的最新版本。凡是不注日期的引用文件,其最新版本适用于本标准。

GB/T 1844.1　塑料及树脂缩写代号　第1部分:基础聚合物及其特征性能

GB/T 13021　聚乙烯管材和管件碳黑含量的测定　热失重法(neq ISO 6964)

GB/T 14798　土工布　鉴别标志(eqv ISO 10320)

GB/T 16422.2　塑料实验室光源暴露试验方法　第2部分:氙弧灯(idt ISO 4892-2)

JTJ/T 060　公路土工合成材料试验规程

3　术语和定义

下列术语和定义适用于本标准。

3.1　拉伸强度

拉伸强度 tensile strength

土工合成材料在缓慢增长的外力作用下拉伸直至断裂过程中的最大拉伸力,以单位宽度上的力表示(kN/m)。

3.2　平面土工网

3.2.1

塑料平面土工网　plastic geonets

以高密度聚乙烯(HDPE)或其他高分子聚合物为原料,加入一定的抗紫外线助剂等辅料,经挤出成型的平面网状结构制品(见图1a)。

3.2.2

经编平面土工网　warp-knitted geonets

以无碱玻璃纤维或高强聚脂长丝经经编机编织并经表面涂复而成的平面网状结构制品(见图1b)。

3.3　三维土工网(土工网垫)

3.3.1

塑料三维土工网　plastic three dimensional geomats(plastic three dimensional erosion control mats)

底面为一层或多层双向拉伸或挤出的平面网,表面为一层或多层非拉伸的挤出网,经点焊形成表面呈凹凸泡状的多层网状结构制品(见图2)。

3.3.2

经编三维土工网　warp-knitted three dimensional geonets(warp-knitted three dimensional erosion control mats)

塑料长丝或可降解的纤维为原料经经编织造而成的三维土工网(见图 3)。

4 产品分类

4.1 分类

4.1.1 土工网的代号为 N,按结构形式分为四类:

a) 塑料平面土工网,代号为 NSP;

b) 塑料三维土工网,代号为 NSS;

c) 经编平面土工网,代号为 NJP;

d) 经编三维土工网,代号为 NJS。

4.1.2 典型产品形状见图 1、图 2 和图 3。

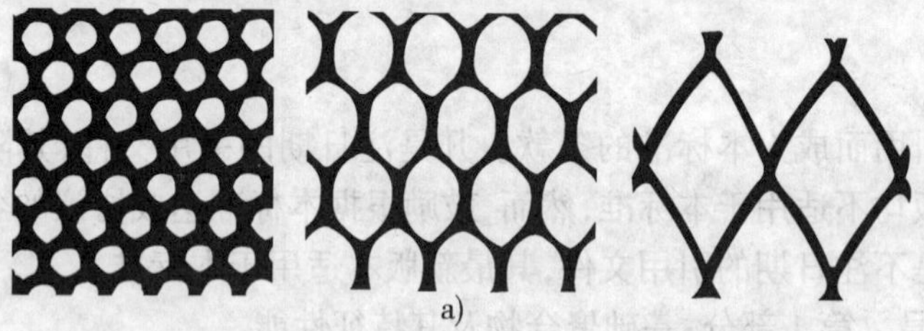

a)

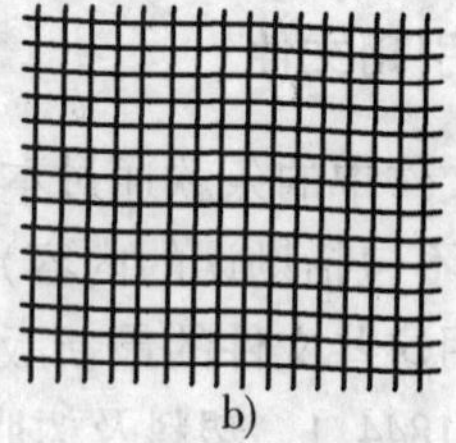

b)

图 1 一层平面土工网示意图

a)塑料平面土工网(NSP);b)经编平面土工网(NJP)

图 2 一层平网和一层泡网构成的三维土工网(NSS)

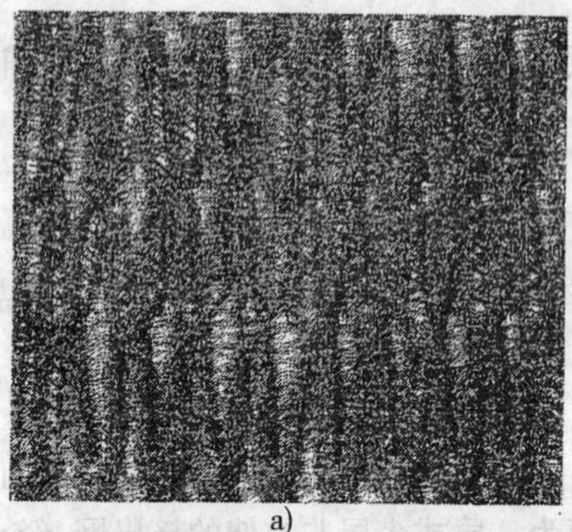

a)

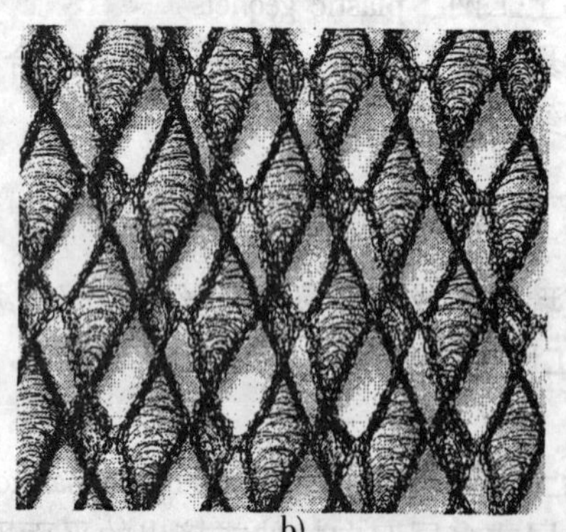

b)

图 3 长丝经编三维土工网(NJS)

a)横向拉伸展开前;b)横向拉伸展开后

4.1.3 原材料名称代号见表 1。

表 1　原材料名称代号

名　　称	代　　号	名　　称	代　　号
聚乙烯	PE	聚丙烯	PP
高密度聚乙烯	HDPE	聚脂	PES
无碱玻璃纤维	GE	聚酰胺	PA
注:未列原材料,其名称应特殊说明;未列塑料及树脂基础聚合物的名称缩写代号按 GB/T 1844.1 规定表示			

4.2　型号

产品型号表示方式:

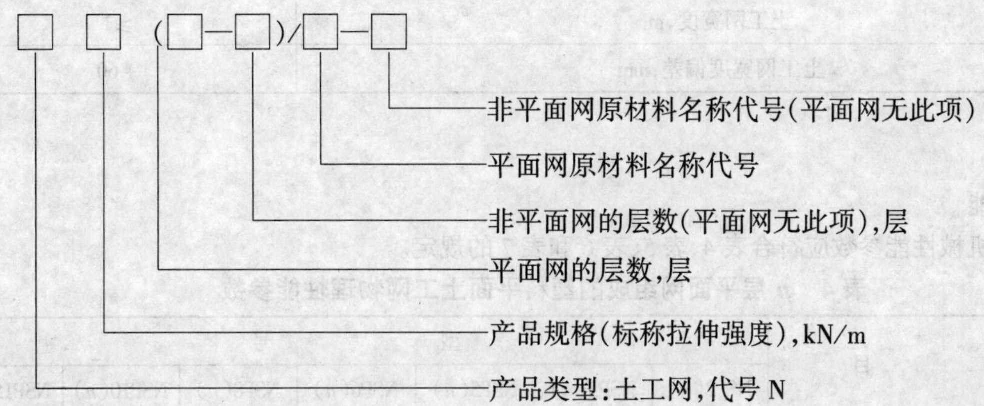

示例 1:

拉伸强度为 10kN/m,由一层平面网组成的塑料平面土工网,原材料为聚丙烯。表示为:NSP10(1)/PP。

示例 2:

拉伸强度为 4kN/m,由二层平面网和一层非平面网组成的塑料三维土工网,原材料为聚乙烯。表示为:NSS4(2-1)/PE-PE。

示例 3:

纵向拉伸强度为 15kN/m,由一层平面网组成的经编平面土工网,原材料为聚乙烯。表示为:NJP15(1)/PE。

示例 4:

纵向拉伸强度为 4kN/m,由一层经编平面网与另一层经编平面网中间用长丝连接组成的经编三维土工网,原材料为聚乙烯。表示为:NJS4(1-1)/PE-PE。

5　产品规格系列与尺寸偏差

5.1　规格系列

规格系列见表 2。

表 2　产 品 规 格 系 列

土工网类型	型 号 规 格						
塑料平面土工网	NSP2	NSP3	NSP5	NSP6	NSP8	NSP10	NSP15
塑料三维土工网	NSS0.8	NSS1.5	NSS2	NSS3	NSS4	NSS5	NSS6
经编平面土工网	NJP2	NJP3	NJP5	NJP6	NJP8	NJP10	NJP15
经编三维土工网	NJS0.8	NJS1.5	NJS2	NJS3	NJS4	NJS5	NJS6

5.2 尺寸偏差

土工网尺寸偏差应符合表3规定。

表3 土工网单位面积质量、尺寸偏差

土工网单位面积质量相对偏差,%	平面土工网	±8
	三维土工网	±10
土工网网孔中心最小净空尺寸,mm	平面土工网	≥4
	三维土工网	≥4
土工网厚度,mm	塑料三维土工网	≥10
	经编三维土工网	≥8
土工网宽度,m		≥1
土工网宽度偏差,mm		+60

6 技术要求

6.1 理化性能

6.1.1 物理机械性能参数应符合表4、表5、表6和表7的规定。

表4 *n*层平面网组成的塑料平面土工网物理性能参数

项目	型号						
	NSP2(*n*)	NSP3(*n*)	NSP5(*n*)	NSP6(*n*)	NSP8(*n*)	NSP10(*n*)	NSP15(*n*)
纵横向拉伸强度,kN/m	≥2	≥3	≥5	≥6	≥8	≥10	≥15
纵横向10%伸长率下的拉伸力,kN/m	≥1.2	≥2	≥4	≥5	≥7	≥9	≥13
多层平网之间焊点抗拉力,N	≥0.8	≥1.4	≥2	≥3	≥4	≥5	≥8

表5 *n*层平面网组成的经编平面土工网物理性能参数

项目	型号						
	NJP2(*n*)	NJP3(*n*)	NJP5(*n*)	NJP6(*n*)	NJP8(*n*)	NJP10(*n*)	NJP15(*n*)
纵横向拉伸强度,kN/m	≥2	≥3	≥5	≥6	≥8	≥10	≥15
经编无碱玻璃纤维平面土工网断裂伸长率,%	≤4						

表6 *n*层平面网*k*层非平面网组成的塑料三维土工网物理性能参数

项目	型号						
	NSS0.8(*n*-*k*)	NSS1.5(*n*-*k*)	NSS2(*n*-*k*)	NSS3(*n*-*k*)	NSS4(*n*-*k*)	NSS5(*n*-*k*)	NSS6(*n*-*k*)
纵横向拉伸强度,kN/m	≥0.8	≥1.5	≥2	≥3	≥4	≥5	≥6
平网与非平网之间焊点抗拉力,N	≥0.6	≥0.9	≥4			≥8	

表7 *n* 层平面网 *k* 层非平面网组成的经编三维土工网物理性能参数

项目	型号						
	NJS0.8 (n-k)	NJS1.5 (n-k)	NJS2 (n-k)	NJS3 (n-k)	NJS4 (n-k)	NJS5 (n-k)	NJS6(n-k)
纵向拉伸强度,kN/m	≥0.8	≥1.5	≥2	≥3	≥4	≥5	≥6
横向拉伸强度,kN/m	≥0.6	≥0.8	≥1	≥1.8	≥2.5	≥4	≥6

6.1.2 塑料土工网抗光老化等级应符合表8的规定。

表8 塑料土工网抗光老化等级

光老化等级	I	II	III	IV
辐射强度为550W/m² 照射150h标称拉伸强度保持率,%	<50	50~80	80~95	>95
碳黑含量,%	—	2+0.5		
碳黑在土工网材料中的分布要求	均匀、无明显聚块或条状物			
注:对采用非碳黑做抗光老化助剂的土工网,光老化等级参照执行				

6.2 外观质量

6.2.1 产品颜色应色泽均匀,无明显油污。

6.2.2 产品无损伤、无破裂。

6.3 成品尺寸

土工网每卷的纵向基本长度应不小于30m,卷中不得有拼段。

7 试验方法

7.1 网眼尺寸、单位面积质量、厚度以及伸长率的测试按 JTJ/T 060 的规定。

7.2 拉伸强度指标的测试按 JTJ/T 060 的(宽条法)规定。

7.3 多层平网或与非平网之间焊点抗拉力的测试按附录 A 的规定。

7.4 光老化强度保持率测试:

光老化照射试验按 GB/T 16422.2 的规定。对标称拉伸强度的测试按 JTJ/T 060 的规定,并按下式计算抗光老化标称拉伸强度保持率:

$$\text{抗光老化标称拉伸强度保持率} = \frac{\text{照射后的抗拉强度}}{\text{照射前的抗拉强度}} \times 100\%$$

7.5 碳黑含量的测试按 GB/T 13021 的规定。

8 检验规则

产品经检验合格并附有质量检验合格证,方可出厂。

8.1 检验分类

检验分为出厂检验和型式检验。

8.1.1 出厂检验

产品出厂时应进行出厂检验。

出厂检验项目包括:表3、表4或表5、表6、表7以及6.2中的各项内容。

8.1.2 型式检验

有下列情况之一时,进行型式检验:

a) 正式生产后,如结构、材料、工艺有较大改变,可能影响产品性能时;

b) 正常生产时,每半年进行一次型式检验;

c) 产品停产超过三个月,恢复生产时;

d) 出厂检验结果与上次型式检验有较大差异时;

e) 国家及部级质量监督机构提出进行型式检验要求时。

型式检验项目包括第6章中的各项内容。

8.2 组批与抽样

8.2.1 组批

产品以批为单位进行验收,同一牌号的原料、配方、规格以及生产工艺并稳定连续生产一定数量的产品为一批,每批数量不超过500卷,每卷长度大于或等于30m,不足500卷则以五日产量为一批。

8.2.2 抽样

产品检验以批为单位,检验从每批产品中随机抽取两卷。

8.3 判定规则

8.3.1 外观质量的判定

样品外观质量应符合6.2的规定。

8.3.2 复检判定

若6.1.1和6.1.2全部合格,而5.2和6.2中只有一项不合格,则判为合格批。

若6.1.1和6.1.2有一项不合格,则应在该批产品中重新抽取双倍数量的样品制作试样,对6.1.1和6.1.2中的不合格项目进行复检,复检全部合格,则该批产品为合格;检测如果仍有一项不合格,则判为该批产品不合格。复检结果为最终判定依据。

9 标志、包装、运输和贮存

9.1 标志、包装

标志、包装按GB/T 14798的规定。

9.2 运输

产品在装卸运输过程中,不得抛摔,避免与尖锐物品混装运输,避免剧烈冲击。运输应有遮篷等防雨、防日晒措施。

9.3 贮存

产品不得露天存放,应避免日光长期照射,并远离热源,距离应大于15m。暴露存放不得超过三个月。

附　录　A

（规范性附录）

三维土工网焊点抗拉力的测定

A.1　原理

在规定条件下，测定土工网焊点在拉伸时能承受的力。

A.2　试验设备

A.2.1　拉伸试验机，加载速率能够控制，示值精度不大于 0.5N。

A.2.2　焊点抗拉力试验专用夹具，应能保持焊点拉伸时试样不滑动和不夹坏试样。

A.3　试样制备

A.3.1　取样：按 JTJ/T 060 标准取样。

A.3.2　试样状态调节：按 JTJ/T 060 标准的规定对试样进行状态调节。

A.3.3　焊点的抗拉力试样应从抽取样品上随机截取 200mm×20mm 的试样一块。

A.4　试验步骤

A.4.1　拉伸试验机试验条件设定

拉伸试验机试验条件的设定，选择负载量程使焊点最大抗拉力在满量程负荷的 30%～90%之间，并设定试验机的拉伸速率为 50mm/min。

A.4.2　夹持试样

安装焊点抗拉力试验专用夹具，将试样平放在夹具中，调整夹持器使夹持器平压在拉伸面的下层网上，夹具水平压住试样焊点周围，并使夹持面和拉伸轴线处在同一方向上，以保证拉伸时上层网垂直脱离下层网平面。如图 A.1。

A.4.3　启动试验机

启动拉伸试验机试验，直到焊点完全拉开方可停机，并记录拉伸时的焊点最大抗拉力值 C_i(N)。

A.5　试验结果

A.5.1　多层点焊网焊点抗拉力

多层点焊网一个检验试样焊点的抗拉力 C_i(N)

多层点焊网焊点抗拉力，同一规格样品试样需进行 35 个焊点的拉伸力试验。测得 35 个焊点的试验数据后，首先除去焊点拉伸力最小的五个试验样本数据，然后在 30 个试验样本数据中，取焊点拉伸力最小的五个检验试样数据，计算其焊点拉伸力值的算术平均值，即为该产品的焊点拉伸力。

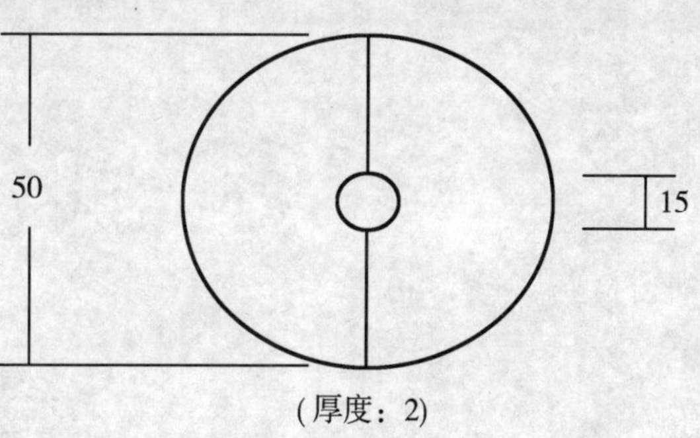

图 A.1　焊点抗拉力试验水平压块夹具示意图

（单位：mm）

A.5.2　多层点焊网焊点拉伸力 Q 按下式计算：

$$Q=\frac{1}{5}\sum_{i=1}^{5}C_i \tag{A.1}$$

式中：Q——多层点焊网焊点拉伸力，N；

C_i——多层点焊网一个焊点的拉伸力，N。

ICS 93.080.10;ICS 59.100
W 59
备案号:

中华人民共和国交通行业标准

JT/T 514—2004

公路工程土工合成材料　有纺土工织物

Geosynthetics in highway engineerings—Woven Geotextiles

2004-04-16 发布　　2004-07-15 实施

中华人民共和国交通部　发布

公路工程土工合成材料　有纺土工织物

1　范围

本标准规定了有纺土工织物的分类、规格系列与尺寸偏差、技术要求、试验方法、检验规则、标志、包装、运输和贮存的要求。

本标准适用于公路工程用有纺土工织物。水运、铁路、水利工程用有纺土工织物可参照执行。

2　规范性引用文件

下列文件中的条款通过本标准的引用而成为本标准的条款。凡是注日期的引用文件,其随后所有的修改单(不包括勘误的内容)或修订版均不适用于本标准,然而,鼓励根据本标准达成协议的各方研究是否可使用这些文件的最新版本。凡是不注日期的引用文件,其最新版本适用于本标准。

GB/T 1844.1　塑料及树脂缩写代号　第1部分:基础聚合物及其特征性能

GB/T 13021　聚乙烯管材和管件碳黑含量的测定　热失重法(neq ISO 6964)

GB/T 14798　土工布　鉴别标志(eqv ISO 10320)

GB/T 16422.2　塑料实验室光源暴露试验方法　第2部分:氙弧灯(idt ISO 4892-2)

JTJ/T 060　公路土工合成材料试验规程

3　产品分类

3.1　分类

有纺土工织物按编织类型可分为二类:机织有纺土工织物和针织有纺土工织物。

机织有纺土工织物是由两组或两组以上纱线、条带或其他线条状物体,通过垂直相交编织成的土工织物。

针织有纺土工织物是由一根或多根纱线或其他成分弯曲成圈,并互相穿套成的土工织物。

3.2　原材料名称代号

原材料名称代号见表1。

表1　原材料名称代号

名　称	代　号	名　称	代　号
聚乙烯	PE	聚丙烯	PP
高密度聚乙烯	HDPE	聚脂	PES
无碱玻璃纤维	GE	聚酰胺	PA
注:未列原材料,其名称应特殊说明;未列塑料及树脂基础聚合物的名称缩写代号按 GB/T 1844.1 规定表示			

3.3　型号

示例1:拉伸强度为35kN的聚丙烯机织有纺土工织物,型号表示为:WJ35/PP。

示例2:拉伸强度为50kN的聚乙烯针织有纺土工织物,型号表示为:WZ50/PE。

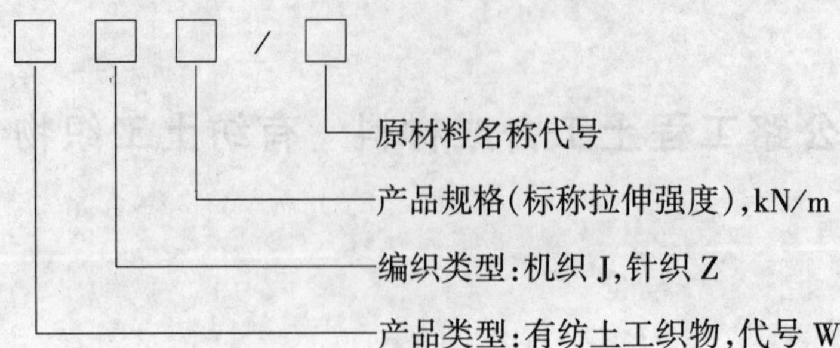

4 产品规格系列与尺寸偏差

4.1 规格系列

规格系列见表 2。

表 2 产品规格系列

有纺土工织物类型	型号规格								
机织有纺土工织物	WJ20	WJ35	WJ50	WJ65	WJ80	WJ100	WJ120	WJ150	WJ180
针织有纺土工织物	WZ20	WZ35	WZ50	WZ65	WZ80	WZ100	WZ120	WZ150	WZ180
标称纵、横向拉伸强度,kN/m	≥20	≥35	≥50	≥65	≥80	≥100	≥120	≥150	≥180

4.2 尺寸偏差

有纺土工织物尺寸偏差应符合表 3 规定。

表 3 有纺土工织物尺寸偏差

单位面积质量相对偏差,%	±7
幅宽,m	≥2
幅宽偏差,%	+3

5 技术要求

5.1 理化性能

5.1.1 物理机械性能参数应符合表 4 的规定。

表 4 物理性能参数

项目	型号规格								
	WJ20	WJ35	WJ50	WJ65	WJ80	WJ100	WJ120	WJ150	WJ180
	WZ20	WZ35	WZ50	WZ65	WZ80	WZ100	WZ120	WZ150	WZ180
标称纵、横向拉伸强度,kN/m	≥20	≥35	≥50	≥65	≥80	≥100	≥120	≥150	≥180
纵、横向拉伸断裂伸长率,%	≤30								
CBR 顶破强度,kN	≥1.6	≥2	≥4	≥6	≥8	≥11	≥13	≥17	≥21
纵、横向梯形撕破强度,kN	≥0.3	≥0.5	≥0.8	≥1.1	≥1.3	≥1.5	≥1.7	≥2.0	≥2.3
垂直渗透系数,cm/s	$5\times(10^{-1}\sim10^{-4})$								
等效孔径 O_{95},mm	0.07~0.5								

5.1.2 高分子有机合成材料有纺土工织物抗光老化等级应符合表 5 的规定。

表5　土工有纺织物抗光老化等级

抗光老化等级	I	II	III	IV
光照辐射强度为 550W/m^2 照射150h,拉伸强度保持率,%	<50	50~80	80~95	>95
碳黑含量,%	—		2+0.5	
碳黑在有纺土工织物材料中的分布要求均匀、无明显聚块或条状物				
注:对不含碳黑或不采用碳黑作抗光老化助剂的土工有纺布,其抗光老化等级的确定参照执行				

5.2　外观质量

5.2.1　产品颜色应色泽均匀,无明显油污。

5.2.2　产品无损伤、无破裂。

5.2.3　外观质量还应符合表6规定。

表6　外　观　质　量

序号	项　目	要　　求
1	经、纬密度偏差	在100mm内与公称密度相比不允许缺两根以上
2	断丝	在同一处不允许有两根以上的断丝。同一处断丝两根以内(包括两根),100m^2 内不超过六处
3	蛛丝	不允许有大于50mm^2 的蛛网,100m^2 内不超过三个
4	布边不良	整卷不允许连续出现长度大于2000mm的毛边、散边

5.3　成品尺寸

有纺土工织物每卷的纵向基本长度不允许小于30m,卷中不得有拼段。

6　试验方法

6.1　纵、横向撕破强度、CBR顶破强度、垂直渗透系数的测试按JTJ/T 060的规定。

6.2　等效孔径 O_{95}、单位面积质量以及伸长率的测试按JTJ/T 060的规定。

6.3　每延米拉伸强度指标的测试按JTJ/T 060的(宽条法)规定。

6.4　抗光老化拉伸强度保持率测试:

光照射试验按GB/T 16422.2的规定。对拉伸强度的测试按JTJ/T 060的规定。并按下式计算抗光老化拉伸强度保持率:

$$\text{抗光老化拉伸强度保持率} = \frac{\text{照射后的拉伸强度}}{\text{照射前的拉伸强度}} \times 100\%$$

6.5　碳黑含量的测试按GB/T 13021的规定。

7　检验规则

产品经检验合格并附有质量检验合格证,方可出厂。

7.1　检验分类

检验分为出厂检验和型式检验。

7.1.1　出厂检验

产品出厂时应进行出厂检验。

出厂检验项目包括:表3和表4中的各项内容。

7.1.2　型式检验

有下列情况之一时,进行型式检验:

a) 正式生产后,如结构、材料、工艺有较大改变,可能影响产品性能时;

b) 正常生产时,每半年进行一次型式检验;

c) 产品停产超过三个月,恢复生产时;

d) 出厂检验结果与上次型式检验有较大差异时;

e) 国家及部级质量监督机构提出进行型式检验要求时。

型式检验项目包括5技术要求中的各项内容。

7.2 组批与抽样

7.2.1 组批

产品以批为单位进行验收,同一牌号的原料、同一配方、同一规格、同一生产工艺并稳定连续生产的一定数量的产品为一批,每批数量不超过500卷,每卷长度大于或等于30m,不足500卷则以五日产量为一批。

7.2.2 抽样

产品检验以批为单位,检验从每批产品中随机抽取三卷。

7.3 判定规则

7.3.1 外观质量的判定

样品外观质量应符合5.2的规定。

7.3.2 有纺土工织物外观疵点的规定

凡按长度扣分的疵点,均按最大长度计算。

7.3.3 复检判定

若5.1.1全部合格,而4.2和5.2中只有一项不合格,则判为合格批。若5.1.1有一项不合格,则应在该批产品中重新抽取双倍数量的样品制作试样,对5.1.1中的不合格项目进行复检,复检全部合格,该批为合格;检测如果仍有一项不合格,则判为该批不合格。复检结果为最终判定依据。

8 标志、包装、运输和贮存

8.1 标志、包装

标志、包装按GB/T 14798的规定。

8.2 运输

产品在装卸运输过程中,不得抛摔,避免与尖锐物品混装运输,避免剧烈冲击。运输应有遮篷等防雨、防日晒措施。

8.3 贮存

产品不得露天存放,应避免日光长期照射,并远离热源,距离应大于15m。产品自生产日期起,保存期为12个月。玻纤有纺土工织物应贮存在无腐蚀气体、无粉尘和通风良好干燥的室内。

ICS 93.080.10;ICS 83.120
Q 23
备案号:

中华人民共和国交通行业标准

JT/T 515—2004

公路工程土工合成材料　土工模袋

Geosynthetics in highway engineerings—Geofabriforms

2004-04-16 发布　　2004-07-15 实施

中华人民共和国交通部　发布

公路工程土工合成材料　土工模袋

1　范围

本标准规定了土工模袋的分类、规格系列与尺寸偏差、技术要求、试验方法、检验规则、标志、包装、运输和贮存的要求。

本标准适用于公路工程用土工模袋。水运、铁路、水利工程用土工模袋可参照执行。

2　规范性引用文件

下列文件中的条款通过本标准的引用而成为本标准的条款。凡是注日期的引用文件,其随后所有的修改单(不包括勘误的内容)或修订版均不适用于本标准,然而,鼓励根据本标准达成协议的各方研究是否可使用这些文件的最新版本。凡是不注日期的引用文件,其最新版本适用于本标准。

GB/T 1844.1　塑料及树脂缩写代号　第1部分:基础聚合物及其特征性能

GB/T 13021　聚乙烯管材和管件碳黑含量的测定　热失重法(neq ISO 6964)

GB/T 14798　土工布　鉴别标志(eqv ISO 10320)

GB/T 16422.2　塑料实验室光源暴露试验方法　第2部分:氙弧灯(idt ISO 4892-2)

JTJ/T 060　公路土工合成材料试验规程

3　产品分类

3.1　分类

按土工模袋编织的类型可分为二类:

a)　机织布土工模袋,代号为FJ;

b)　针织布土工模袋,代号为FZ。

3.2　原材料名称代号见表1。

表1　原材料名称代号

名　　称	标 识 符	名　　称	标 识 符
聚乙烯	PE	聚丙烯	PP
高密度聚乙烯	HDPE	聚脂	PES
无碱玻璃纤维	GE	聚酰胺	PA
注:未列原材料,其名称应特殊说明			

3.3　型号表示方式

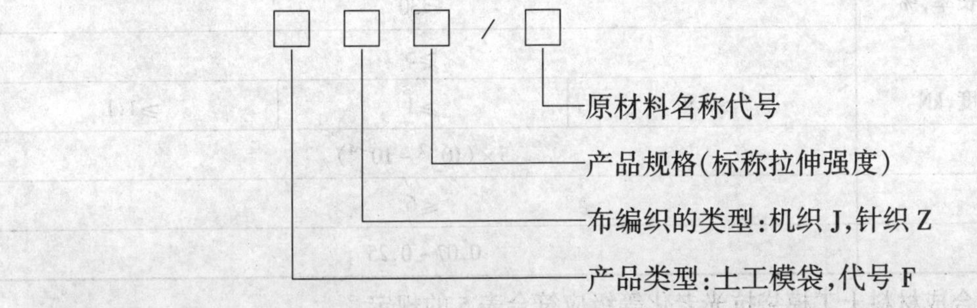

示例1:

机织土工模袋布拉伸强度为60kN/m的聚丙烯土工模袋,表示为:FJ60/PP。

示例2:

针织土工模袋布拉伸强度为50kN/m的聚乙烯土工模袋,表示为:FZ50/PE。

4 产品规格系列与尺寸偏差

4.1 规格系列

规格系列见表2。

表2 产品规格系列

项目	型号规格								
	FJ40	FJ50	FJ60	FJ70	FJ80	FJ100	FJ120	FJ150	FJ180
	FZ40	FZ50	FZ60	FZ70	FZ80	FZ100	FZ120	FZ150	FZ180
模袋布拉伸强度,kN/m	≥40	≥50	≥60	≥70	≥80	≥100	≥120	≥150	≥180

4.2 尺寸偏差

土工模袋尺寸偏差应符合表3规定。

表3 土工模袋尺寸偏差

单位面积质量相对偏差,%	±2.5
宽度,m	≥5
宽度偏差,%	+3

4.3 土工模袋的几何形状、最大填充厚度及填充物

4.3.1 土工模袋的几何形状:矩形、铰链形、哑铃形、梅花形、框格形等。

4.3.2 土工模袋的最大填充厚度:100,150,200,250,300,350,400,500 mm。

4.3.3 土工模袋的填充物:混凝土、砂浆、粘土、膨胀土等。

5 技术要求

5.1 理化性能

5.1.1 物理机械性能参数应符合表4的规定。

表4 物理性能参数

项目	型号规格								
	FJ40 FZ40	FJ50 FZ50	FJ60 FZ60	FJ70 FZ70	FJ80 FZ80	FJ100 FZ100	FJ120 FZ120	FJ150 FZ150	FJ180 FZ180
标称纵、横向拉伸强度,kN/m	≥40	≥50	≥60	≥70	≥80	≥100	≥120	≥150	≥180
纵、横向拉伸断裂伸长率,%	≤30								
CBR顶破强度,kN	≥5								
纵、横向梯形撕破强度,kN	≥0.9			≥1			≥1.1		
垂直渗透系数,cm/s	$5\times(10^{-2}\sim10^{-4})$								
落锥穿透直径,mm	≤6								
等效孔径 O_{95},mm	0.07~0.25								

5.1.2 高分子有机合成材料土工模袋抗光老化等级应符合表5的规定。

表 5　土工模袋抗光老化等级

抗光老化等级	I	II	III	IV
光照辐射强度为 550W/m² 照射 150h,拉伸强度保持率,%	< 50	50 ~ 80	80 ~ 95	> 95
碳黑含量,%	—		2 + 0.5	
碳黑在土工模袋材料中的分布要求	均匀、无明显聚块或条状物			
注:对不含碳黑或不采用碳黑作抗光老化助剂的土工模袋,其抗光老化等级的确定参照执行				

5.2　外观质量

5.2.1　产品颜色应色泽均匀,无明显油污。

5.2.2　产品无损伤、无破裂。

5.2.3　外观质量还应符合表 6 规定。

表 6　模袋布外观质量

序　号	项　　　目	要　　　求
1	经、纬密度偏差	在 100mm 内与公称密度相比不允许缺两根以上
2	断丝	在同一处不允许有两根以上的断丝。同一处断丝两根以内(包括两根),100m² 内不超过六处
3	蛛丝	不允许有大于 50mm² 的蛛网,100m² 内不超过三个
4	模袋边不良	整卷模袋不允许连续出现长度大于 2000mm 的毛边、散边
5	接口缝制	不允许有断口和开口。若有断线必须重合缝制,重合缝制搭接长度不小于 200mm
6	布边抽缩和边缘不良	允许距土工模袋边缘 20mm 内有布边抽缩和边缘不良现象

6　试验方法

6.1　纵、横向撕破强度、CBR 顶破强度、垂直渗透系数和落锥穿透直径的测试按 JTJ/T 060 的规定。

6.2　等效孔径 O_{95}、单位面积质量以及伸长率和蠕变指标的测试按 JTJ/T 060 的规定。

6.3　拉伸强度指标的测试按 JTJ/T 060 的(宽条法)规定。

6.4　抗光老化拉伸强度保持率测定

光照射试验按 GB/T 16422.2;抗光老化拉伸强度的测试按 JTJ/T 060 的规定,并按下式计算:

$$抗光老化拉伸强度保持率 = \frac{照射后的拉伸强度}{照射前的拉伸强度} \times 100\%$$

6.5　碳黑含量的测试按 GB/T 13021 的规定。

7　检验规则

产品经检验合格并附有质量检验合格证,方可出厂。

7.1　检验分类

检验分为出厂检验和型式检验。

7.1.1　出厂检验

产品出厂时应进行出厂检验。

出厂检验项目包括:表 3 和表 4 中的各项内容。

7.1.2 型式检验

有下列情况之一时，进行型式检验：

a) 正式生产后，如结构、材料、工艺有较大改变，可能影响产品性能时；

b) 正常生产时，每半年进行一次型式检验；

c) 产品停产超过三个月，恢复生产时；

d) 出厂检验结果与上次型式检验有较大差异时；

e) 国家及部级质量监督机构提出进行型式检验要求时。

型式检验项目第5章中的各项内容。

7.2 组批与抽样

7.2.1 组批

产品以批为单位进行验收，同一牌号的原料、同一配方、同一规格、同一生产工艺并稳定连续生产的一定数量的产品为一批，每批数量不超过500卷，每卷长度大于或等于30m，不足500卷则以五日产量为一批。

7.2.2 抽样

产品检验以批为单位，检验从每批产品中随机抽取三卷。

7.3 判定规则

7.3.1 外观质量的判定

样品外观质量应符合5.2的规定。

7.3.2 复检判定

若5.1.1全部合格，而4.2和5.2中只有一项不合格，则判为合格批。若5.1.1有一项不合格，则应在该批产品中重新抽取双倍数量的样品制作试样，对5.1.1中的不合格项目进行复检，复检全部合格，则该批为合格；如果检测仍有一项不合格，则判为该批不合格。复检结果为最终判定依据。

8 标志、包装、运输和贮存

8.1 标志、包装

标志、包装按GB/T 14798的规定。

8.2 运输

产品在装卸运输过程中，不得抛摔，避免与尖锐物品混装运输，避免剧烈冲击。运输应有遮篷等防雨、防日晒措施。

8.3 贮存

产品不得露天存放，应避免日光长期照射，并远离热源，距离应大于15m。产品自生产日期起，保存期为12个月。玻纤土工模袋应贮存在无腐蚀气体、无粉尘和通风良好干燥的室内。

ICS 93.080.10;ICS 83.120
Q 23
备案号:

中华人民共和国交通行业标准

JT/T 516—2004

公路工程土工合成材料　土工格室

Geosynthetics in highway engineerings—Geocell

2004-04-16 发布　　2004-07-15 实施

中华人民共和国交通部　发布

公路工程土工合成材料　土工格室

1　范围

本标准规定了土工格室产品的术语和定义、分类和结构、规格系列与尺寸偏差、技术要求、试验方法、检验规则、标志、包装、运输和贮存等要求。

本标准适用于公路工程用土工格室。港口、水运、铁路、水利等工程用土工格室可参照执行。

2　规范性引用文件

下列文件中的条款通过本标准的引用而成为本标准的条款。凡是注日期的引用文件,其随后所有的修改单(不包括勘误的内容)或修订版本均不适用于本标准,然而,鼓励根据本标准达成协议的各方研究是否可使用这些文件的最新版本。凡是不注日期的引用文件,其最新版本适用于本标准。

GB/T 1040　塑料拉伸性能实验方法

GB/T 2918　塑料式样状态调节和实验的标准环境(idt ISO 291)

GB/T 4357　碳素弹簧钢丝(neq JIS G3521)

GB/T 8170　数字修约规则

GB/T 9344　塑料氙灯光源曝露方法

GB/T 11116　高密度聚乙烯树脂

GB/T 12023　塑料打包带

GB/T 13021　聚乙烯管材和管件炭黑含量的测定热失重法(neq ISO 6964)

GB/T 16422.1　塑料试验室曝露试验方法　第1部分:通则(eqv ISO 4892.1)

GB/T 16422.3　塑料试验室曝露试验方法　第3部分:荧光紫外灯(eqv ISO 4892-3)

GB/T 16422.4　塑料试验室曝露试验方法　第4部分:开放式碳弧灯(eqv ISO 4892.4)

GB/T 18371　连续玻璃纤维纱

3　术语和定义

下列术语和定义适用于本标准。

3.1

格室高度 height of geocell

格室的高度为格室产品展开后的高度,就是组成格室的格室片的宽度。

4　产品分类与结构

4.1　分类

土工格室可分为塑料土工格室和增强土工格室两种类型。

4.2　结构

单组土工格室的示意图见图1。

4.2.1　塑料土工格室

塑料土工格室由长条形的塑料片材,通过超声波焊接等方法连接而成,展开后是蜂窝状的立体网格。

长条片材的宽度即为格室的高度。格室未展开时,在同一条片材的同一侧,相邻两条焊缝之间的距

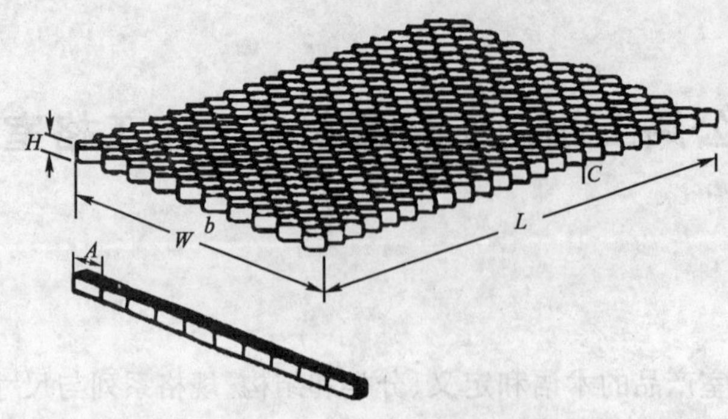

图1 单组土工格室示意图

A-焊接距离；H-格室高度；C-格室间格室片的边缘连接处；L-单组格室展开后的长度；b-格室间格室片的中间连接处；W-单组格室展开后的宽度

离为焊接距离。

4.2.2 增强土工格室

增强土工格室是在塑料片材中加入低伸长率的钢丝、玻璃纤维、碳纤维等筋材所组成的复合片材，通过插件或扣件等形式连接而成，展开后是蜂窝状的立体网格。格室未展开时，在同一条片材的同一侧，相邻两连接处之间的距离为连接距离。

4.2.3 原材料名称代号

原材料名称代号见表1。

表1 原材料名称代号

名　　称	代　　号	名　　称	代　　号
聚乙烯	PE	聚丙烯	PP
钢丝	GSA	钢丝绳	GSB
玻璃纤维	EC		

4.3 型号

型号表示方式：

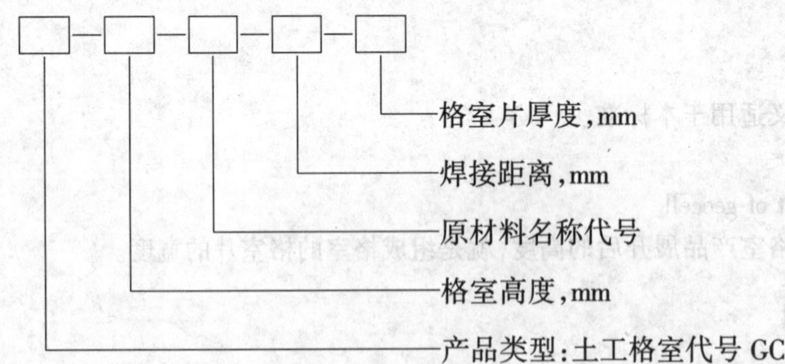

示例1：

聚乙烯为主要材料，其格室高度为100mm，焊接距离为340mm，格室片厚度为1.2mm，塑料土工格室型号：GC－100－PE－340－1.2。

示例2：

钢丝为受力材料(裹覆聚乙烯)，其格室高度为150mm，焊接距离为400mm，格室片厚度为1.5mm，增强土工格室型号：GC－150－GSA－400－1.5。

5 产品规格系列与尺寸偏差

5.1 规格

5.1.1 土工格室的高度一般为50mm~300mm。

5.1.2 单组格室的展开面积应不小于4m×5m。

5.1.3 格室片边缘接近焊接处的距离不大于100mm。

5.2 尺寸偏差

5.2.1 塑料土工格室的尺寸偏差见表2。

表2 塑料土工格室的尺寸偏差 单位:mm

<table>
<tr><th rowspan="2">序号</th><th colspan="2">格室高度 H</th><th colspan="2">格室片厚度 T</th><th colspan="2">焊接距离 A</th></tr>
<tr><th>标称值</th><th>偏差</th><th>标称值</th><th>偏差</th><th>标称值</th><th>偏差</th></tr>
<tr><td>1</td><td>H≤100</td><td>±1</td><td rowspan="3">1.1</td><td rowspan="3">+0.3</td><td rowspan="3">340~800</td><td rowspan="3">±30</td></tr>
<tr><td>2</td><td>100<H≤200</td><td>±2</td></tr>
<tr><td>3</td><td>200<H≤300</td><td>±2.5</td></tr>
</table>

5.2.2 增强土工格室的尺寸偏差见表3。

表3 增强土工格室的尺寸偏差 单位:mm

<table>
<tr><th rowspan="2">序号</th><th colspan="2">格室高度 H</th><th colspan="2">格室片厚度 T</th><th colspan="2">焊接距离 A</th></tr>
<tr><th>标称值</th><th>偏差</th><th>标称值</th><th>偏差</th><th>标称值</th><th>偏差</th></tr>
<tr><td>1</td><td>100</td><td rowspan="4">±2</td><td rowspan="4">1.5</td><td rowspan="4">+0.3</td><td rowspan="4">400~800</td><td rowspan="4">±2</td></tr>
<tr><td>2</td><td>150</td></tr>
<tr><td>3</td><td>200</td></tr>
<tr><td>4</td><td>300</td></tr>
</table>

6 技术要求

6.1 力学性能

6.1.1 塑料土工格室

塑料土工格室的力学性能应符合表4的规定。

表4 塑料土工格室的力学性能

序 号	测 试 项 目		材质为PP的土工格室	材质为PE的土工格室
1	格室片单位宽度的断裂拉力,N/cm		≥275	≥220
2	格室片的断裂伸长率,%		≤10	≤10
3	焊接处抗拉强度,N/cm		≥100	≥100
4	格室组间连接处抗拉强度,N/cm	格室片边缘	≥120	≥120
5		格室片中间	≥120	≥120

6.1.2 增强土工格室

增强土工格室的格室片力学性能见表5。

表5 增强土工格室的力学性能

序号	型 号	格室片单位宽度的断裂拉力,N/cm	格室片的断裂伸长率,%	格室片间连接处连接件的抗剪切力,N
1	GC100	≥300	≤3	≥3000
2	GC150			≥4500
3	GC200			≥6000
4	GC300			≥9000

6.2 光老化等级

塑料土工格室的光老化等级应符合表6的规定。

表6 塑料土工格室的光老化等级

光老化等级	I	II	III	IV
紫外线辐射强度为 550W/m² 照射 150h,格室片的拉伸屈服强度保持率[a],%	<50	50~80	80~95	>95
碳黑含量[b],%	—		≥2.0±0.5	
注:a.对于高速公路、一级公路的边坡绿化,才需要做紫外线辐射试验。其他情况该指标仅作参考。 b.采用其他抗老化外加剂的土工格室无指标要求				

6.3 原材料

6.3.1 塑料材料应使用原始粒状原料,严禁使用粉状和再造粒状颗粒原料,并且聚乙烯应满足 GB/T 11116 的要求,聚丙烯应满足 GB/T 12023 的要求。

6.3.2 钢丝应符合 GB/T 4357 规定的要求。

6.3.3 钢丝绳应符合 GB/T 4357 规定的要求。

6.3.4 玻璃纤维应符合 GB/T 18371 规定的要求。

6.4 外观质量

6.4.1 塑料土工格室片为黑色或其他颜色聚乙烯塑料制成的片材,增强土工格室片用黑色聚乙烯塑料裹覆筋材制成的片材,其外观应色泽均匀。

6.4.2 塑料土工格室的表面应平整、无气泡。

6.4.3 增强土工格室片不应有裂缝、损伤、穿孔、沟痕和露筋等缺陷。

7 试验方法

7.1 试样的状态调节和试验的标准环境

制备好的试样的状态调节和试验的标准环境,按照 GB/T 2918 的规定,在温度 23℃±2℃、湿度 50%±5%条件下,状态调节至少 40h,最多不超过 96h。

7.2 格室片拉伸屈服强度

7.2.1 试样

在距焊接处大于 20mm 的格室片上沿长度方向切取试样,试样尺寸符合 GB/T 1040 规定的 H 型试样,试样的厚度为格室片的厚度。

7.2.2 试验

试验按 GB/T 1040 规定进行,拉伸速度为 50mm/min。记录试验中的最大负荷,单位为 N。试验结果以格室片单位宽度的最大负荷来表示,单位为 N/cm。

7.3 **焊接处的抗拉强度**

7.3.1 试样

在焊接的两片格室片上沿长度方向切取试样。试样的长度为 220mm,焊接在试样的中间,试样的宽度为格室片的宽度(格室高度),见图 2。

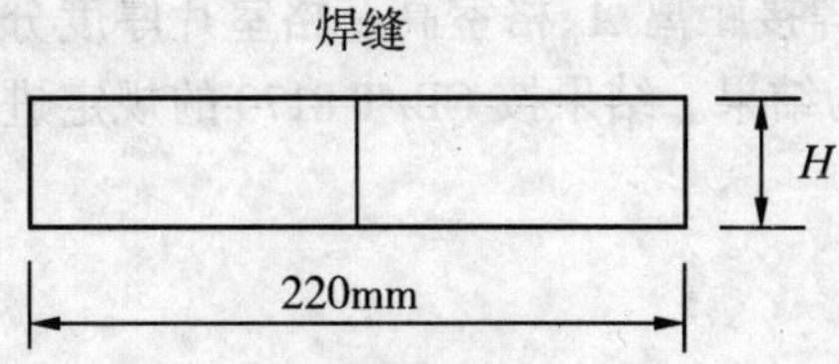

图 2 格室片焊接处抗拉强度试样的示意图

7.3.2 试验

将焊接一侧的两片试样分开,用夹具夹住试样的中间部位,夹具夹样面的宽度为 200mm。夹具间距离为 100mm。试验按 GB/T 1040 规定进行,拉伸速度为 50mm/min。试验进行到将焊接的两片格室片断开为止,记录试验中的最大负荷,单位为 N。

试验结果以 N/cm 表示。

7.4 **土工格室组间连接处的抗拉强度**

7.4.1 试样

格室片边缘连接处抗拉强度的试样长度为 160mm,宽度为格室片的宽度(格室高度)。

格室片中间连接处抗拉强度的试样的切取与焊接处抗拉强度试样相同,将焊接改为连接处即可。

7.4.2 试验

连接处的抗拉强度的试验与焊接处抗拉强度的试验步骤相同。试验时连接处一侧的试样并起来放在夹具中,拉伸速度为 50mm/min,试验进行到负荷达到最大值为止。

记录试验中的最大负荷,单位为 N。记录试验中连接处是否脱开。试验结果以 N/cm 表示。

7.5 **增强土工格室连接件的抗剪切力**

7.5.1 试样

在增强土工格室连接处两端两格室片各取 150mm,试样的宽度为格室片的宽度(格室的高度)。共五件。

7.5.2 试验设备

试验用设备包括:

a) 万能试验机;

b) 夹具:一对夹持试样的夹具,大于或等于试样的宽度,其钳口面要有一定的约束力,防止试样在钳口内打滑,同时要防止试样在钳口内被破坏。

7.5.3 试验步骤

试验步骤如下:

a) 用上夹具夹住试样同一格室片的两端,格室片间应垫一块表面粗糙的垫铁片,具体见图 3。

b) 下夹具夹持方法与上夹具相同。

c) 开动试验机,同时启动记录装置,直到连接处的连接件被剪切破坏为止,方可停机。

d) 五个试样测完后,取其算术平均值为此格室连接件的抗剪切力,也即是连接处的抗剪切力。

7.6 **光老化试验**

光老化试验按 GB/T 9344、GB/T 16422.1、GB/T 16422.3、GB/T 16422.4 和 GB/T 13021 的规定进行。

7.7 **土工格室尺寸**

7.7.1 将土工格室展开在平整的场地上,用精度为 5mm 的卷尺测量土工格室展开后边缘的最大长度,单位用 m 表示。

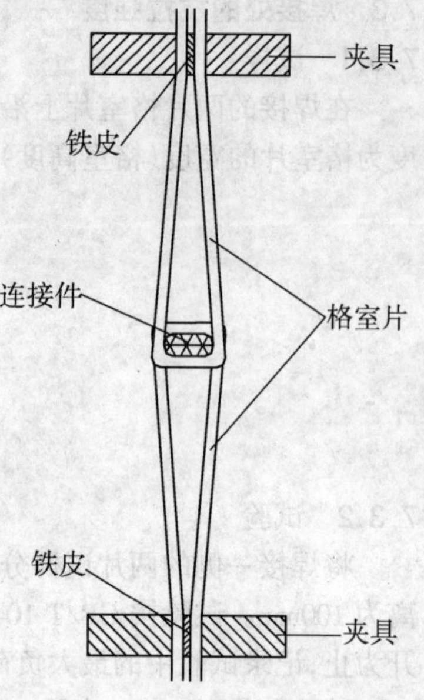

图 3

7.7.2 焊接距离(A)和格室高度(H)用精度为 0.5mm 的钢直尺测量,单位用 mm 表示。

7.7.3 格室片厚度(T)用精度为 0.01mm 的千分尺测量,单位用 mm 表示。

7.7.4 格室片展开后边缘尺寸、焊接距离 A、格室高及格室片厚度分别以测量五个数据的算术平均值作为结果。结果按 GB/T 8170 的规定进行数字修约。

8 检验规则

产品需检验合格并附有质量合格证方可出厂。土工格室的产品以批为单位进行检验及验收。

8.1 检验分类

检验分为出厂检验和型式检验两大类。

8.1.1 出厂检验

出厂检验包括 5、6.1 和 6.4 中规定的内容。

8.1.2 型式检验

有下列情况之一时,应进行型式检验:

a) 新产品投产时或老产品转厂作试制定型鉴定时;

b) 正式生产后,因原材料、配方、工艺有较大的改变,可能影响土工格室性能时;

c) 正常生产后,如出现异常情况,产品质量不符合要求或累计一定产量后进行例行检验时;

d) 产品停产一年以上,恢复生产时;

e) 型式检验结果与上次型式检验结果有较大差异时;

f) 国家质量监督机构提出型式检验的要求时。

型式检验项目包括 5 和 6 中的各项内容。

8.2 组批

以同一批原料、相同工艺、连续生产的同一规格的产品为一批。每批数量不超过 10 000m^2。如果生产七天不足 10 000m^2,则以七天的产量为一批。

8.3 抽样

产品以批为单位进行抽样,每次抽取五个试样进行检测。

8.4 判定及复检

土工格室尺寸质量判定按 5.2 的规定进行。其他性能的检验结果若有某项达不到规定指标时,可重新抽样对该项目进行复检。复检时,抽样数应为原抽样数的两倍。以复检结果作为该批产品的质量判定依据。

9 标志、包装、运输和贮存

9.1 标志

产品出厂时,应附有产品质量检验合格证,并盖有质检专用章和检验员的章。合格证上应有下列标志:

a) 产品名称及注册商标;

b) 型号、规格;

c) 产品标准号;

d) 检验员代号;

e) 厂名及厂址;

f) 出厂日期及批号。

9.2 包装

土工格室以组为单位,用塑料打包带进行捆扎。要求捆扎紧凑、平整。其他包装形式由供需双方商定。

9.3 运输

土工格室为非危险品。在装卸和运输过程中不得重压,严禁使用铁钩等锐利工具装卸,避免划伤。运输时应有遮篷等措施以防日晒雨淋。

9.4 贮存

土工格室产品应贮存在库房内,远离热源,距离应不小于 5m。并防止阳光直接照射。若在户外贮存时,需用苫布盖上。

严禁与化工腐蚀物品一起堆放。

贮存期自生产之日起,一般不超过 12 个月。

ICS 93.080.10;ICS 83.120
Q 23
备案号:

中华人民共和国交通行业标准

JT/T 517—2004

公路工程土工合成材料　土工加筋带

Geosynthetics in highway engineerings—Geobelt

2004-04-16 发布　　2004-07-15 实施

中华人民共和国交通部　发布

公路工程土工合成材料　土工加筋带

1　范围

本标准规定了土工加筋带产品(以下简称加筋带)的术语和定义、产品分类、规格系列与尺寸偏差、技术要求、试验方法、检验规则、标志、包装、运输和贮存等要求。

本标准适用于公路工程土工加筋带。港口、铁路、水利等工程用土工加筋带可参照执行。

2　规范性引用文件

下列文件中的条款通过本标准的引用而成为本标准的条款。凡是注明日期的引用文件,其随后所有的修改单(不包括勘误的内容)或修订版均不适用于本标准,然而,鼓励根据本标准达成协议的各方研究是否使用这些文件的最新版本。凡是不注日期的引用文件,其最新版本适用于本标准。

GB/T 1040　塑料拉伸性能实验方法
GB/T 4357　碳素弹簧钢丝(neq JIS G3521)
GB 11115　低密度聚乙烯树脂
GB 11116　高密度聚乙烯树脂
GB 12023　塑料打包带
GB/T 13021　聚乙烯管材和管件碳黑含量的测定　热失重法(neq ISO 6964)
GB/T 16422.2　塑料实验室光源暴露试验方法　第 2 部分:氙弧灯(idt ISO 4892-2)
JTJ 035　公路加筋土工程施工技术规范
JTJ/T 060　公路土工合成材料试验规程
YB/T 5197　碳素钢绞丝

3　术语和定义

下列术语和定义适用于本标准。

3.1

断裂拉力　break tensile force

单根试样拉断过程中所能承受的最大力,以 kN 表示。

3.2

伸长率　ratio of elongation

试样拉断后,标距部分增加的长度与原标距长度的百分比,以 δ(%)表示。

3.3

握裹力　wrap force

钢丝(钢丝绳)与裹覆塑料之间的粘结力,其数值以两者之间产生滑移时的单位长度的拉力 kN/m 计。

4　产品分类

4.1　分类

4.1.1　按加筋带的受力材料分两类:塑料土工加筋带,代号为 SLLD;钢塑土工加筋带,代号为 GSLD。

4.1.2　典型产品的断面组成见图 1、图 2。

4.1.3 原材料名称代号见表1。

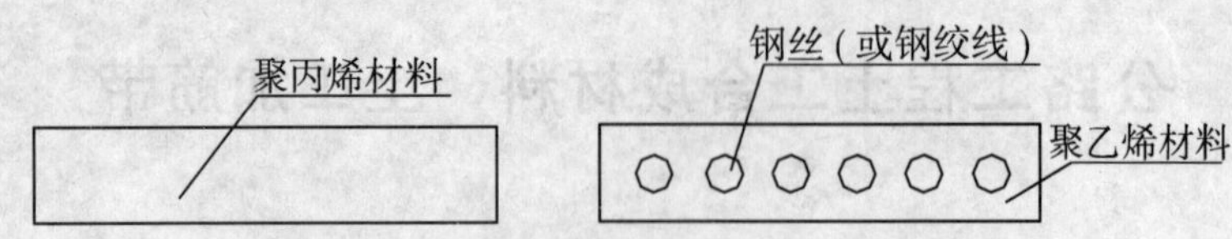

图1 塑料土工加筋带　　图2 钢塑土工加筋带

表1 原材料名称代号

名　称	代　号	名　称	代　号
聚乙烯	PE	聚丙烯	PP
钢丝	GSA	钢丝绳	GSB

4.2 型号

型号表示方式：

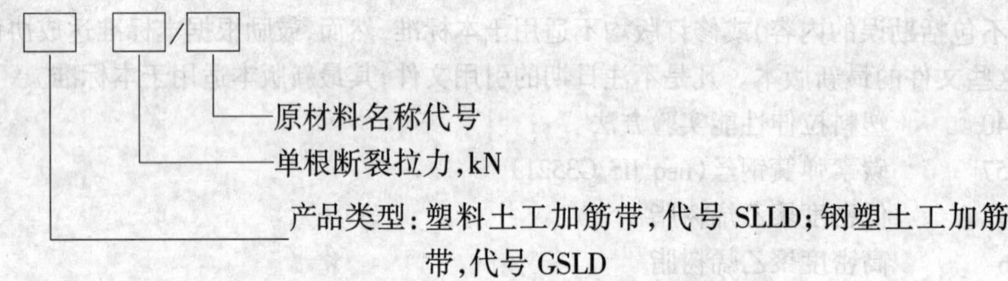

示例1:断裂拉力为10kN的钢(丝)塑土工加筋带表示为:GSLD10/GSA

示例2:断裂拉力为10kN的聚丙烯土工加筋带表示为:SLLD10/PP

5 产品规格系列与尺寸偏差

5.1 规格系列

规格系列见表2。

表2 产品规格

加筋带种类	每根产品的标称断裂极限拉力,kN				
塑料土工加筋带(SLLD)	3	7	10	13	—
钢塑土工加筋带(GSLD)	7	9	12	22	30

5.2 尺寸偏差

尺寸偏差见表3。

表3 尺寸偏差

项　目	偏差要求
标称单位长度质量相对偏差,%	±5.0
标称宽度相对偏差,%	±5.0
标称厚度相对偏差,%	±10.0
钢塑土工加筋带中钢丝(钢丝绳)的排列间距均匀	

6 技术要求

6.1 力学性能

6.1.1 塑料土工加筋带的技术要求应符合表4的规定。

表4 塑料土工加筋带的技术参数

项目	规格(SLLD)			
	3	7	10	13
每根的断裂拉力,kN	≥3	≥7	≥10	≥13
断裂伸长率,%	≤8			
2%伸长率时的拉力,kN	≥1.2	≥3.0	≥3.5	≥4.0
似摩擦系数	≥0.4			
偏斜率,mm/m	≤5			

6.1.2 钢塑土工加筋带的技术要求应符合表5的规定。

表5 钢塑土工加筋带的技术参数

项目	规格(GSLD)				
	7	9	12	22	30
每根的断裂拉力,kN	≥7	≥9	≥12	≥22	≥30
断裂伸长率,%	≤3				
钢丝(钢丝绳)的握裹力,kN/m	≥4	≥4	≥4	≥6	≥6
似摩擦系数	≥0.4				
偏斜率,mm/m	≤5				
钢丝(钢丝绳)排列的均匀性、塑料均匀包裹					

6.1.3 塑料土工加筋带光老化等级应符合表6的规定。

表6 塑料土工加筋带光老化等级

光老化等级	I	II	III	IV
紫外线辐射强度为550W/m^{2}照射150h强度保持率,%	<50	50~80	80~95	>95
碳黑含量,%	—		≥2.0±0.5	
注:对用其他抗老化助剂参照执行				

6.1.4 塑料土工加筋带的蠕变性能要求

蠕变相对伸长率计算公式: $\varepsilon_1 = \varepsilon_0 + b\log(t)$

式中:ε_1——蠕变相对伸长率为在荷载 P 作用时间 t 后的总应变量,%;

ε_0——受力开始时的初始应变量,%;

t——试验历时,h;

b——蠕变系数,$b \geqslant 0.0167$。

蠕变试验加荷水平:为产品标称断裂拉力的60%;试验温度为20℃;试验总的时间为500h。

6.1.5 土工加筋带产品的最小尺寸要求

土工加筋带产品的尺寸要求见表7。

表7 产品的尺寸要求

产品类型和规格	塑料土工加筋带				钢塑土工加筋带				
	3	7	10	13	7	9	12	22	30
最小宽度,mm	18	25	30	35	30	30	30	50	60
最小厚度,mm	1.0	1.3	1.5	1.5	2.0	2.0	2.0	2.2	2.2

6.2 原材料

6.2.1 塑料材料应使用原始粒状原料,严禁使用粉状和再造粒状颗粒原料;聚丙烯应满足 GB 12023 的要求;高密度聚乙烯应满足 GB 11116 的要求。

6.2.2 钢丝应符合 GB/T 4357 的要求;钢丝绳应符合 YB/T 5197 的要求。

6.3 外观质量

6.3.1 土工加筋带应色泽均匀,无明显油污。

6.3.2 产品无破裂、损伤、穿孔、无露筋等缺陷。

6.3.3 产品表面有粗糙整齐的花纹。

6.4 成品长度要求

土工加筋带成品每根的长度不允许小于 100m,卷中不得有拼段。也可根据用户需要生产。

7 试验方法

7.1 土工加筋带的断裂拉力

按 JTJ/T 060 的规定进行试验。

7.2 土工加筋带单位长度质量

按 JTJ/T 060 的规定进行试验。

7.3 断裂伸长率

按 JTJ/T 060 的规定进行试验。

7.4 尺寸检测

每个试样以精度为 0.02mm 的游标卡尺测量宽度两次,共 12 处,记录 12 个测定值,求其算术平均值;

把六个 1m 长的试样分别放在感量为 0.1g 的天平上称量,求取平均值,为每米质量。

7.5 外观质量

目测检查。

7.6 加筋带的似摩擦系数

按 JTJ 035 附录一的规定测试。

7.7 钢塑加筋带的握裹力

按附录 A 的方法测定。

7.8 蠕变性能

按 JTJ/T 060 的规定进行测试。

7.9 塑料土工加筋带的光老化试验

按 GB/T 13021 和 GB/T 16422.2 的规定进行。

8 检验规则

产品需检验合格并附有质量合格证方可出厂。

8.1 检验分类

检验分为出厂检验和型式检验两大类。

8.1.1 出厂检验

产品出厂时应进行出厂检验。出厂检验的项目为 5.2、6.1.1(或 6.1.2)、6.1.3、6.1.5、6.3 和 6.4 中的各项。

8.1.2 型式检验

有下列情况之一时,应进行型式检验:

a) 新产品投产时或老产品转厂作试制定型鉴定时;

b） 正式生产后，因原材料、配方、工艺有较大的改变，可能影响土工加筋带性能时；

c） 正常生产后，如出现异常情况，产品质量不符合要求或累计一定产量后进行例行检验时；

d） 产品停产一年以上，恢复生产时；

e） 型式检验结果与上次型式检验结果有较大差异时；

f） 国家质量监督机构提出型式检验的要求时。

型式检验项目包括 5.2 和 6 中的各项内容。

8.2 组批与抽样

8.2.1 组批

产品以批为单位进行验收，同一牌号的原材料、同一配方、同一生产工艺并稳定连续生产的一定数量的产品为一批，每批数量不超过 20t。

8.2.2 抽样

产品检验以批为单位，检验从每批产品中随机抽六卷，在每卷外端除去 2m 后，分别取 2m 长的试样带共六根，待宽度、厚度测定后，再分别在这六根试样带上截取 1m 长的试样共六根。

8.3 判断规则

8.3.1 外观质量的判定

产品的外观质量应符合 6.3 的规定。

8.3.2 复检判定

若 6.1.1（或 6.1.2）和 6.1.5、6.3 和 6.4 各项全部合格，而 5.2 和 6.3 中只有一项不合格时则判该批产品为合格批。

若 6.1.1（或 6.1.2）有一项不合格，则应在该产品中重新抽取双倍数量的样品制作试样。对 6.1.1（或 6.1.2）中的不合格项目进行复检，复检全部合格，则判该批为合格批；检测结果若仍有一项不合格，则判该批产品为不合格。复检结果作为最终判定的依据。

9 标志、包装、运输和贮存

9.1 标识

经检验合格的土工加筋带产品，应附有产品质量检验合格证。合格证上应盖有质检专用章和检验员的章并应有下列标志：

a） 产品名称及注册商标；

b） 型号、规格；

c） 产品标准号；

d） 检验员代号；

e） 厂名及厂址；

f） 出厂日期及批号。

9.2 包装

土工加筋带以卷为单位进行包装。包装后应保证产品不受到腐蚀和紫外线的直接照射。

9.3 运输

土工加筋带在运输过程中应轻放、轻卸，避免与尖锐物品或化学腐蚀物品混装运输，并应有遮篷等措施以防日晒雨淋。

9.4 贮存

土工加筋带应贮存在通风、阴凉、干燥的仓库内，产品不应重压。并应避免日光长期照射，离热源距离应不小于 5m。严禁与化工腐蚀物品一起堆放。自生产之日起，存储期为 18 个月。

附 录 A
（规范性附录）
钢塑土工加筋带的钢丝（钢丝绳）握裹力测定方法

钢塑土工加筋带的钢丝（钢丝绳）握裹力测定方法如下：

把试样加工成图 A.1 形式，测试标距选用 300mm，在测试标距的两端削去聚合物使加筋材料（钢丝或钢丝绳）裸露，并在图中 × 处斩断，断丝后再在试验机上测试。采用 30N/s 的加载速率。对于偶数配筋（丝）的加筋带，测试数据乘以 2，对于奇数配筋（丝）则测试读数乘以 $2n/(n-1)$，n 为总配筋数，其乘积即为 300mm 标距内的握裹力，然后再乘以 10/3，即可得每米握裹力。

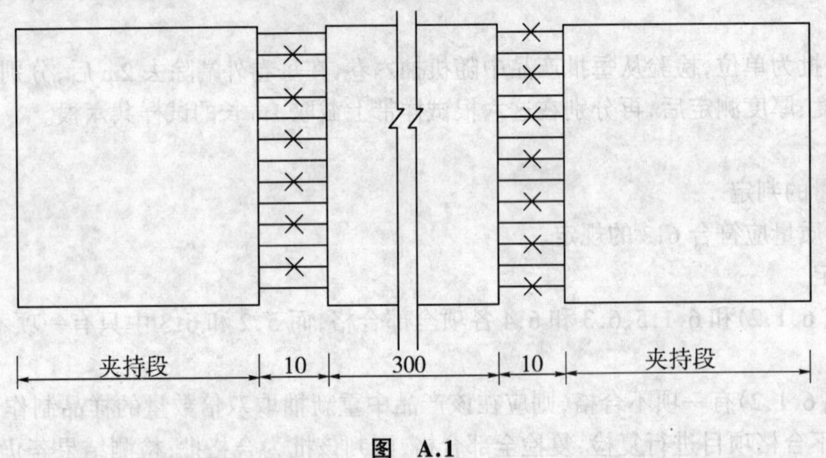

图 A.1
（单位：mm）

ICS 93.080.10;ICS 83.120
Q 23
备案号:

中华人民共和国交通行业标准

JT/T 518—2004

公路工程土工合成材料　土工膜

Geosynthetics in highway engineerings—Geomembranes

2004-04-16 发布　　2004-07-15 实施

中华人民共和国交通部　发布

ICS 91.080.10; ICS 83.120
备案号：

JT

中华人民共和国交通行业标准

JT/T 518—2004

公路工程土工合成材料　土工膜

Geosynthetics in highway engineering—Geomembranes

2004-04-16发布　　2004-07-16实施

中华人民共和国交通部　发布

公路工程土工合成材料　土工膜

1　范围

本标准规定了土工膜的分类、规格系列与尺寸偏差、技术要求、试验方法、检验规则、标志、包装、运输和贮存的要求。

本标准适用于公路工程用土工膜。水运、铁路、水利工程用土工膜可参照执行。

2　规范性引用文件

下列文件中的条款通过本标准的引用而成为本标准的条款。凡是注日期的引用文件，其随后所有的修改单(不包括勘误的内容)或修订版均不适用于本标准，然而，鼓励根据本标准达成协议的各方研究是否可使用这些文件的最新版本。凡是不注日期的引用文件，其最新版本适用于本标准。

GB/T 1844.1　塑料及树脂缩写代号　第1部分:基础聚合物及其特征性能

GB/T 12027　塑料薄膜尺寸变化率试验方法 (neq DIN 53377)

GB/T 13021　聚乙烯管材和管件碳黑含量的测定　热失重法(neq ISO 6964)

GB/T 14798　土工布　鉴别标志(eqv ISO 10320)

GB/T 16422.2　塑料实验室光源暴露试验方法　第2部分:氙弧灯(idt ISO 4892-2)

GB/T 17642　土工合成材料　非织造复合土工膜

JTJ/T 060　公路土工合成材料试验规程

QB/T 1130—1991　塑料直角撕裂性能试验方法

3　产品分类

土工膜按选用的原材料分类。

3.1　代号

3.1.1　土工膜代号为M。

3.1.2　原材料名称代号见表1。

表1　原材料名称代号

名　　称	代　　号	名　　称	代　　号
聚乙烯	PE	聚丙烯	PP
高密度聚乙烯	HDPE	聚脂	PES
聚丙烯腈	PAC	聚酰胺	PA
注:未列原材料,其名称应特殊说明;未列塑料及树脂基础聚合物的名称代号按 GB/T 1844.1 规定表示			

3.2　型号

型号表示方式:

示例1:厚度为0.5mm的聚丙烯土工膜,型号为:M0.5/PP。

示例2:厚度为1.5mm的聚乙烯土工膜,型号为:M1.5/PE。

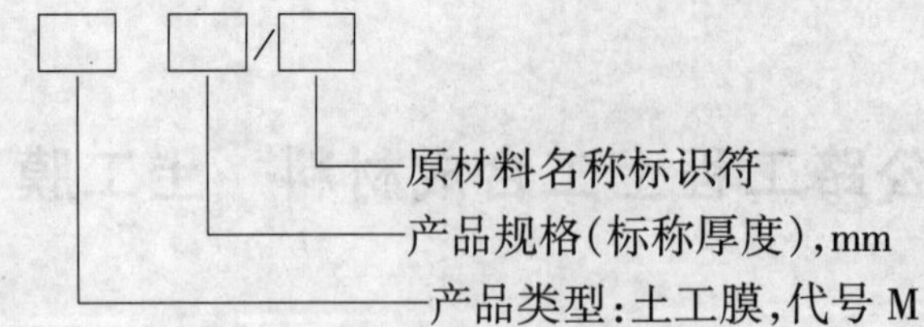

4 产品规格系列与尺寸偏差

4.1 规格系列

规格系列见表 2。

表 2 规 格 系 列

型　　号	M0.3	M0.4	M0.5	M0.6	M1	M1.5	M2	M2.5	M3
标称厚度,mm	0.3	0.4	0.5	0.6	1	1.5	2	2.5	3
注:工程单一使用土工膜,则土工膜厚度不得小于 0.5mm									

4.2 尺寸偏差

土工膜尺寸偏差应符合表 3 的规定。

表 3 土工膜尺寸偏差

幅宽, m	≥3
幅宽偏差, %	+2.5
厚度偏差, %	+24

5 技术要求

5.1 理化性能

5.1.1 物理性能参数应符合表 4 的规定。

表 4 物 理 性 能 参 数

项　　目	参				数				
型号	M0.3	M0.4	M0.5	M0.6	M1	M1.5	M2	M2.5	M3
纵、横向拉伸强度,kN/m	≥3	≥5	≥6	≥8	≥12	≥17	≥18	≥19	≥20
纵、横向拉伸断裂伸长率,%	≥100		≥300			≥500			
纵、横向直角撕裂强度,N/mm	≥10	≥15	≥20	≥30	≥40	≥80	≥100	≥120	≥150
CBR 顶破强度,kN	≥1	≥1.5	≥2.5	≥3	≥4	≥5	≥6	≥7	≥8
低温弯折性,(-20℃)	无裂纹								
纵、横向尺寸变化率,%	≤5								

5.1.2 土工膜抗光老化等级应符合表 5 的规定。

表 5 土工膜光老化等级

光老化等级	I	II	III	IV
光辐射强度为 550W/m^2 照射 150h,标称拉伸强度保持率,%	<50	50~80	80~95	>95
碳黑含量,%	—	2+0.5		
碳黑在土工膜材料中的分布要求	均匀、无明显聚块或条状物			
注:对不含碳黑或不采用碳黑作抗光老化助剂的土工膜,其抗光老化等级的确定参照执行				

5.1.3 土工膜耐静水压力和抗渗性应符合表6的规定。

表6 土工膜耐静水压力和抗渗性

项　　目	型号规格								
	M0.3	M0.4	M0.5	M0.6	M1	M1.5	M2	M2.5	M3
耐静水压力,MPa	≥0.3	≥0.5	≥0.7	≥0.8	≥1.5	≥2.0	≥2.5	≥3	≥3.5
垂直渗透系数,cm/s	$\leqslant 5\times10^{-11}$								

5.2 外观质量

5.2.1 产品颜色应色泽均匀,无明显油污。

5.2.2 产品无损伤、无破裂、无气泡、不粘结、无孔洞,不应有接头、断头和永久性皱褶。

5.2.3 外观质量还应符合表7规定。

表7 外 观 质 量

序号	项　　目	要　　求
1	切口	平直,无明显锯齿现象
2	水云、云雾和机械划痕	不明显
3	杂质和僵块	直径0.6mm~2.0mm的杂质和僵块,允许每平方米20个以内;直径20mm以上的,不允许出现
4	卷端面错位	≤50mm

5.3 成品尺寸

土工膜每卷的纵向基本长度不小于30m,卷中不得有拼段。

6 试验方法

6.1 每延米拉伸强度指标的测定按JTJ/T 060的(宽条法)规定。

6.2 纵、横向直角撕裂度按QB/T 1130—1991的规定。

6.3 低温弯折性的测定按附录A的规定。

6.4 纵、横向尺寸变化率试验按GB/T 12027中的规定进行,试验条件:(100±2)℃下保持15min。

6.5 抗光老化拉伸强度保持率测试:

光照射试验按GB/T 16422.2,对拉伸强度的测定按JTJ/T 060的规定,并按下式计算抗光老化拉伸强度保持率:

$$抗光老化标称拉伸强度保持率(\%)=\frac{照射后的拉伸强度}{照射前的拉伸强度}\times100\%$$

6.6 碳黑含量的测定按GB/T 13021的规定。

6.7 CBR顶破强度、垂直渗透系数的测定按JTJ/T 060的规定。

6.8 耐静水压力试验按GB/T 17642的规定。

7 检验规则

产品经检验合格并附有质量检验合格证,方可出厂。

7.1 检验分类

检验分为出厂检验和型式检验。

7.1.1 出厂检验

产品出厂时应进行出厂检验。

出厂检验项目包括:表3和5.2中的各项内容。

7.1.2 型式检验

有下列情况之一时,进行型式检验:

a) 正式生产后,如结构、材料、工艺有较大改变,可能影响产品性能时;

b) 正常生产时,每半年进行一次型式检验;

c) 产品停产超过三个月,恢复生产时;

d) 出厂检验结果与上次型式检验有较大差异时;

e) 国家及部级质量监督机构提出进行型式检验要求时。

型式检验项目包括5 技术要求中各项内容。

7.2 组批与抽样

7.2.1 组批

产品以批为单位进行验收,同一牌号的原料、同一配方、同一规格、同一生产工艺的产品为一批,每批数量不超过500卷,不足500卷以五日产量为一批。

7.2.2 抽样

产品检验以批为单位,检验从每批产品中随机抽取三卷。

7.3 判定规则

7.3.1 外观质量的判定

样品外观质量应符合5.3的规定。

7.3.2 复检判定

若5.1.1全部合格,而4.2和5.2中只有一项不合格,则判为合格批。若5.1.1有一项不合格,则应在该批产品中重新抽取双倍数量的样品制作试样,对5.1.1中的不合格项目进行复检,复检全部合格,则该批为合格;如果检测仍有一项不合格,则判为该批不合格。复检结果为最终判定依据。

8 标志、包装、运输和贮存

8.1 标志、包装

标志、包装按GB/T 14798的规定。

8.2 运输

产品在装卸运输过程中,不得抛摔,避免与尖锐物品混装运输,避免剧烈冲击。运输应有遮篷等防雨、防日晒措施。

8.3 贮存

产品不得露天存放,应避免日光长期照射,并远离热源,距离应大于5m。保存期自产品生产之日起不超过12个月。土工膜应包装完好,贮存在无腐蚀气体、无粉尘和通风良好干燥的室内,堆码高度不超过1.5m。

附　录　A
（规范性附录）
低温弯折性试验

A.1　原理

在规定的条件下，观察土工膜弯折处受拉面的裂纹开展情况。

A.2　试验器具

A.2.1　低温箱：可在－40℃～0℃之间自动控温，误差为±2℃。

A.2.2　弯折仪：主要由金属材料制成的上下平板、调整螺丝等组成。平板间距可任意调节，其形状尺寸如图A.1所示。

A.2.3　放大镜：放大倍数为6倍。

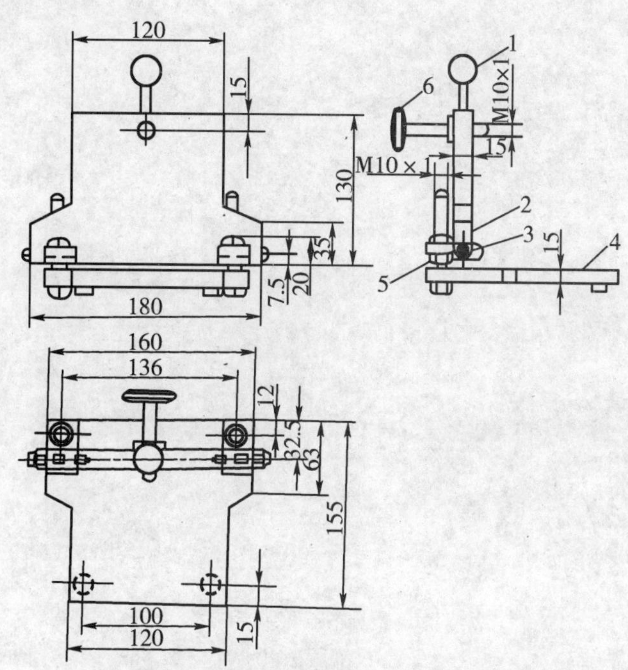

图A.1　弯折仪示意图（尺寸单位：mm）
1-手柄；2-上平板；3-转轴；4-下平板；5-调距螺栓；6-调距螺栓

A.3　试样

试样尺寸（纵向×横向）：50mm×100 mm和100mm×50 mm，各两块。

A.4　试验程序

在标准环境下，用测厚仪测量试样的厚度。试样表面应无明显的缺陷。然后将试样弯曲180°，使50mm宽的边缘重合、齐平，并确保不发生错位（可用定位夹或10mm宽的胶布将边缘固定），将弯折仪的上、下平板间距调整到土工膜厚度的三倍。试验两块试样。

将弯折仪上平板翻开，将两块试样平放在弯折仪下平板上，重合的一边朝向转轴，且距离转轴20mm，将弯折仪连同试样放入低温箱内，在规定温度下保持1h。然后，在1s之内将弯折仪的上平板压下，达到所调间距位置，保持1s后将试样取出。待回复到室温后观察试样弯折处是否断裂，后用放大镜观察试样弯折处受拉面是否有裂纹。

A.5　结果评定

两块试样均不断裂且无裂纹时评定为无裂纹。

ICS 93.080.10;ICS 91.100.10
P 66
备案号:

中华人民共和国交通行业标准

JT/T 522—2004

公路工程混凝土养护剂

Curing compounds of concrete for highway engineering

2004-04-16 发布　　2004-07-15 实施

中华人民共和国交通部　发布

公路工程混凝土养护剂

1 范围

本标准规定了混凝土养护剂的术语和定义、分类、技术要求、试验方法、检验规则及标志、包装、运输和贮存等。

本标准适用于公路工程用饱水膜材和乳液型养护剂。

2 规范性引用文件

下列文件中的条款通过本标准的引用而成为本标准的条款。凡是注日期的引用文件,其随后所有的修改单(不包括勘误的内容)或修订版均不适用于本标准。鼓励根据本标准达成协议的各方研究使用这些文件的最新版本。凡是不注日期的引用文件,其最新版本适用于本标准。

GB 8076 混凝土外加剂

JC/T 421 水泥胶砂耐磨性方法

JTJ 053 公路工程水泥混凝土试验规程

3 术语和定义

下列术语和定义适用于本标准

3.1

混凝土养护剂 curing compounds

一种覆盖、喷洒或涂刷于混凝土表面,具备足够的保水养生功能,但不影响混凝土性能的饱水膜材和悬浮物乳液。它们能在混凝土表面形成一层连续的基本不透水的密闭养生薄膜,以防止混凝土硬化早期的水分挥发,可用于新浇注混凝土的养护,也可用于养护脱模后的混凝土以及经过早期湿养护混凝土的继续养护。

4 产品分类

混凝土养护剂可分为饱水膜材型和乳液型养护剂。

5 技术要求

5.1 一般要求

5.1.1 外观:均匀、无明显色差、不含其他杂质。

5.1.2 稠度:对乳液型养护剂,应满足在4℃以上易于喷涂(或按需要涂刷或辊刷),能形成均匀涂层。

5.1.3 用量:对乳液型养护剂,无特别要求时,产品质量检验原液的用量为 0.2kg/m^2;也可采用生产厂家推荐的原液用量。

5.1.4 有害反应:不应对混凝土表面及混凝土性能造成有害影响。

5.1.5 毒性:不应含有任何对人体、生物与环境有危害的化学成分。

5.1.6 稳定性:对乳液型养护剂,储存期内,不得出现异味、分层、结块和絮凝现象;对饱水膜材,储存期内,不得出现老化、破损。

5.2 技术性能

混凝土养护剂技术性能应符合表1要求。

表 1 混凝土养护剂性能要求

项目		饱水膜材型		乳液型	
		一等品	合格品	一等品	合格品
有效保水率,%		≥90	≥75	≥90	≥75
干燥时间,h		—		≤4	
密封性		膜材完整、无破损、无透孔		连续成膜、无透孔	
浸水溶解性		不溶		不溶或溶解	
耐热性		无熔化、变形		无熔化、变形	
磨耗量,kg/m^2		≤2.0	≤2.5	≤2.0	≤2.5
抗压强度比,%	7d	≥95	≥90	≥95	≥90
	28d	≥95	≥90	≥95	≥90

6 试验方法

6.1 材料及混凝土配合比

试验所用水泥、砂、石、水、外加剂等材料及混凝土配合比应符合 GB 8076 要求,用水量以混凝土坍落度控制在 40 mm ± 10mm 为准。

6.2 有效保水率

有效保水率按附录 A 进行试验。

6.3 抗压强度比

抗压强度比按附录 B 进行试验。

6.4 磨耗量

磨耗量按附录 C 进行试验。

6.5 干燥时间

将乳液型养护剂按试验规定用量涂于泌水结束后,符合 JC/T 421 要求的新拌水泥砂浆试件表面,放入温度为 20℃ ± 3℃,相对湿度为 50% ± 10% 的试验箱内。干燥时间,从喷涂养护剂时开始计时,每 20min 一次,用手指以适度压力触压表面,无软粘感时,定为干燥时间。

6.6 密封性

6.6.1 将乳液型养护剂按试验规定用量涂于玻璃板上,涂覆面积不小于 15cm × 15cm,放入温度为 20℃ ± 3℃,相对湿度为 50% ± 10% 的试验箱内,4h 完全干燥后,目测其成膜是否连续,是否有透孔。

6.6.2 目测饱水膜材,应完整、无破损、无透孔。

6.7 浸水溶解性

6.7.1 乳液型养护剂:将养护剂按试验规定用量涂于玻璃板上,涂覆面积不小于 15cm × 15cm,放入温度为 20℃ ± 3℃,相对湿度为 50% ± 10% 的试验箱内,4h 完全干燥后,连同玻璃板一起没入水温为 20℃ ± 3℃的水中,浸水 1h 后,通过目测或触摸判定乳液型养护剂的浸水溶解性为溶解或为不溶。

6.7.2 饱水膜材养护材料:直接将面积不小于 15cm × 15cm 的饱水膜材,放入水温为 20℃ ± 3℃ 水中,浸水时间 1h,观察饱水膜材是否溶解、变形;如发生溶解、变形,浸水溶解性判定为溶解,反之浸水溶解性判定为不溶。

6.8 耐热性

6.8.1 将乳液型养护剂按试验规定用量涂于玻璃板上,涂覆面积不小于 15cm × 15cm ,放入温度为 20℃ ± 3℃,相对湿度为 50% ± 10% 的试验箱内,4h 完全干燥后,置于 65℃ ± 2℃ 的烘箱内,恒温 10min 后,观察是否出现熔化、变色现象;

6.8.2　将面积不小于 15cm × 15cm 的饱水膜材型养护材料放置于玻璃板上，置于 65℃ ± 2℃的烘箱内，恒温 10min 后观察是否出现熔化、变形现象。

7　检验规则

7.1　取样及编号

7.1.1　试样应由买方选择在交货前或交货时在工厂或仓库取样。

7.1.2　生产厂应将产品分批编号，每 10 t 为一批量编号，不足 10 t 时按一个批量计，每一编号取一个样，取样量不少于 10kg。

7.1.3　乳液型养护剂在混合罐或槽中，则刚开始灌装时，从罐中取样约三分之一，灌装至一半时，取样约三分之一，另外三分之一在灌装结束时取样；若已装入容器中，取样的容器数量是整批容器数的立方根后取整。

7.2　试样及留样

每一编号取得的试样应充分混匀，分为两等份，一份按表 1 项目进行试验，另一份封存半年，以备有疑问时提交国家指定的检验机关进行复验或仲裁。取样如用容器，应及时密封，严禁泄漏、替换或稀释。

7.3　检验分类

7.3.1　产品检验包括出厂检验和型式检验。

7.3.2　出厂检验：产品出厂应进行出厂检验，项目包括有效保水率、干燥时间、成膜密封性和涂膜浸水溶解性。

7.3.3　型式检验：型式检验包括表 1 所列的全部检验项目。

有下列情况之一者，应进行型式检验：

a)　新产品或老产品转厂生产的试制定型鉴定；

b)　正式生产后，如材料、工艺有较大改变，可能影响产品性能时；

c)　正常生产时，每季度至少进行一次检验；

d)　产品长期停产后，恢复生产时；

e)　出厂检验结果与上次型式检验有较大差异时；

f)　国家质量监督机构提出进行型式试验要求时。

7.4　判定规则

所有项目都符合第 5 章中规定的某一等级要求，则判为相应等级。其中有一项不符合合格品要求时，判为不合格。

8　标志、包装、运输和贮存

8.1　产品出厂时应提供产品质量合格证和产品说明书，产品说明书应包括：生产厂名称、产品名称及型号、执行标准、外观、色泽、有无毒性、出厂日期、产品质量等级、有效期和注意事项。

8.2　养护剂包装上应注有：识别标志、产品名称、型号、净重、生产厂家、生产日期、有效期和出厂编号。

8.3　运输时应轻拿轻放，防止破损，防止坚硬物碰撞。

8.4　养护剂应放在专用仓库或固定的场所妥善保管，以易于识别，便于检查和提货。

8.5　对乳液型养护剂有效储存期为半年，储存期超过半年或发现表面结硬皮、底部大量沉淀的，应废弃或由生产厂家重新检验，合格后方可出厂。

附 录 A
（规范性附录）
有效保水率试验方法

A.1 仪器设备

试验仪器设备包括：

a） 60L 混凝土标准单卧轴强制式搅拌；

b） 混凝土标准振动台；

c） 塑料试模：15cm×15cm×15cm；

d） 电子天平：称量 20kg，感量 0.1g；

f） 环境箱：环境温度：35℃±2℃；

湿度：40%±5%（R·H）；

风速：0.5 m/s±0.2m/s。

注：如环境箱风速不能满足要求，只能进行定性试验，不能作为定级和仲裁试验。

A.2 原材料及配合比

原材料及配合比按 6.1 执行。

A.3 试验步骤

A.3.1 基准混凝土的制备

采用 60L 单卧轴强制式混凝土搅拌机，全部材料一次投入，用水量应使混凝土拌和物坍落度达到 40mm±10mm，拌和量不少于 15L，不大于 45L，搅拌 3min，出料后人工翻拌 2～3 次。

测定混凝土坍落度，按 JTJ053 进行，应控制在 40mm±10mm 的范围内。

各种混凝土材料和试验环境均应保持在，温度：20℃±5℃；湿度：50%±10%（R·H）的条件下。

A.3.2 试件的制作与数量

A.3.2.1 试模：使用塑料试模，成型前将试模底部的气孔用胶带密封好，不宜在模子内抹过多的脱模剂或油，特别是顶部边缘要密封的地方。

A.3.2.2 试件成型：按 JTJ053 进行，顶面须用抹刀抹平，并沿试模内壁插入数次，缺料处用砂浆找平，使顶面均匀密实，没有空隙和裂缝。成型后清理干净模子外缘，水平放置。

A.3.2.3 试件数量：基准试件每组四块；喷涂或敷盖养护剂试件每组四块。

A.3.3 试件表面的制备与边缘密封

A.3.3.1 表面制备：待试件表面水消失后，用干净的干毛刷轻刷试件表面釉层，以刷不出表面水或用手指轻擦过表面无水迹为适宜的表面条件。

A.3.3.2 基准试件组试件表面条件达到要求后，立即称重基准试件质量 m_1，精确到 0.1g，放入环境箱中，记下入箱时间。

A.3.3.3 喷涂乳液型养护剂试件组试件表面条件达到要求后，在试模和试件边缘间，剔出一深 3mm，宽不大于 3mm 的 V 形槽，用密封胶或蜡等密封材料填充，封边后，立即称重试件质量 M_1，精确到 0.1g。

A.3.3.4 覆盖饱水膜材养护剂试件表面条件达到要求后，立即称取试件质量 M_4，精确到 0.1g，然后铺敷养护膜，用塑料胶带封边，放入环境箱中，记下入箱时间。

A.3.4 乳液型养护剂的喷涂

A.3.4.1 根据产品推荐用量，计算养护剂的喷涂量 M_c，如无特殊要求，以 0.2kg/m^2 的用量为准。试件喷涂面积以试件净尺寸计算。

A.3.4.2 按规定用量,在试件顶部均匀的喷涂养护剂,不得有漏喷、漏涂或明显不均匀的情况存在,每个试件一次完成。

A.3.4.3 通过比较喷涂前后试件质量,确定养护剂喷涂量是否达到要求,达到要求后,立即称重喷涂养护剂的试件质量 M_2,精确到 0.1g,放入环境箱内,并记录入箱时间。整个喷涂时间不得超过 2min,如果最终的养护剂用量与计算用量相差超过 10%,试件无效。

A.3.5 试件的养护

A.3.5.1 养护环境箱,温度:35℃ ± 2℃;湿度:40 ± 35%(R·H);风速:0.5 m/s ± 0.2m/s。

A.3.5.2 分别记录喷涂过养护剂的试件或敷盖饱水膜材养护剂试件和基准试件放入环境箱内的时间。

A.3.5.3 基准试件和喷涂乳液型养护剂或敷盖饱水膜材养护材料的试件应等间距均匀的摆放在环境箱内,72h 后,取出称其质量。基准试件试验最终质量 m_2;喷涂乳液型养护剂试件最终质量 M_3;覆盖饱水膜材养护材料试件除去敷盖膜后称其最终质量 M_5;称量精确到 0.1g。

A.4 结果计算

A.4.1 每个试件的水分损失量按下式计算

A.4.1.1 基准试件水分损失量:

$$Go = m_1 - m_2 \qquad (A.1)$$

式中:

G_0——基准试件水分损失量,g;

m_1——基准试件入箱前质量,g;

m_2——基准试件试验最终质量,g。

A.4.1.2 乳液型养护剂试件水分损失量:

$$G_y = M_1 + (N_y \times M_y) - M_3 \qquad (A.2)$$

式中:

G_y——喷涂养护剂试件水分损失量,g;

M_1——试件封边后质量,g;

M_2——试件喷涂养护剂后的质量,g;

M_3——喷涂养护剂试件试验最终质量,g;

N_y——乳液型养护剂非挥发组份比例,%;

M_y——养护剂用量,g;

$M_y = M_2 - M_1$。

A.4.1.3 膜材养护剂试件水分损失量:

$$G_a = M_4 - M_5 \qquad (A.3)$$

式中:

G_a——敷盖饱水膜材养护剂试件水分损失量,g;

M_4——饱水膜材养护剂试件(不含膜)入箱前质量,g;

M_5——饱水膜材养护剂试件(不含膜)试验最终质量,g。

A.4.2 组试件水分损失量

每批试件为一组,以水分损失量的算术平均值作为组试件水分损失量。如同一组内水分损失量最大和最小之差,超过 0.15kg/m^2,则该组试验结果无效;如一个试件水分损失量与平均值的差超过 15%,

则将该数据剔除，取其余试件的算术平均值作为该组试件的水分损失量，余下的试件数不得少于三块；如少于三块则该批试验作废，应重新试验。

A.4.3　有效保水率按下式计算

$$Q = (1 - \frac{\overline{G}_C}{\overline{G}_0}) \times 100 \quad \cdots\cdots (A.4)$$

式中：

Q——养护剂有效保水率，%；

$\overline{G}_0$——基准试件组平均水分损失量，g；

$\overline{G}_C$——养护剂试件组平均水分损失量，g。

附 录 B
(规范性附录)
抗压强度比试验方法

B.1 仪器设备

试验仪器设备包括:

a) 60L 混凝土标准单卧轴强制式搅拌机;

b) 混凝土标准振动台;

c) 塑料试模:15cm×15cm×15cm.;

d) 标准养护室:温度为 20℃±2℃,湿度>95%;

e) 压力机。

B.2 原材料及配合比

原材料及配合比按 6.1 的规定。

B.3 试验步骤

B.3.1 试件成型:按 JTJ053 规定方法成型,混凝土坍落度控制在 40 mm±10mm。

B.3.2 表面条件:待试件表面水消失后,用干净毛刷轻刷表面釉层,以刷不出表面水或用手指轻擦过表面无水迹为适宜的表面条件。

B.3.3 乳液型养护剂的喷涂:试件组试件表面条件达到要求后,在试模和试件边缘间,剔出一深 3mm,宽不大于 3mm 的 V 形槽,用密封胶或蜡等密封材料填充,封边;并根据生产厂家推荐用量喷涂,如无特别要求,以 0.2kg/m^2 的用量为准,试件喷涂面积以试件净尺寸计算,不得有漏喷或不均匀的现象,每个试件一次完成。

B.3.4 饱水膜材养护剂的铺敷:试件组表面条件达到要求后,铺敷饱水膜材,用塑料胶带封边(带模)。

B.3.5 试件的养护:将喷涂乳液型养护剂(带模)或敷盖饱水膜材的试件(带模)置于室内养护,环境温度为 20℃±5℃,湿度为 50%±10%。

B.3.6 基准试件的养护:按 JTJ053 规定进行(脱膜养护),标准养护室温度为 20℃±2℃,湿度>95%。

B.3.7 基准试件和涂、敷养护剂试件养护至 28d 龄期,测定抗压强度,计算混凝土抗压强度比。

B.4 结果计算

抗压强度比以喷涂或敷盖饱水膜材养护剂混凝土与基准混凝土同龄期抗压强度之比表示,按下式计算:

$$R_f = \frac{f_{cu \cdot t}}{f_{cu \cdot o}} \times 100 \qquad \text{(B.1)}$$

式中:

R_f——抗压强度比,%;

$f_{cu.t}$——基准混凝土的抗压强度,MPa;

$f_{cu.o}$——喷涂或敷盖饱水膜材养护剂混凝土的抗压强度,MPa。

抗压强度按 JTJ053 的方法进行试验及计算。试验结果以三块试件测值的算术平均值表示,计算精确至 0.1MPa。若最大值或最小值与中间值之差值有一个超过中间值的 15%,则把最大值和最小值一并舍去,取中间值作为该组的试验结果;如果最大值和最小值与中间值之差均超过中间值的 15%,则试验结果无效,应重新试验。

附　录　C
（规范性附录）
磨耗量的试验方法

C.1　仪器设备

试验仪器设备包括：

a）60L 混凝土标准单卧轴强制式搅拌机；

b）混凝土标准振动台；

c）塑料试模：15cm×15cm×15cm；

d）烘箱：温度范围为 50～200℃，允许偏差 ±5℃；

e）电子天平：称量 20kg，感量 0.1g；

f）混凝土磨耗机。

C.2　原材料及配合比

原材料及配合比按 6.1 的规定。

C.3　试验步骤

C.3.1　涂覆养护剂试件的成型、表面制备、边缘密封、养护剂的喷覆和试件的养护均按附录 B 的有关规定执行。

C.3.2　涂覆养护剂试件养护至 27d 龄期从室内养护地点取出脱模，放在室内空气中自然干燥 12h，再放入 60℃±5℃烘箱中，烘 12h 至恒重。

C.3.3　试件烘干处理后放至室温，刷净表面浮尘。

C.3.4　将试件放至耐磨试验机的水平转盘上（磨削面应为涂覆养护剂的顶面），用夹具将其轻轻紧固。在 200N 负荷下预磨 30 转，然后取下试件刷净表面粉尘称重，记下相应质量 m_1，该质量作为试件的初始质量。然后在 200N 负荷下磨 60 转，然后取下试件刷净表面粉尘称重，并记录剩余质量 m_2。

C.3.5　每组花轮刀片只进行一组试件的磨耗试验，进行第二组磨耗试验时，应更换一组新的花轮刀片。

C.4　结果计算

C.4.1　按下式计算每一试件的磨耗量，以单位面积的磨耗量来表示，结果计算精确至 0.001kg/m²。

$$G_C = \frac{m_1 - m_2}{A} \qquad \text{(C.1)}$$

式中：

G_C——单位面积的磨耗量，kg/m²；

m_1——试件预磨后的质量，kg；

m_2——试件磨损后的质量，kg；

A——试件磨损面积，m²。

C.4.2　以三块试件磨耗量的算术平均值作为试验结果，结果计算精确至 0.001kg/m²。当其中一块磨耗量超过平均值 15% 时，应予以剔除，取余下两块试件结果的平均值作为试验结果；如两块磨损量超过平均值 15% 时，试验结果无效，应重新试验。

ICS 93.080.10；ICS 91.100.10
P 66
备案号：

中华人民共和国交通行业标准

JT/T 523—2004

公路工程混凝土外加剂

Concrete admixtures for highway engineering

2004-04-16 发布　　2004-07-15 实施

中华人民共和国交通部　发布

公路工程混凝土外加剂

1 范围

本标准规定了水泥混凝土中外加剂的术语和定义、技术要求、试验方法、检验规则、标志、包装、运输和贮存。

本标准适用于公路工程用普通减水剂、高效减水剂、缓凝剂、缓凝减水剂、缓凝高效减水剂、引气剂、引气减水剂、引气高效减水剂、引气缓凝高效减水剂、早强剂和早强减水剂共十一种混凝土外加剂。

2 规范性引用文件

下列文件中的条款通过本标准的引用而成为本标准的条款。凡是注日期的引用文件,其随后所有的修改单(不包括勘误的内容)或修订版均不适用于本标准。然而,鼓励根据本标准达成协议的各方研究是否使用这些文件的最新版本。凡是不注日期的引用文件,其最新版本适用于本标准。

GB/T 8075　混凝土外加剂的分类、命名与定义
GB 8076　混凝土外加剂
GB/T 8077　混凝土外加剂匀质性能试验方法
GB/T 176　水泥化学分析方法
GB/T 14684　建筑用砂
GB/T 14685　建筑用卵石、碎石
JTJ 053　公路工程水泥混凝土试验规程
JGJ 55　普通混凝土配合比设计技术规定
JGJ 63　混凝土拌合用水标准

3 术语和定义

GB/T 8075 确立的以及下列术语和定义适用于本标准

3.1

引气高效减水剂 air entraining admixture and superplasticizer

兼有引气和高效减水功能的外加剂。

3.2

引气缓凝高效减水剂 air entraining and retarding superplasticizer

兼有引气、缓凝和高效减水功能的外加剂。

4 技术要求

4.1 外加剂的使用技术要求

外加剂掺入混凝土后提高混凝土性能,掺外加剂混凝土性能指标见表 1。

表 1　掺外加剂混凝土性能指标

项　目		外加剂品种										
		普通减水剂	高效减水剂	缓凝剂	缓凝减水剂	缓凝高效减水剂	引气剂	引气减水剂	引气高效减水剂	引气缓凝高效减水剂	早强剂	早强减水剂
减水率,% ≥		8	15	—	8	15	6	12	18	18	—	8
泌水率比,% ≤		95	90	100	100	100	70	70	70	70	100	95
含气量,%		≤3.0	≤3.0	—	≤4.5	≤5.5	≥3.0	≥3.0	≥3.0	≥3.0	—	≤3.0
凝结时间之差,min	初凝	-90~+120	-90~+120	>+90	>+90	>+90	-90~+120	-90~+120	-60~+90	>+90	-90~+90	-90~+90
	终凝			—								
抗压强度比,% ≥	1d	—	140	—	—	—	—	—	—	—	135	140
	3d	115	130	90	100	125	95	115	120	115	130	130
	7d	115	125	95	110	125	95	110	115	110	110	115
	28d	110	120	100	110	120	90	100	105	105	100	105
抗折强度比,% ≥	7d	—	—	—	—	—	—	—	—	—	105	110
	28d	105	115	100	105	115	100	110	115	115	100	105
收缩率比,% ≤	28d	125	125	125	125	125	120	120	120	120	130	130
磨耗量,kg/m² ≤	28d	2.0	2.0	2.0	2.0	2.0	2.5	2.5	2.5	2.5	2.0	2.0
冻融循环次数, ≥		100	100	-	-	100	200	200	200	200	100	100
碱含量,%		测定值(以混凝土每立方米总碱量不超过3kg控制)										
对钢筋锈蚀作用		无锈蚀危害										

注1:表中所列减水率、泌水率比、凝结时间之差、抗压强度比、抗折强度比、收缩率比的数据为掺外加剂混凝土与基准混凝土的差值或比值。

2:凝结时间指标:“-”号表示提前,“+”表示延缓。

3:冻融循环次数:满足相对动弹性模量值不小于80%时的最大循环次数。

4:抗折强度比、磨耗量为道面混凝土要求检项。

5:有抗冻要求时,检冻融循环次数。

4.2 匀质性指标

匀质性指标应符合表 2 的规定。

表 2 匀质性指标

项 目	指 标
含固量或含水量	a)液体外加剂,应在生产控制值相对量的 3%以内 b)固体外加剂,应在生产控制值相对量的 5%以内
密度	对液体外加剂,应在生产厂所控制值的 ±0.02g/cm³ 以内
氯离子含量	应在生产控制值相对量的 5%以内
水泥净浆流动度	应不小于生产控制值的 95%
细度	0.315mm 方孔筛,筛余应小于 10%
pH 值	应在生产控制值 ±1 以内
表面张力	应在生产控制值 ±1.5 以内
还原糖	应在生产控制值 ±3%以内
总碱量($Na_2O+0.658K_2O$)	应在生产控制值的相对量的 5%以内
硫酸钠	应在生产控制值的相对量的 5%以内
砂浆减水率	应在生产控制值 ±1.5%以内

5 试验方法

5.1 材料

5.1.1 水泥

采用 GB8076 规定的基准水泥。在因故得不到基准水泥时,可采用 C_3A 含量 6% ~ 8%,总碱量($Na_2O+0.658K_2O$)不大于 0.6%的熟料,以二水石膏、矿渣共同磨制的强度等级不小于 42.5 级的普通硅酸盐水泥。但仲裁仍需用基准水泥。

5.1.2 砂

符合 GB/T 14685 要求的细度模数为 2.6 ~ 2.9 的中砂。

5.1.3 石子

符合 GB/T 14685 粒径为 4.75mm ~ 16mm(方孔筛),采用二级配,其中 4.75mm ~ 9.5mm 占 40%,9.5mm ~ 16mm 占 60%。如有争议,以卵石试验结果为准。

5.1.4 水

符合 JGJ 63 要求。

5.1.5 外加剂

需要检测的外加剂。

5.2 配合比

基准混凝土配合比按 JGJ 55 进行设计。

5.2.1 水泥用量

采用卵石时,310 kg/m³ ± 5kg/m³;采用碎石时 330 kg/m³ ± 5kg/m³。

5.2.2 砂率

基准混凝土和掺外加剂混凝土的砂率为 36% ~ 40%,但掺引气型外加剂的混凝土砂率应比基准混凝土低 1% ~ 3%。

5.2.3 外加剂掺量

按产品推荐掺量。

5.2.4 用水量

当外加剂用于路面或桥面时，其基准混凝土和掺外加剂混凝土的用水量，应使混凝土坍落度控制在40mm ± 10mm；其它情况，混凝土坍落度控制在 80mm ± 10mm。

5.3 混凝土搅拌

采用 60L 单卧轴强制式混凝土搅拌机，全部材料及外加剂一次投入，拌和量应不少于 15L，不大于45L，搅拌 3min，出料后在铁板上用人工翻拌 2 ~ 3 次。

各种混凝土材料及试验环境温度均应保持在 20℃ ± 5℃。

5.4 试件制作及试验所需试件数量

5.4.1 试件制作混凝土试件制作及养护按 JTJ 053 进行。

5.4.2 试验项目及所需数量详见表 3。

表 3 试验项目及所需数量

试验项目	外加剂类别	试验类别	试验所需数量			
			混凝土拌合批数	每批取样数目	掺外加剂混凝土总取样数目	基准混凝土总取样数目
减水率	除早强剂、缓凝剂外各种外加剂	混凝土拌合物	3	1 次	3 次	3 次
泌水率比	各种外加剂		3	1 个	3 个	3 个
含气量			3	1 个	3 个	—
凝结时间差			3	1 个	3 个	3 个
碱含量			3	1 个	3 个	—
抗压强度比		硬化混凝土	3	9 或 12 块	27 或 36 块	27 或 36 块
抗折强度比			3	1 或 2 块	3 或 6 块	3 或 6 块
收缩率比			3	1 块	3 块	3 块
磨耗量			3	1 块	3 块	—
冻融循环次数	除缓凝剂、缓凝减水剂		3	1 块	3 块	—
钢筋锈蚀	各种外加剂	新拌混凝土	3	1 块	3 块	—

注1. 试验时，检验一种外加剂的三批混凝土要在同一天内完成。

2. 试验龄期见表 1 试验项目栏。

5.5 混凝土拌合物

5.5.1 减水率测定

减水率为坍落度基本相同时基准混凝土和掺外加剂混凝土单位用水量之差与基准混凝土单位用水量之比。当外加剂用于路面或桥面时，基准混凝土和掺外加剂混凝土的坍落度应控制在 40mm ± 10mm，其它情况混凝土坍落度控制在 80mm ± 10mm，坍落度的测定方法按 JTJ053 执行。减水率按式(1)计算，精确到小数点后一位数。

$$W_R = \frac{W_0 - W_1}{W_0} \times 100 \qquad (1)$$

式中：

W_R——减水率，%；

W_0——基准混凝土单位用水量，kg/m^3；

W_1——掺外加剂混凝土单位用水量,kg/m^3。

试验时,每批混凝土拌合物取一个试样,减水率 W_R 以三批三个试样的算术平均值计,精确到小数点后一位。若试验中三个试样的最大值或最小值有一个与中间值之差超过中间值的15%时,则把最大值与最小值一并舍去,取中间值作为该组试验的减水率。

如最大值和最小值与中间值之差均大于中间值的15%时,则试验结果无效,应该重做。

5.5.2 泌水率比测定

泌水率比按式(2)计算,精确到小数点后一位数。

$$B_R = \frac{B_t}{B_c} \times 100 \qquad (2)$$

式中:

B_R——泌水率比,%;

B_t——掺外加剂混凝土泌水率,%;

B_c——基准混凝土泌水率,%。

泌水率的测定和计算方法如下:

先用湿布润湿容积为5L的带盖筒(内径为185mm,高200mm),将混凝土拌合物一次装入,在振动台上振动20s,然后用抹刀轻轻抹平,加盖以防水分蒸发。试样表面应比筒口边低约20mm。自抹面开始计算时间,在前60min,每隔10min用吸液管吸出泌水一次,以后每隔20min吸水一次,直至连续三次无泌水为止。每次吸水前5min,应将筒底一侧垫高约20mm,使筒倾斜,以便于吸水。吸水后,将筒轻轻放平盖好。将每次吸出的水都注入带塞的量筒,最后计算出总的泌水量,准确至1g,并按式(3)、式(4)计算泌水率:

$$B = \frac{V_W}{(W/G)G_W} \times 100 \qquad (3)$$

式中:

B——泌水率,%;

V_W——泌水总质量,g;

W——混凝土拌合物的用水量,g;

G——混凝土拌合物的总质量,g;

G_W——试样质量,g。

$$G_W = G_1 - G_0 \qquad (4)$$

式中:

G_1——筒及试样质量,g;

G_0——筒质量,g。

试验时,每批混凝土拌合物取一个试样,泌水率 B 以三批三个试样的算术平均值计,精确到小数点后一位。若试验中三个试样的最大值或最小值有一个与中间值之差超过中间值的15%时,则把最大值与最小值一并舍去,取中间值作为该组试验的泌水率。

如最大值和最小值与中间值之差均大于中间值的15%时,则试验结果无效,应该重做。

5.5.3 含气量

按GBJ80用气水混合式含气量测定仪,并按该仪器说明进行操作。混凝土拌合物一次装满并稍高于容器,掺非引气型外加剂的混凝土用振动台振实15s~20s,掺引气型外加剂的混凝土先用振动台振实15s~20s,再用高频插入式振动捣器在容器中心部位垂直插捣10s。

试验时,每批混凝土拌合物取一个试样,含气量以三批三个试样的算术平均值计,精确到小数点后一位。若试验中的最大值或最小值中有一个与中间值之差超过中间值的0.5%时,将最大值与最小值一并舍去,取中间值作为该组试验含气量的试验结果。

如最大值和最小值与中间值之差均大于中间值的 0.5%,试验结果无效,应该重做。

5.5.4 凝结时间差测定

凝结时间差按式(5)计算:

$$\Delta T = T_t - T_c \quad (5)$$

式中:

ΔT——凝结时间之差,min;

T_t——掺外加剂混凝土的初凝或终凝时间,min;

T_c——基准混凝土的初凝或终凝时间,min。

凝结时间采用贯入阻力仪测定,仪器精度为 5N,凝结时间测定方法如下:

将混凝土拌合物用 5mm(圆孔筛)振动筛筛出砂浆,拌匀后装入上口内径为 160mm,下口内径为 150mm,净高 150mm 刚性不渗水的金属圆筒,试样表面应低于筒口约 10mm,用振动台振动实(约 3s~5s),置于 20℃±3℃的环境中,容器加盖。一般基准混凝土在成型后 3h~4h,掺早强剂的混凝土在成型后 1h~2h,掺缓凝剂的混凝土在成型后 4h~6h 开始测定,以后每 0.5h 或 1h 测定一次,但在临近初、终凝时,应缩短测定间隔时间。每次测点应避开前一次测孔,其净距为试针直径的两倍,但至少不小于 15mm,试针与容器边缘之距离不小于 25mm。测定初凝时间用截面积为 100mm² 的试针,测定终凝时间用 20mm² 的试针。贯入阻力按式(6)计算。

$$R = \frac{P}{A} \quad (6)$$

式中:

R——贯入阻力值,MPa;

P——贯入深度达 25mm 时所需的净压力,N;

A——贯入仪试针的截面积,mm²。

根据计算结果,以贯入阻力值为纵坐标,测试时间为横坐标,绘制贯入阻力值与时间关系曲线,求出贯入阻力值达到 3.5MPa 时对应的时间作为初凝时间、贯入阻力值达 28MPa 时对应的时间作为终凝时间,凝结时间从水泥与水接触时开始计算。

试验时,每批混凝土拌合物取一个试样,凝结时间 R 以三批三个试样的算术平均值计。若试验中三个试样的最大值或最小值有一个与中间值之差超过 30min 时,则把最大值与最小值一并舍去,取中间值作为该组试验的凝结时间。

如最大值和最小值与中间值之差均大于 30min 时,则试验结果无效,应该重做。

5.6 硬化混凝土

5.6.1 抗压强度比测定

抗压强度比以掺外加剂混凝土与基准混凝土同龄期抗压强度之比表示,按式(7)计算。

$$R_s = \frac{S_t}{S_c} \times 100 \quad (7)$$

式中:

R_s——抗压强度比,%;

S_t——掺外加剂混凝土的抗压强度,MPa;

S_c——基准混凝土的抗压强度,MPa。

掺外加剂与基准混凝土的抗压强度试件的成型和养护按 JTJ 053 的规定进行,抗压强度试验和计算按 JTJ 053 的规定进行。试验结果以三批试验测值的平均值表示,每批试验的取样量按表三中规定的数量。三批中的最大值或最小值有一个与中间值的差值超过中间值的 15%,则把最大值和最小值一并舍去,取中间值作为试验结果。

如有两批测值与中间值的差均超过中间值的 15%,则试验结果无效,应该重做。

5.6.2 抗折强度比测定

抗折强度比以掺外加剂混凝土与基准混凝土同龄期抗折强度之比表示,按式(8)计算。

$$R_y = \frac{y_t}{y_c} \times 100 \quad (8)$$

式中:

R_y——抗折强度比,%;

y_t——掺外加剂混凝土的抗折强度,MPa;

y_c——基准混凝土的抗折强度,MPa。

掺外加剂与基准混凝土的抗折强度试件的成型和养护按 JTJ 053 的规定进行,抗折强度试验和计算按 JTJ 053 的规定进行。

试验结果以三批试验测值的平均值表示,每批试验的取样量按表三中规定的数量。三批中的最大值或最小值有一个与中间值的差值超过中间值的 15%,则把最大值和最小值一并舍去,取中间值作为试验结果。

如有两批测值与中间值的差均超过中间值的 15%,则试验结果无效,应该重做。

5.6.3 收缩率比测定

收缩率比以龄期 28d 掺外加剂混凝土与基准混凝土干缩率比值表示,按(9)式计算。

$$R_\varepsilon = \frac{\varepsilon_t}{\varepsilon_c} \times 100 \quad (9)$$

式中:

R_ε——收缩率比,%;

ε_t——掺加外加剂的混凝土的收缩率,%;

ε_c——基准混凝土的收缩率,%。

掺外加剂与基准混凝土的收缩率试件的成型和养护按 JTJ 053 的规定进行,收缩率试验和计算按 JTJ 053 的规定进行。每批混凝土拌合物取一个试样,以三批三个试样收缩率的算术平均值表示。

5.6.4 磨耗量测定

磨耗量是以试件磨损面上单位面积的磨耗量表示,按(10)式计算。

$$G_c = \frac{m_1 - m_2}{A} \quad (10)$$

式中:

G_c——单位面积的磨耗量,kg/m^2;

m_1——试件的初始质量,kg;

m_2——试件磨损后的质量,kg;

A——试件磨损面积,m^2。

混凝土试件的成型和养护按 JTJ 053 的规定进行,试验和计算按 JTJ 053 的规定进行。每批混凝土拌合物取一个试样,以三批三个试样磨耗量的算术平均值表示;三个试样有一个磨耗量值超过平均值的 15%时,应以剔除,取余下两个试样结果的平均值为试验结果,如两个试样的磨耗量超过平均值的 15%时,则试验结果无效,应该重做。

5.6.5 冻融循环次数

冻融循环次数是满足相对动弹性模量值不小于 80%时的最大循环次数。

混凝土试件的成型和养护按 JTJ 053 的有关规定进行,试验和计算按 JTJ 053 的规定进行。每批混凝土拌合物取一个试样,动弹性模量以三批三个试样的算术平均值表示。

5.7 碱含量

是指外加剂所含各类钾盐、钠盐折合为 Na_2O 的当量含量。试验和计算按 GB8076 进行。

5.8 钢筋锈蚀

钢筋锈蚀采用钢筋在新拌砂浆中阳极极化电位曲线来表示,测定方法按 GB8076 进行。

5.9 外加剂匀质性

外加剂匀质性试验按 GB/T 8077 进行。总碱量测定方法按 GB8076 进行。

6 检验规则

6.1 取样及编号

6.1.1 试样分点样和混合样。点样是在一次生产的产品所得试样,混合样是三个或更多的点样等量均匀混合而取得的试样。

6.1.2 生产厂应根据产量和生产设备条件,将产品分批编号,掺量大于等于 1% 的同品种的外加剂每一编号为 120t ;掺量小于 1% 的同品种外加剂每一编号为 60t ,不足 120t 或 60t 的也可按一个批量计,同一编号的产品必须混合均匀。

6.1.3 每一编号取样量不少于 0.2t 水泥所需用的外加剂量。

6.2 试样及留样

每一编号取得的试样应充分混匀,分为两等份,一份按表 2 中规定部分项目进行试验,另一份要密封保存半年,以备有疑问时提交国家指定的检验机关进行复验或仲裁。

6.3 检验分类

6.3.1 出厂检验:每编号外加剂检验项目,根据其品种不同按表 4 进行检验。

6.3.2 型式检验:型式检验项目包括表 2 中匀质性及表 1 中新拌及硬化混凝土性能指标。有下列情况之一者,应进行型式检验:

a) 新产品或老产品转厂生产的试制定型鉴定;

b) 正式生产后,如材料,工艺有较大改变,可能影响产品性能时;

c) 正常生产时,一年至少进行一次检验;

d) 产品长期停产后,恢复生产时;

e) 出厂检验结果与上次型式检验有较大差异时;

f) 国家质量监督机构提出进行型式试验要求时。

6.4 判定规则

产品经检验,匀质性符合表 2 的要求,各种类型的减水剂的减水率、缓凝型外加剂的凝结时间差、引气型外加剂的含气量及硬化混凝土的各项性能符合表 1 要求,则判定该编号外加剂为合格产品,如不符合上述要求时,则判该编号外加剂不合格。其余项目作为参考指标。

6.5 复验

复验以封存样进行。如使用单位要求现场取样,应事先在供货合同中规定,并在生产厂家和使用单位人员在场的情况下于现场取混合样,复验按照型式检验项目检验。

7 标志、包装、运输和贮存

7.1 标志

产品应有产品标牌,内容包括:产品名称、规格型号、净质量或体积(包括含量或浓度)、有无毒性、生产厂名、生产日期、出厂编号及安全注意事项等。

7.2 包装

粉状外加剂应采用塑料袋衬里的编织袋,每袋重 20 kg ~ 50kg。液体外加剂应采用塑料桶、金属桶包装或槽车运输。

表 4　外加剂测定项目

测定项目	外加剂品种										
	普通减水剂	高效减水剂	早强减水剂	缓凝减水剂	缓凝高效减水剂	引气减水剂	引气高效减水剂	引气缓凝高效减水剂	缓凝剂	早强剂	引气剂	备　注
固体含量	√	√	√	√	√	√	√	√	√	√	√	
密度												液体外加剂必测
细度												粉状外加剂必测
pH 值	√	√	√	√	√	√	√	√				
表面张力		√			√	√	√	√			√	
泡沫性能						√	√	√			√	
氯离子含量	√	√	√	√	√	√	√	√	√	√	√	
硫酸钠含量												含有硫酸钠的早强减水剂、早强剂以及各类高效减水剂必测
总碱量	√	√	√	√	√	√	√	√	√	√	√	每年至少一次
还原糖分	√			√	√			√	√			木质素磺酸盐类减水剂必测
水泥净浆流动度	√	√	√	√	√	√	√	√				两种任选一种
水泥砂浆流动度	√	√	√	√	√	√	√	√	√	√		

7.3 运输和贮存

7.3.1 产品在运输贮存中不得污染、破损、不得与酸、碱等腐蚀物质混放。

7.3.2 应存放在专用仓库或固定的场所妥善保管,以易于识别,便于检查和提货。

ICS 93.080.10;ICS 83.120
P 66
备案号:

中华人民共和国交通行业标准

JT/T 524—2004

公路水泥混凝土纤维材料　钢纤维

Fiber for cement concrete in highway -Steel fiber

2004-04-16 发布

2004-07-15 实施

中华人民共和国交通部　发布

ICS 93.080.10;ICS 83.120
P 66
备案号：

中华人民共和国交通行业标准

JT/T 524—2004

公路水泥混凝土纤维材料　钢纤维

Fiber for cement concrete in highway—Steel fiber

2004-04-15 发布　　2004-07-15 实施

中华人民共和国交通部　发布

公路水泥混凝土纤维材料　钢纤维

1　范围

本标准规定了钢纤维的产品分类、规格系列与尺寸偏差、技术要求、试验方法、检验规则和标志、包装、运输和贮存等要求。

本标准适用于用作公路水泥混凝土纤维材料的钢纤维,其它用途的钢纤维也可参照使用。

2　规范性引用文件

下列文件中的条款通过本标准的引用而成为本标准的条款。凡是注明日期的引用文件,其随后所有的修改单(不包括勘误的内容)或修订版均不适用于本标准,然而,鼓励根据本标准达成协议的各方研究是否使用这些文件的最新版本。凡是不注日期的引用文件,其最新版本适用于本标准。

GB/T 700　碳素结构钢

GB/T 1591　低合金结构钢

GB/T 3280　不锈钢冷轧板

YB/T 151　混凝土用钢纤维

3　术语和定义

下列术语和定义适用于本标准。

3.1

钢纤维 steel fiber

用钢材料,经一定工艺制成的,能够随机地分布于水泥混凝土中的短而细的纤维。

3.2

等效直径 equivalent diameter

非圆截面按面积相等的原则换算成圆形截面的当量直径。

3.3

长径比 ratio of length to diameter

长度对直径(或等效直径)的比值。

4　产品分类

4.1　产品分类

4.1.1　钢纤维按原材料类型、生产工艺、形状和表面尺寸分类,及其代号应符合 YB/T151 的规定。

4.1.2　按抗拉强度等级分类:

I 级:380MPa $\leqslant f_u \leqslant$ 600MPa;

II 级:600MPa $< f_u \leqslant$ 1000MPa;

III 级:$f_u >$ 1000MPa。

其中:f_u——抗拉强度。

4.2　型号

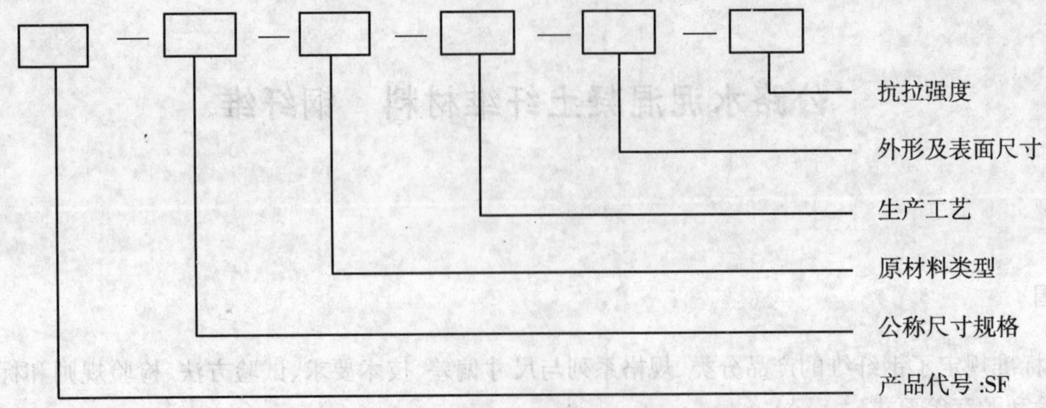

示例 1:

低碳钢薄板剪切纤维,外形为纵向扭曲,表面光滑,抗拉强度大于 400MPa,长度为 35mm,型号为:SF-35-C-S-03-I。

示例 2:

合金钢铣削纤维,外形为纵向扭曲两端有锚尾,有一个粗糙的表面,抗拉强度大于 700MPa,长度为 30mm,型号为:SF-30-A-Mi-04-II。

5 产品规格系列与尺寸偏差

5.1 产品规格

钢纤维的规格见表 1。

表 1 钢纤维产品规格尺寸参数

型　号	规格长度,mm	等效直径,mm	长径比
SF-20	20	0.4~0.5	40~50
SF-25	25	0.4~0.5	50~60
SF-30	30	0.5~0.6	50~60
SF-35	35	0.5~0.7	50~60

5.2 尺寸偏差

钢纤维长度偏差、长径比偏差、直径或等效直径偏差应符合 YB/T151 的规定。

6 技术要求

6.1 物理力学性能

6.1.1 抗拉强度

抗拉强度 f_u 应满足表 2 的要求。

表 2 抗拉强度

等　级	I	II	III
抗拉强度 f_u,MPa	$380 \leqslant f_u \leqslant 600$	$600 < f_u \leqslant 1000$	$f_u > 1000$

6.1.2 弯曲性能

钢纤维的弯曲性能应满足弯曲 90°一次不断率不小于 95%的要求。

6.2 外观质量

6.2.1 钢纤维表面应清洁干燥,不得粘有油污和其它妨碍钢纤维与水泥浆粘接的杂质。

6.2.2 钢纤维内含有的因加工不良和严重锈蚀造成的粘接片、铁屑、杂质的纤维总重量不超过钢纤维重量的1%。

6.3 每根钢纤维的质量偏差

钢纤维的质量偏差不应超过公称计算的±15%。

6.4 形状合格率

对于异形钢纤维，其形状合格率不应小于90%。

6.5 原材料

6.5.1 碳素钢的化学分析成分和力学性能应符合GB/T 700的规定。

6.5.2 低合金钢的化学分析成分和力学性能应符合GB/T 1591的规定。

6.5.3. 不锈钢的化学成分、力学性能和耐腐蚀性能，应符合GB/T 3280的规定。

7 试验方法

7.1 外观质量

按YB/T 151的规定进行试验。

7.2 尺寸

按YB/T 151的规定进行试验。

7.3 抗拉强度

按YB/T 151的规定进行试验。

7.4 弯曲性能

按YB/T 151的规定进行试验。

7.5 质量

按YB/T 151的规定进行试验。

7.6 质量偏差

以感量为0.1g的衡器测出20根纤维的质量W，质量偏差按式(1)计算：

$$\frac{W-W_0}{W_0}\times 100\% \quad \cdots\cdots (1)$$

式中：

W——20根钢纤维的实测质量，g；

W_0——20根钢纤维的理论计算质量，g，按式(2)计算；

$$W_0 = S\times L\times \rho\times 20\times 10^{-3} \quad \cdots\cdots (2)$$

式中：

L——钢纤维的标称长度，mm；

ρ——钢的密度，g/cm^3；

S——钢纤维的理论截面积，mm^2，按式(3)计算，

$$S=\frac{1}{4}\pi d^2 \quad \cdots\cdots (3)$$

d——有效直径，mm。

7.7 形状合格率

用肉眼逐根进行检查，每批产品随机抽取100根，如有断钩，单边成形和其他形状者视为不合格。形状合格率按式(4)计算。

$$形状合格率=\frac{形状合格的根数}{100}\times 100\% \quad \cdots\cdots (4)$$

8 检验规则

钢纤维产品的检验规则应满足YB/T 151的有关规定。

9 标志、包装、运输和贮存

9.1 钢纤维应按箱(袋)交货,每箱或袋的质量一般以 20kg 为宜。

9.2 产品的标志、包装、运输和贮存,应符合 YB/T 151 的有关规定。

ICS 93.080.10;ICS 83.120
P 66
备案号:

中华人民共和国交通行业标准

JT/T 525—2004

公路水泥混凝土纤维材料 聚丙烯纤维和聚丙烯腈纤维

Fiber for cement concrete in highway -Polypropylene fiber and acrylic fiber

2004-04-16 发布　　2004-07-15 实施

中华人民共和国交通部　发布

公路水泥混凝土纤维材料 聚丙烯纤维和聚丙烯腈纤维

1 范围

本标准规定了聚丙烯纤维和聚丙烯腈纤维两类产品的分类、规格与尺寸偏差、技术要求、试验方法、检验规则和标志、包装、运输和贮存等要求。

本标准适用于以聚丙烯腈、聚丙烯树脂为主要原料,经过挤出、拉伸、改性等生产工艺生产而成,用于公路水泥混凝土防裂的聚丙烯腈纤维、聚丙烯网状纤维或单丝纤维。

2 规范性引用文件

下列文件中的条款通过本标准的引用而成为本标准的条款。凡是注明日期的引用文件,其随后所有的修改单(不包括勘误的内容)或修订版均不适用于本标准,然而,鼓励根据本标准达成协议的各方研究是否使用这些文件的最新版本。凡是不注日期的引用文件,其最新版本适用于本标准。

GB/T 3916　纺织品　卷　装纱单根纱线断裂强力和断裂伸长率的测定(eqv ISO 2062:1993)

GB/T 6672　塑料薄膜与薄片的测定　机械测量法(eqv ISO 62:1980(E))

GB/T 6673　塑料薄膜与薄片　长度和宽度的测定(idt ISO 4592:1992)

GB/T 10685　羊毛纤维直径试验方法　投影显微镜法(neq ISO 137:1985)

GB/T 12670　聚丙烯树脂

GB/T 13022　塑料薄膜拉伸性能试验方法(neq ISO 1184:1983)

GB/T14336　合成短纤维长度试验方法

FZ/T01057.7　纺织纤维鉴别实验方法　熔点测定方法。

FZ/T01057.9　纺织纤维鉴别实验方法　密度梯度试验方法。

3 术语和定义

下列术语和定义适用于本标准。

3.1

纤维单丝当量直径 identical diameter。

非圆截面按面积相等的原则换算成圆形截面的直径。

4 产品分类

4.1 分类

聚合物纤维按产品的原材料和结构形式分为三种:

a) 聚丙烯腈单丝纤维;

b) 聚丙烯单丝纤维;

c) 聚丙烯网状纤维。

4.2 型号

型号表示方式:见图 1。

原材料代号:聚丙烯腈—PAN,聚丙烯—PPF ;

纤维结构形式代号:单丝—S,网状—M

示例1:长度为18mm、抗拉强度大于910MPa、断裂延伸率大于15%的聚丙烯腈单丝纤维的型号为:PAN-18-S-910/15。

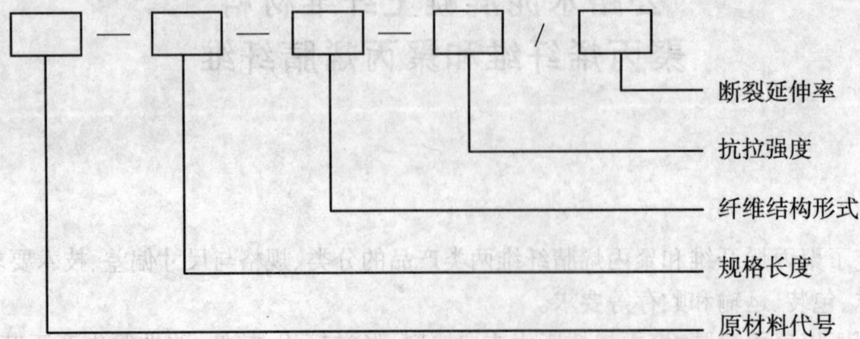

图1 型号表示方法

示例2:长度为20mm、抗拉强度大于500MPa、断裂延伸率大于20%的聚丙烯纤维网的型号为:PPF-20-M-500/20。

示例3:长度为19mm、抗拉强度大于400MPa、断裂延伸率大于10%的聚丙烯单丝纤维的型号为:PPF-19-S-400/10。

5 技术要求

5.1 尺寸

5.1.1 长度及其偏差

聚合物纤维的长度及其偏差的要求见表1。

表1 纤维的长度规格及其偏差

项 目	聚丙烯腈纤维	聚丙烯纤维
长度规格,mm	6~18	6~30
偏差,% ≤	±10	

5.1.2 单丝纤维当量直径及其偏差

单丝纤维的当量直径及其偏差的要求见表2。

表2 单丝当量直径及其偏差

项 目	聚丙烯腈单丝纤维	聚丙烯单丝纤维
当量直径,μm	13	20~50
偏 差,% ≤	±10	

5.1.3 聚丙烯网状纤维的几何尺寸及其偏差

聚丙烯网状纤维的厚度、当量直径及其偏差的要求见表3。

表3 聚丙烯网状纤维的几何尺寸及其偏差

项 目		偏 差,μm
厚度范围	≤25	±4
	>25	±5
当量直径		100±50

5.2 外观质量

聚合物纤维的外观质量应符合表4的要求。

表 4 聚合物纤维的外观质量

项目	指标		
	聚丙烯单丝纤维	聚丙烯网状纤维	聚丙烯腈单丝纤维
形状	束状丝，切口均匀	开网均匀、规则，每 10mm 长度至少一个连接点，且为网状结构	束状丝，腰果形截面
色差	基本一致		
手感	柔软		
未牵引丝	不允许有		
洁净度	无污染		

5.3 物理性能

5.3.1 聚丙烯纤维

聚丙烯纤维的物理性能应满足表 5 的要求。

表 5 聚丙烯纤维的物理性能指标

项目	产品类型	
	聚丙烯网状纤维	聚丙烯单丝纤维
抗拉强度，MPa	≥400	≥350
弹性模量，MPa	≥3500	
密度，g/cm³	0.91 ±0.01	
熔点，℃	160～170	
断裂延伸率，%	≥6	8～30
抗碱能力	抗拉强度的保持率不小于 99%	

5.3.2 聚丙烯腈纤维

聚丙烯腈纤维的物理性能应满足表 6 和表 7 的要求。

表 6 聚丙烯腈纤维的不同功能要求的物理性能指标

类型	项目		
	抗拉强度，MPa	断裂延伸率，%	弹性模量，MPa
加强型纤维	≥910	>20	>17100
防裂型纤维	>910	>15	
辅助型纤维	<910	10～15	

表 7 聚丙烯腈纤维的物理性能指标

项目	指标
密度，g/cm³	≥1.18
熔点，℃	≥220
抗碱能力	抗拉强度的保持率不小于 99%
耐热稳定性	良好

5.4 原材料要求

聚丙烯纤维的生产原料聚丙烯应满足 GB/T 12670 要求，严禁使用粉状和再造粒状颗粒原料。

6 试验方法

6.1 外观质量

在自然光线下进行目测及手感检验。

6.2 长度

6.2.1 网状纤维

按 GB/T 6673 的规定进行。

6.2.2 单丝纤维

按 GB/T 14336 的规定进行试验。

6.3 网状纤维的厚度测定

按 GB/T 6672 的规定进行试验。

6.4 单丝纤维的直径和当量直径

按 GB/T 10685 的规定进行试验。

6.5 密度

按 FZ/T 01057.9 的规定进行试验。

6.6 熔点

按 FZ/T 01057.7 的规定进行试验。

6.7 抗拉强度

单丝纤维的抗拉强度按 GB/T 3916 的规定进行试验,拉伸速率为 100mm/min。

网状纤维的抗拉强度按 GB/T 13022 的规定进行,采用 IV 型样品,拉伸速率为 500mm/min。

6.8 弹性模量

按 GB/T 3916 的规定进行测定。

6.9 断裂延伸率的测定

按 GB/T 3916 的规定进行试验。

6.10 耐碱性能

配制 pH = 14 的 NaOH 溶液。将一定量的样品放置配制的溶液中,要求容器密封,并在(60 ± 2)℃的水浴中保持 48h,取出后进行抗拉强度的测定。抗拉强度保持率按式(1)计算。

$$\text{抗拉强度保持率} = \frac{\text{抗拉强度的保持绝对值}}{\text{初始抗拉强度(标称值)}} \times 100\% \qquad (1)$$

7 检验规则

产品检验出厂检验和型式检验。

7.1 出厂检验

7.1.1 出厂检验的项目为 5.1 和 5.2 中的各项。

7.1.2 每批产品检验合格并附有质量合格证方可出厂。

7.2 型式检验

型式检验项目为 5.1 ~ 5.4 的全部项目。正常情况下每年至少进行一次,有下列情况之一时,应进行型式检验:

a) 新产品投产时或老产品转厂作试制定型鉴定时;

b) 正常生产后,如出现异常情况,产品质量不符合要求或累计一定产量后进行例行检验时;

c) 产品停产一年以上,恢复生产时;

d) 国家质量监督机构要求时。

7.3 组批

产品以批为单位进行验收,同一牌号的原料、同一配方、同一规格的产品每一吨为一批,不足一吨的以实际数量为一批。

7.4 抽样

以批为单位,每批随机抽取 10 段进行检验。

7.5 判断规则

若试样有一项以上不符合本标准的要求,则视为试样不合格。不合格试样少于两个,则可视为合格批。

若不合格试样多余两个,则在该批中加倍取样,对不合格项目进行重检,如仍有一项以上不合格,则视为该批不合格,复检结果为最终结果。

8 标志、包装、运输和贮存

8.1 标志

包装上应注明商标、产品名称、厂名、厂址、生产日期、规格型号、执行标准编号、净重等。

8.2 包装

一般用分袋包装,包装应达到密封防潮要求。

8.3 运输

运输时、应轻装轻卸,防止挤压、避免与化学腐蚀物品混装运输,并应有遮篷等防日晒雨淋、避免包装破坏。

8.4 贮存

存贮时应贮存在通风、阴凉、干燥的仓库内,避免暴晒、并远离光源、热源。严禁与化工腐蚀物品一起堆放。自生产之日起,存储期为 18 个月。

ICS 93.080 10;ICS 83.060
P 66
备案号:

中华人民共和国交通行业标准

JT/T 526—2004

路面沥青改性材料
苯乙烯—丁二烯嵌段共聚物(SBS)

Material for modified asphalt in pavement-
Styrene-butadien block copolymer

2004-04-16 发布　　2004-07-15 实施

中华人民共和国交通部　发布

ICS 93.080.10;ICS 83.080

备案号

中华人民共和国交通行业标准

JT/T 526—2004

路面沥青改性材料
苯乙烯—丁二烯嵌段共聚物(SBS)

Material for modified asphalt in pavement
Styrene-butadien block copolymer

2004-04-16 发布　　2004-07-15 实施

中华人民共和国交通部　发布

路面沥青改性材料　苯乙烯—丁二烯嵌段共聚物(SBS)

1　范围

本标准规定了用于路面沥青改性材料苯乙烯—丁二烯嵌段共聚物(SBS)(以下简称SBS)的分类和命名、产品规格、技术要求、试验方法、检验规则及包装、标志、贮存和运输等。

本标准适用于路面沥青改性的以苯乙烯和1,3—丁二烯为单体,采用阴离子聚合制得的线型、星型及混合型嵌段共聚物SBS。

2　规范性引用文件

下列文件中的条款通过本标准的引用而成为本标准的条款。凡是注日期的引用文件,其随后所有的修改单(不包括勘误的内容)或修订版均不适用于本标准,然而,鼓励根据本标准达成协议的各方研究是否可使用这些文件的最新版本。凡是不注日期的引用文件,其最新版本适用于本标准。

SH/T1610-2001　苯乙烯丁二烯嵌段共聚物(SBS)

3　产品分类

3.1　分类

根据苯乙烯和丁二烯所含比例的不同和分子结构的差异,SBS分为线型结构、星型结构与线型和星型混合结构三种。

3.2　型号

3.2.1　型号由产品名称、结构类型、嵌段比、分子量组成。

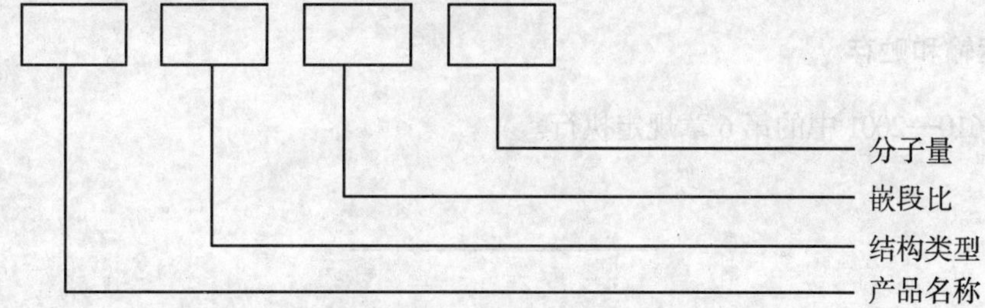

结构类型:星型为4,线型为1;混合型、中星型为主的为2。

嵌段比:S/B=40/60为4,S/B=30/70为3;

代表分子量:10万以内为01,20万以内为02,30万以内为03。

示例1:结构为线型,嵌段比S/B=40/60,分子量在10万以内的SBS命名为:SBS 1401。

3.2.2　产品主要型号规格:

——SBS1301、SBS1301—1、SBS1302;

——SBS2303;

——SBS4302、SBS4303、SBS4303—2。

4　技术要求

4.1　技术指标

各项技术指标列于表1。

表1 技 术 指 标

型号规格	分子量	挥发分，% ≤	300%定伸应力，MPa ≥	扯断拉伸率，% ≥	扯断永久变形，% ≤	熔体流动速率，g/10min
SBS1301	10	1.00	1.7	700	40	0.10~5.00
SBS1301-1	12	1.00	2.0	700	40	0.00~2.50
SBS1302	18	1.00	1.5	650	40	0.00~1.50
SBS2303	28	1.00	1.5	550	40	0.00~1.50
SBS4302	23	1.00	1.8	550	40	0.00~1.00
SBS4303	30	1.00	1.8	550	40	0.00~1.00
SBS4303-2	28	1.00	2.0	550	40	0.00~1.00
注：分子量为典型值，仅供用户参考，不作考核指标						

4.2 外观质量

白色或浅色固体，不含机械杂质及油污。

5 试验方法

按照 SH/T 1610—2001 中的第 4 章规定执行。

6 检验规则

按照 SH/T 1610—2001 中的第 5 章规定执行。

7 标志、包装、运输和贮存

按照 SH/T 1610—2001 中的第 6 章规定执行。

ICS 93.080 10;ICS 83.060
P 66
备案号:

中华人民共和国交通行业标准

JT/T 527—2004

路面沥青改性材料
苯乙烯—丁二烯橡胶 1502(SBR1502)

Material for modified asphalt in pavement
—Rubber, styrene-butadien (SBR) 1502

2004-04-16 发布 2004-07-15 实施

中华人民共和国交通部 发布

ICS 93.080.10;ICS 83.060
P 66
备案号

中华人民共和国交通行业标准

JT/T 527—2004

路面沥青改性材料 苯乙烯—丁二烯橡胶1502(SBR1502)

Material for modified asphalt in pavement
—Rubber, styrene-butadien (SBR) 1502

2004-04-15发布 2004-07-15实施

中华人民共和国交通部 发布

路面沥青改性材料　苯乙烯—丁二烯橡胶(SBR1502)

1　范围

本标准规定了用于公路路面沥青改性材料苯乙烯—丁二烯橡胶 1502(SBR1502)(以下简称SBR1502)的技术要求,试验方法,检验规则以及标志、包装、运输和贮存等。

本标准适用于以丁二烯和苯乙烯为单体,以歧化松香酸钾皂和脂肪酸皂为乳化剂,采用低温乳液聚合法,添加非污染型防老剂而制得的用于公路路面沥青改性的 SBR1502。

2　规范性引用文件

下列文件中的条款通过本标准的引用而成为本标准的条款。凡是注日期的引用文件,其随后所有的修改单(不包括勘误的内容)或修订版本均不适用于本标准,然而,鼓励根据本标准达成协议的各方研究是否可使用这些文件的最新版本。凡是不注日期的引用文件,其最新版本适用于本标准。

GB/T 12824—2002　苯乙烯—丁二烯橡胶(SBR)1502

3　技术要求

3.1　外观

SBR1502 为浅褐色,无异物。

3.2　技术指标

SBR1502 的技术指标见表 1。

表 1　SBR1502 的技术指标

项目		指标要求
挥发分,%		0.1~1.0
有机酸,%		5.0~6.0
皂,%		0.04~0.5
结合苯乙烯,%		23~24
生胶门尼粘度,ML(1+4)100℃		45~56
混炼胶门尼粘度,ML(1+4)100℃		76~83
300%定伸应力,MPa,145℃×	35 min	13~18
	50 min	15~20
拉伸强度(145℃×35 min),MPa		24~31
扯断伸长率(145℃×35 min),%		430~450
注:表中列出的是使用 ASTMIRB NO.7 的混炼胶和硫化胶性能指标		

4　试验方法

按照 GB/T 12824—2002 中第 3 章的规定执行。

5 检验规则

按照 GB/T 12824—2002 中第 4 章的规定执行。

6 标志、包装、运输和储存

按照 GB/T 12824—2002 中第 5 章的规定执行。

ICS 93.080.01
P 66
备案号:

中华人民共和国交通行业标准

JT/T 528—2004

公路边坡柔性防护系统构件

Component of flexible system for protecting highway slope

2004-04-16 发布　　2004-07-15 实施

中华人民共和国交通部　发布

ICS 93.080.01
P 66
备案号：

中华人民共和国交通行业标准

JT/T 528—2004

公路边坡柔性防护系统构件

Component of flexible system for protecting highway slope

2004-04-16发布　　2004-07-15实施

中华人民共和国交通部　发布

公路边坡柔性防护系统构件

1 范围

本标准规定了公路边坡柔性防护系统的分类,以及系统构件的规格、技术要求、试验方法和检验规则。

本标准适用于公路边坡或相似的工程中使用钢丝绳网为主要构件的防护系统。

2 规范性引用文件

下列文件中的条款通过本标准的引用而成为本标准的条款。凡是注明日期的引用文件,其随后所有的修改单(不包括勘误的内容)或修订版均不适用于本标准,然而,鼓励根据本标准达成协议的各方研究是否使用这些文件的最新版本。凡是不注日期的引用文件,其最新版本适用于本标准。

GB/T 343　一般用途低碳钢丝

GB/T 706　热轧工字钢尺寸、外型、重量及允许偏差

GB/T 912　碳素结构钢和低合金结构热轧薄钢板及钢带

GB/T 8919—1996　制绳用钢丝

3 术语和定义

下列术语和定义适用于本标准。

3.1

边坡柔性防护系统　flexible system for protecting slope

以钢丝绳网为主要特征构件,以覆盖(主动防护系统)和拦截(被动防护系统)两种基本形式来防治各类坡面地质灾害和爆破飞石、坠物等危害的系统。

3.2

主动防护系统　active protecting system

采用锚杆和支撑绳固定方式将钢丝绳网和钢丝网覆盖在具有潜在地质灾害的坡面上,从而实现坡面加固或限制落石运动范围的一种边坡柔性防护系统。

3.3

被动防护系统　passive protecting system

采用锚杆、钢柱、支撑绳和拉锚绳等固定方式将钢丝绳网在坡面上形成栅栏形式的拦石网,从而实现拦截落石的一种边坡柔性防护系统。

3.4

减压器(环)　absorb energy loop

穿挂于边坡柔性被动系统支撑绳和上拉锚绳上,能通过变形或位移等方式吸收能量,对系统起到过载保护作用的构件。

4 分类

4.1 分类

边坡柔性防护系统从防护原理和目的上可以分为主动防护系统和被动防护系统两类,系统示意图见图1和图2。

图 1　主动防护系统示意图　　　　图 2　被动防护系统示意图

4.2　型号

4.2.1　边坡柔性主动防护系统

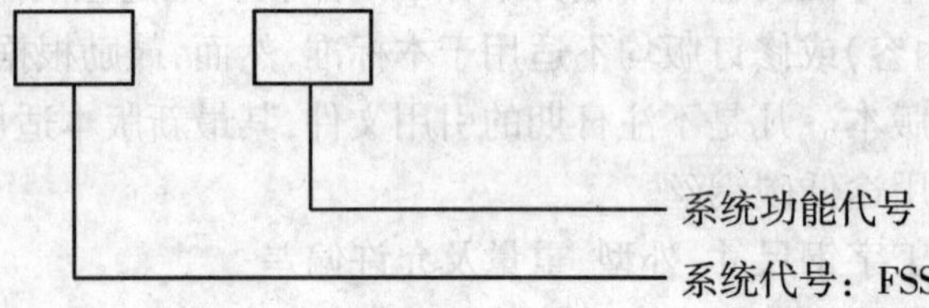

系统的功能分类代号：系统为柔性防护网代号为 WF，柔性主动加固网代号为 JG；A、B 表示改进型。

示例：由边沿锚固、支撑绳、钢丝绳网、缝合绳组成的，用来部分抑制崩塌的发生，限制大块落石的运动范围的柔性防护网记为：FSS-WF。

4.2.2　边坡柔性被动防护系统

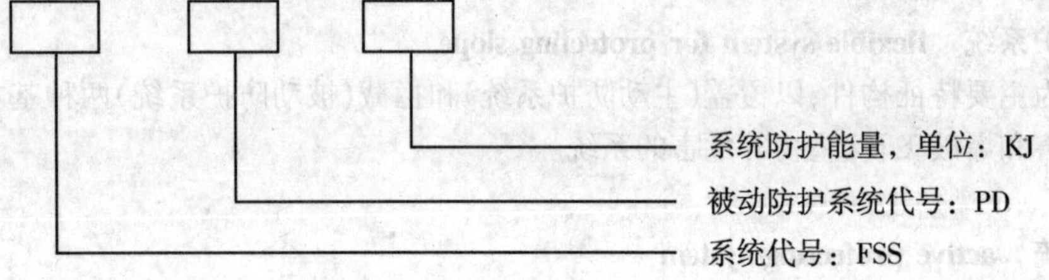

示例：防护能量为 250kJ 的被动边坡防护系统标识为：FSS-PD-250。

4.3　边坡柔性防护系统常见规格的构件组成及功能见附录 A。

5　技术要求

边坡柔性防护系统应满足边坡工程设计的要求。

5.1　系统主要构件

柔性防护系统主要有以下构件：

a）钢丝绳网：用于钢丝绳网类主动防护和被动防护；

b）钢丝网、减压器（环）、钢柱：用于被动防护，由工字钢等组合构成；

c）钢丝绳锚杆：用于被动防护，由螺纹钢加工构成；

d）各种五金、标准件等。

5.2　系统主要构件的技术要求

5.2.1　钢丝绳网

5.2.1.1　材料

5.2.1.1.1 钢丝绳应符合 GB/T 8919 的要求;其中钢丝绳的镀锌量应符合 GB/T 8919—1996 的表 6 中 B 类镀锌钢丝绳的要求,其公称抗拉强度不小于 1 770MPa,最小断裂拉力不小于 40kN(Φ8mm 钢丝绳)或不小于 20kN(Φ6mm 钢丝绳)。

5.2.1.1.2 搭接件一般采用普通软纯铝管,长度不小于 35cm,外径不大于 3cm,壁厚不小于 3mm。

5.2.1.1.3 扣压件厚度不小于 2mm,并采用镀锌处理,镀锌层厚度不小于 8μm。

5.2.1.2 规格

网孔规格:根据用途不同其菱形网孔边长一般为 300,250,200,150,120,100mm。网目边长误差不大于 20mm。

网块规格:成品网块规格一般为 4m×4m、4m×2m、5m×3m、5m×4 m、5m×5 m、5m×6m,也可根据设计要求调整网块尺寸。

5.2.1.3 钢丝绳网的编制

钢丝绳网的编制应满足以下要求:

a) 上下交错编织;

b) 编制成网的钢丝绳不得有断丝、脱丝现象;

c) 交叉节点处用扣压件固定,接头处用搭接件压接,不得遗漏,钢绳露出搭接件长度至少为 10mm;

d) 编网时扣压件和搭接件用机械压接,表面不得有破裂和明显损伤;

e) 网的形状平整,网绳不得有打结和明显扭曲现象。

5.2.1.4 性能要求

编网用压扣件的材质、结构尺寸和压接工艺应保证其拉滑力(抗错动力)不小于 5kN,拉脱落力不小于 10kN。

5.2.2 钢柱

5.2.2.1 钢柱根据被动系统的不同高度采用不同规格的工字钢(或 H 型钢)加工而成。钢柱的高度与系统高度相同。不同高度工字钢的最低规格要求见表 1。当采用 H 型钢时,可参照附录 B 进行换算。

表 1 不同高度的钢柱的型号要求

系统高度,m	2	3	4	5	6	7
工字钢型号	16	16	18	20b	22b	22b

工字钢的尺寸、外型、重量及允许偏差应符合 GB/T 706 的各项技术要求。

对于 H 型钢,其抗弯强度指标应不低于相应的工字钢。

5.2.2.2 钢柱表面应采用防腐措施。一般采用热镀锌处理,镀锌层厚度不小于 8μm。

5.2.3 基座及连接件

基座为钢柱的定位座,为钢结构件。连接件用于实现钢柱和基座间铰连接的构件。钢柱的基座及连接件的防腐要求应不低于与其连接的钢柱的防腐性能。钢柱的基座及连接件的结构见图 3。

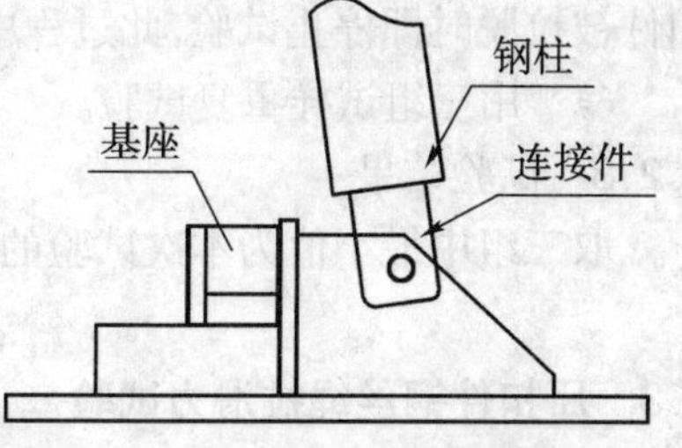

图 3 钢柱的基座及连接件

5.2.4 减压器(环)

5.2.4.1 根据与其相连的钢丝绳直径不同和设计能量分别采用不同型号的减压环。减压环一般有三种型号,见表 2。

表 2 减压器(环)的规格 单位为千焦

类 型	A	B	C
吸收能量能力,>	30	50	110

5.2.4.2 减压器(环)的启动荷载应介于与其相连的钢丝绳断裂拉力的 10%~70%,其临界变形荷载

不小于 50kN。

5.2.4.3 减压器(环)用热轧钢板符合 GB/T 912 的技术要求,表面镀锌防锈,镀锌层厚度不小于 8μm。

5.2.5 缝合绳

缝合绳宜选用不小于 Φ8 钢丝绳。钢丝绳应满足 GB/T 8919 的要求。

5.2.6 钢丝网

宜采用由直径不小于 2.2mm 的热镀锌钢丝编制的,网孔为 50mm × 50mm 的钢丝网。钢丝应满足 GB/T 343 的要求。

5.2.7 支撑绳

横向支撑绳宜选用不小于 Φ16 钢丝绳,纵向支撑绳宜选用不小于 Φ12 钢丝绳,设置双层钢丝绳网的区域纵横支撑绳均宜选用不小于 Φ16 钢丝绳。

5.2.8 钢丝绳锚杆

宜选用双股形式的不小于 Φ16 钢丝绳锚杆,其长度应不小于 2m。

6 试验方法

各种五金和标准件按相关的标准进行检验。

6.1 尺寸及外观检测

尺寸采用卷尺、游标卡尺检测。外观及材料的表面处理质量用目测。

6.2 压扣件啮合拉脱力试验

6.2.1 试样

6.2.1.1 用 45 号钢制作一套试验工装,其形状及尺寸见图 4。

然后用两枚工装底部对接,两端分别套上压扣件的方形平板和方形扣件,用设备使其啮合,挤压过程中应让压扣中心始终与试验工装轴心重合,这样便完成一组试样。

单位为毫米

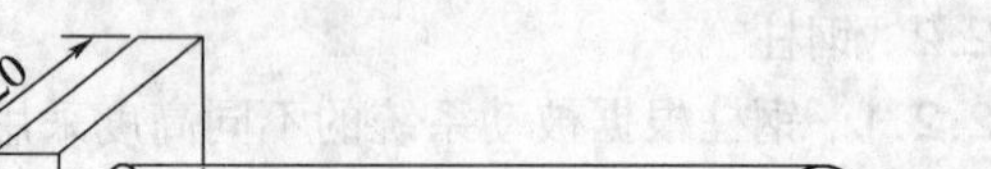
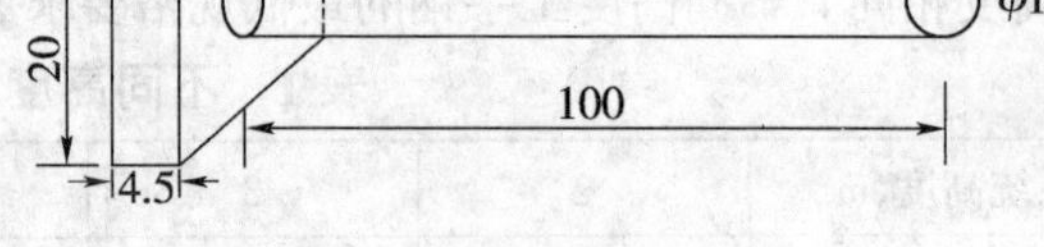

图 4 压扣件啮合拉脱力试验工装

6.2.1.2 试验应取三组试样。

6.2.2 试验步骤

试验在万能材料试验机上进行。试验步骤如下:

a) 万能材料试验机夹具夹住试样两端的杆件部分,并紧牢;

b) 启动万能材料试验机,开始加载,加载速率应均匀并缓慢得增加,记录加载过程,加载外力使压扣件被拉脱时即停止试验,此过程中所记录的最大拉力即为此组扣件的齿合后的拉脱力;

c) 用三组试样重复试验。

6.2.3 试验结果

取三组中最小值为本次试验的啮合拉脱力 F_s,即:

$$F_s = \min(F_{s1}, F_{s2}, F_{s3}) \qquad (1)$$

6.3 压扣件钢丝绳拉滑力试验

6.3.1 钢绳拉滑力试验示意见图 5。

试验在万能材料试验机上进行。

6.3.2 试验步骤按 6.2.2。加载直至压扣件中的钢丝绳产生滑动。此过程中所记录的最大拉力即为压扣件的抗滑力。

6.3.3 取三组中最小值为本次试验的抗滑力 F_h,即:

$$F_h = \min(F_{h1}, F_{h2}, F_{h3}) \qquad (2)$$

6.4 减压环的启动载荷试验

单位为毫米

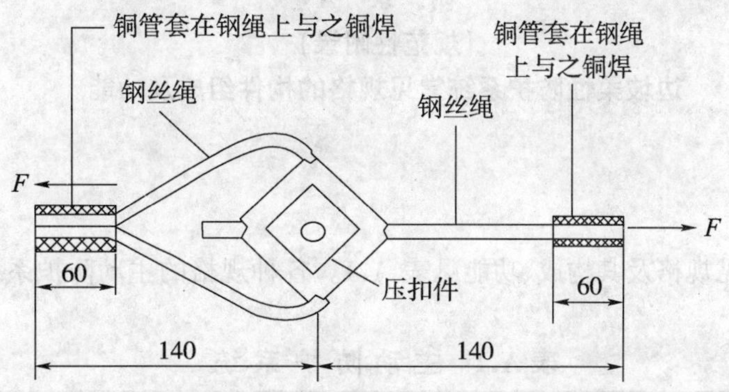

图5 压扣件钢绳拉滑力试验

6.4.1 减压环启动载荷试验见图6。

试验在万能材料试验机上进行。

6.4.2 试验步骤按6.2.2。加载直至减压环的钢丝绳产生滑动。此过程所记录的最大拉力即为减压环的启动荷载。

6.4.3 取三组中最小值为本次试验的减压环的启动荷载 F_j，即：

$$F_j = \min(F_{j1}, F_{j2}, F_{j3}) \quad \cdots\cdots\cdots\cdots\cdots\cdots \quad (3)$$

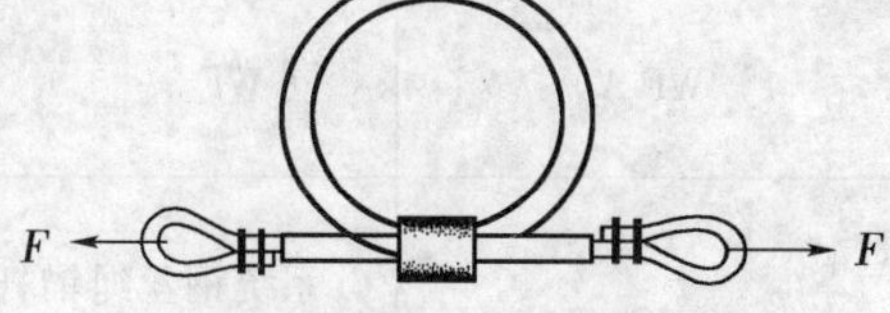

图6 减压环临界形变载荷试验

7 检验规则

7.1 检验分类

检验分为出厂检验和型式检验。

7.2 出厂检验

7.2.1 检验项目应包括第5章所列的各种构件的材质、尺寸及外观和表面防锈处理外观项目。

7.2.2 出厂检验为全数检验。

7.3 型式检验

7.3.1 型式检验项目为第5章规定的全部要求。

7.3.2 用作型式检验的样品应从出厂检验合格的产品中随机抽取三件。

7.3.3 有下列情况之一时应进行型式检验：

a） 工艺及材料有较大改变，可能影响产品性能时；

b） 设计定型时；

c） 国家质量监督机构提出要求时。

7.3.4 判定规则：

型式检验中若有不合格项，则应加倍抽样对不合格项进行复验。若复验合格则判产品为合格；若复验仍不合格则判产品为不合格。

附 录 A
(规范性附录)
边坡柔性防护系统常见规格的构件组成及功能

A.1 主动防护系统

主动防护系统的常见规格及其构成、功能见表 A.1。各种规格的主动防护系统也可根据设计要求的不同进行构成的调整。

表 A.1 主 动 防 护 系 统

类 型	基本构成	防护功能
WF	边沿(上沿)钢丝绳锚杆 + 支撑绳 + 钢丝绳网 + 缝合绳	柔性防护围护网,限制大块落石的运动范围、部分抑制崩塌的发生
WF-A	同 WF	同 WF,能满足更长的防腐寿命要求,但不适合于体积大于 $1m^3$ 大块落石防护
JG	系统钢丝绳锚杆 + 支撑绳 + 钢丝绳网 + 缝合绳 + 孔口凹坑 + 张拉	柔性防护主动加固系统,主要抑制崩塌、风化剥落及坍塌的发生,限制局部或少量落石运动范围
JG-A	预应力钢筋锚杆 + 高强钢丝网 + 孔口凹坑 + 缝合绳	同 JG,能满足更长的防腐寿命要求,但其加固能力仅为 JG 的 70% ~ 80% 左右,不适合于体积大于 $1m^3$ 大块孤危石加固

A.2 被动防护系统

被动防护系统的一般规格及其构成、功能见表 A.2。

表 A.2 被 动 防 护 系 统

类 型	基本构成	防护能量,kJ
PD-025	钢柱,带减压环的 ϕ12 双支撑绳和 ϕ16“1”字形上拉锚绳(每跨 3 个减压环),ϕ12 侧拉锚绳(单绳),DO/08/250 型钢丝绳网,ϕ8 缝合绳	250
PD-050	钢柱,带减压环的 ϕ16 双支撑绳和 ϕ14“人”字形上拉锚绳(每跨 6 个减压环),ϕ16 侧拉锚绳(单绳),DO/08/200 型钢丝绳网,ϕ8 缝合绳	500
PD-075	钢柱,带减压环的 ϕ18 双支撑绳和 ϕ16“人”字形上拉锚绳(每跨 10 个减压环),ϕ18 侧拉锚绳(单绳),DO/08/150 型钢丝绳网,ϕ8 缝合绳	750

附 录 B
(资料性附录)
H 型钢与工字钢性能参数之比

H 型钢与工字钢性能参数之比见表 B.1。

表 B.1

工字钢型号	H 型钢型号	H 型钢与工字钢性能参数之比					
		横截面积	抗弯强度	抗剪强度	抗弯刚度	惯性半径	
						i_x	i_y
I16	H175×90	0.89	0.99	0.92	1.08	1.10	1.08
	H198×99	0.90	1.16	0.95	1.49	1.26	1.16
	H200×100	1.06	1.33	1.16	1.67	1.25	1.17
I18	H200×100	0.90	1.01	0.95	1.13	1.12	1.11
	H248×124	1.07	1.55	1.09	2.13	1.41	1.39
I20b	H248×124	0.83	1.15	0.72	1.42	1.31	1.35
	H250×125	0.96	1.30	0.86	1.63	1.31	1.35
I22b	H250×125	0.81	1.00	0.74	1.14	1.18	1.23
	H298×149	0.89	1.33	0.82	1.80	1.41	1.44
	H300×150	1.02	1.50	0.96	2.05	1.41	1.44

ICS 93.080.20;ICS 75.140
P 66
备案号:

中华人民共和国交通行业标准

JT/T 530—2004

沥青路面坑槽冷拌修补材料 SBS 沥青液

Cold mixing and repairing materials for asphalt pavement pits —SBS asphalt liquid

2004-04-16 发布　　2004-07-15 实施

中华人民共和国交通部　发布

ICS 93.080.20; ICS 75.140
P 66
备案号：

中华人民共和国交通行业标准

JT/T 530—2004

沥青路面坑槽冷拌修补材料 SBS沥青液

Cold mixing and repairing materials for asphalt pavement pits
—SBS asphalt liquid

2004-04-16发布　　2004-07-15实施

中华人民共和国交通部　发布

修沥青路面坑槽冷拌修补材料 SBS 沥青液

1 范围

本标准规定了沥青路面坑槽冷拌修补材料 SBS 沥青液(以下简称冷拌 SBS 沥青液)的产品分类、技术要求、试验方法、检验规则及标志、包装、运输和贮存。

本标准适用于沥青路面坑槽冷拌修补用 SBS 沥青液。

2 规范性引用文件

下列文件中的条款通过本标准的引用而成为本标准的条款。凡是注明日期的引用文件,其随后所有的修改单(不包括勘误的内容)或修订版均不适用于本标准,然而,鼓励根据本标准达成协议的各方研究是否使用这些文件的最新版本。凡是不注日期的引用文件,其最新版本适用于本标准。

GB 190 危险货物包装标志
GB/T 3186—1982 涂料产品的取样
GB/T 16777—1997 建筑防水涂料试验方法
JC/T 729 水泥净浆搅拌机
JC/T 852—1999 溶剂型橡胶沥青防水涂料
JTJ 032—1994 公路沥青路面施工技术规范
JTJ 052—2000 公路工程沥青及沥青混合料试验规程
JTJ052/ 0604—2000 沥青针入度试验
JTJ052/ 0605—1993 沥青延度试验
JTJ052/ 0606—2000 沥青软化点试验(环球法)
JTJ052/ 0651—1993 乳化沥青蒸发残留物含量试验
JTJ052/ 0709—2000 沥青混合料马歇尔稳定度试验
JTJ052/ 0754—2000 乳化沥青稀浆封层混合料固化时间试验

3 术语和定义

下列术语和定义适应于本标准

3.1

冷拌 SBS 沥青液 cold mixing SBS asphalt liquid

由石油沥青、SBS 橡胶及助剂组成的液态材料。

3.2

SBS sryrene-butadiene-sryrene block copolymer

SBS 橡胶是苯乙烯—丁二烯—苯乙烯三嵌段共聚物弹性体,属于嵌段共聚物热塑性弹性体。它是以丁二烯、苯乙烯单体在引发剂的作用下聚合而成,也叫热塑性丁苯橡胶。

4 产品分类和标记

4.1 类型

冷拌 SBS 沥青液按产品施工环境温度可分为两种类型:

a) C 型(常温型):适用于 +5℃以上环境温度施工。

b) D 型(冬季型):适用于 - 30℃以上的环境温度施工。

4.2 标记

标记表示如下:

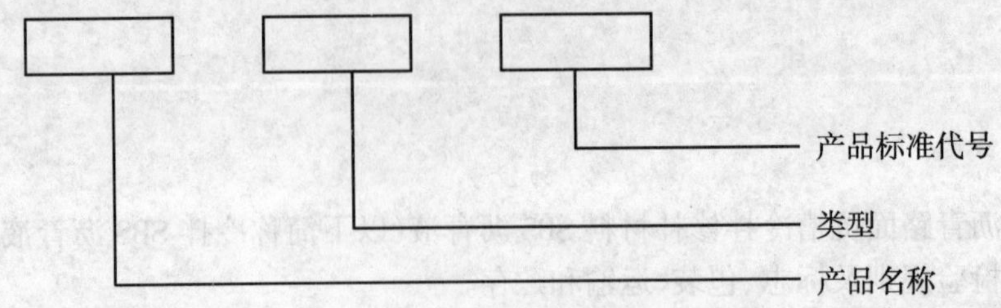

示例:可用于 - 30℃以上的环境温度施工的沥青路面坑槽冷拌修补材料 SBS 沥青液标记为:沥青路面坑槽冷拌修补材料 SBS 沥青液 D JT/T XXXX - XXXX

5 技术要求

5.1 外观

5.1.1 冷拌 SBS 沥青液应为均匀黑色液体,无结皮、凝胶或不易分散的固体。

5.1.2 低温条件下冷拌 SBS 沥青液呈触变性时,经充分搅拌后,应为均匀黑色液体状态,无结皮、凝胶或不易分散的固体。

5.2 技术指标

冷拌 SBS 沥青液的技术指标应符合表 1 的规定。

表 1

序号	项目		技术指标 C型	技术指标 D型
1	固体含量,% ≥		80	70
2	残留聚合物沥青性能	针入度(25℃,100g,,5s),0.1mm ≥	60	80
		软化点(TR&B),℃ ≥	55	50
		延度(5℃,5cm/min),cm ≥	30	40
3	冷拌和易性	表面裹覆面积,% ≥	95%	
4	开放交通时间 min ≥		30	
5	与矿料的粘附性(水煮法) ≥		2/3	
6	稳定度,kN	Ⅰ型沥青混凝土 >	5.0	
		Ⅱ型沥青混凝土 >	4.0	
7	流值,0.1mm	Ⅰ型沥青混凝土	20~50	
		Ⅱ型沥青混凝土	20~50	

6 试验方法

6.1 外观

目测,应符合 5.1 的要求。

6.2 固体含量

按 GB/T 16777—1997 中第 4 章 A 法进行试验。

6.3 残留聚合物沥青性能

残留聚合物沥青性能试验包括针入度试验、软化点试验和延度试验。蒸发冷拌 SBS 沥青液中的助剂后,以测定聚合物改型沥青的性能特点。

6.3.1 试样制备

6.3.1.1 按 JTJ 052—2000 中 T 0651—1993 方法进行试验。

6.3.1.2 称取冷拌 SBS 沥青液 900g ± 1g 注入 1500ml 的容器中进行搅拌,加热蒸发。

6.3.1.3 蒸发所需要的时间以残留物接近固体含量值来确定。

6.3.1.4 注入针入度、软化点和延度试模内。注意蒸发过程中升温要缓慢,同时开启排风设备,加速通风。

6.3.2 针入度试验

按 JTJ 052—2000 中 T 0604—2000 方法进行试验。

6.3.3 软化点试验

按 JTJ 052—2000 中 T 0606—2000 方法进行试验。

6.3.4 延度试验

按 JTJ 052—2000 中 T 0605—1993 方法进行试验。

6.4 冷拌和易性

6.4.1 试验仪器和材料

6.4.1.1 低温试验箱:控制精度 ± 2℃;有效容积不小于 180L。

6.4.1.2 冷拌沥青混合料搅拌机:符合 JC/T 729 水泥净浆搅拌机技术要求的产品。

6.4.1.3 托盘天平:最大称量 2kg,感量为 1g。

6.4.1.4 矿料质量应符合 JTJ 032—1994 中 4.7、4.8 及附录 C 表 C.8、表 C.10、表 C.11 和表 C.12 的规定要求。

6.4.1.5 矿料的级配应根据所修补沥青路面坑槽的深度而定,并符合 JTJ 032—1994 中附录 D 表 D.7 或表 D.8 的规定要求。

6.4.2 准备工作

6.4.2.1 根据气候条件选定冷拌 SBS 沥青液的类型,再根据矿料的级配和质量确定冷拌 SBS 沥青液的用量。沥青液用量应符合 JTJ 032—1994 中附录 D 表 D.7 或表 D.8 的规定要求,宜采用沥青用量的偏下线。

6.4.2.2 称取矿料(最大粒径不大于 9.5mm) 1kg ± 0.1kg。

6.4.2.3 搅拌速度为慢速。

6.4.3 试验步骤

6.4.3.1 将拌和用的矿料、冷拌 SBS 沥青液(D 型或 C 型)经称量后连同冷拌沥青混合料搅拌机放入低温试验箱内进行冷冻 2h(D 型 - 30℃ ± 2℃、C 型 5℃ ± 2℃)。

6.4.3.2 在低温试验箱内,将矿料、冷拌 SBS 沥青液按顺序倒入冷拌沥青混合料搅拌机内保温,搅拌 3min,倒出,目测矿料裹覆情况,并判断裹覆面积。

6.4.4 试验结果

拌和三次,冷拌 SBS 沥青液裹覆面积应符合表 1 的要求为合格

6.5 开放交通时间试验

6.5.1 试验仪器

粘结力试验仪。

圆形试模 10mm(高) × 60mm(内径)。

油毡:150mm × 150mm。

6.5.2 试件制作

6.5.2.1 将定量的矿料(最大粒径不大于 9.5mm)与冷拌 SBS 沥青液拌和。

6.5.2.2 称取 60g 放入垫有油毡的圆形试模中,试模内填满混合料后,用 2kg 的重锤(Φ = 60mm)连击,直至与试模齐平为止。

6.5.3 试验步骤

按 JTJ 052—2000 中 T 0754—2000 的试验步骤进行。

6.5.4 试验结果

记录达到扭矩不小于 1.2N·m 的时间,即为开放交通时间,应符合表 1 的规定。

6.6 与矿料粘附性试验

6.6.1 试验仪器和材料

6.6.1.1 标准筛:方孔筛 19.0mm 和 31.5mm 各一个。

6.6.1.2 烧杯:500ml ~ 1000ml。

6.6.1.3 烘箱:装有温度自动调节器。

6.6.1.4 天平:感量不大于 0.1g。

6.6.1.5 道路工程实际使用的碎石。

6.6.1.6 细线或金属丝,试验架,电炉。

6.6.2 准备工作

6.6.2.1 将道路工程用的碎石过筛,取 19.0mm ~ 31.5mm 的碎石颗粒洗净,然后置 105℃的烘箱中烘干 3h。

6.6.2.2 从烘箱中取出 3 ~ 4 颗碎石冷至室温逐个用细线或金属丝系好,留出尾线作悬挂用。

6.6.2.3 向大烧杯中盛水,并置于电炉的石棉网上煮沸。

6.6.3 试验步骤

6.6.3.1 称取冷拌 SBS 沥青液 300g 注入 800ml 的烧杯中。

6.6.3.2 将用细线或金属丝系好的矿料浸入盛有冷拌 SBS 沥青液的烧杯中,浸泡 1min 后,轻轻拿出,使矿料颗粒完全被冷拌 SBS 沥青液所裹覆。

6.6.3.3 将裹覆冷拌 SBS 沥青液的矿料颗粒悬挂于试验架上,下面垫一张纸,使多余的沥青液流掉,并在室内静置 20min。

6.6.3.4 将已静置的裹覆冷拌 SBS 沥青液的矿料颗粒置于 40℃的烘箱中烘干养生 24h。

6.6.3.5 将烘干的矿料颗粒冷却后,浸入盛有煮沸水的大烧杯中央,调整加热炉,使烧杯中的水保持微沸状态,但不允许有沸开的泡沫。

6.6.3.6 将矿料浸煮 3min 后从水中取出,目测矿料颗粒上的裹覆情况。

6.6.3.7 同一试样至少平行试验两次,依多数颗粒的裹覆情况作出评定。

6.6.4 试验结果

试验结果应符合表 1 的规定。

6.7 马歇尔稳定度和流值试验

6.7.1 试验仪器

沥青混合料马歇尔试验仪。

6.7.2 试件的制作

6.7.2.1 将定量的矿料与冷拌 SBS 沥青液直接拌合均匀。

6.7.2.2 称取约 1100g 沥青液混合料倒入马歇尔试模中两面各击实 50 次。

6.7.2.3 连同试模一起以侧面竖立方式置于 110℃ ± 5℃的烘箱中养生 24h。

6.7.2.4 取出后立即再两面各击实 25 次。

6.7.2.5 连同试模在室温中竖立放置 24h。

6.7.2.6 脱膜,待试件高度符合 63.5mm ± 1.3mm 或 95.3mm ± 2.5mm 的要求后,放入 60℃的恒温水槽

浸 30min ~ 40min。

6.7.3 试验步骤

按 JTJ 052—2000 中 T 0709—2000 的试验步骤进行。

6.7.4 试验结果

取一组试件测定值的平均值作为试验结果，精确到 0.01kN，结果应符合表 1 的规定。

7 检验规则

7.1 出厂检验

每批产品应进行出厂检验。检验项目包括外观，固体含量、残留聚合物沥青性能、冷拌和易性、开放交通时间。

7.2 型式检验

型式检验项目为第 5 章规定所有项目。

有下列情况之一时应进行型式检验：

a） 新产品试制或产品转厂生产作试制定型鉴定；

b） 正常生产时，每年进行一次型式检验；

c） 产品原料、配比、工艺有较大改变，可能影响产品质量时；

d） 产品停产半年以上，恢复生产时；

e） 出厂检验结果与上次型式检验有较大差异时；

f） 国家质量监督机构提出型式检验要求时。

7.3 批量与抽样

以同一类型 1t 产品为一批，不足 1t 也作一批进行出厂检验。型式检验按 GB 3186—1988 中第 3 章规定的数量，在此中随机抽取整桶产品，然后按 GB3186—1988 中 5.3 规定，取混合样品 5kg 进行性能检验。

7.4 判定规则

7.4.1 外观质量

外观质量应符合 5.1 的规定为合格。

7.4.2 技术性能

技术性能应符合 5.2 的规定为合格。

7.4.3 复检

在出厂检验和型式检验中，若有一项指标不符合 5.2 规定要求时，须在同批样品中加倍抽样对该项进行复检，若仍不符合要求，则判该批产品为不合格产品。

8 标志、包装、运输和贮存

8.1 标志

经检验合格的产品应标有：生产厂名称、地址、产品名称、规格型号、警示标志、生产日期、净重，并附产品合格证和产品使用说明书。警示标志应符合 GB190 的要求。

8.2 包装

冷拌 SBS 沥青液应用带盖的铁桶包装，每桶净重分为 200kg ± 0.5kg、50kg ± 0.1kg、15kg ± 0.05kg。

8.3 运输

本产品属易燃品，在运输过程中不得接触明火，不得曝晒，不得碰撞。

8.4 贮存

本产品应贮存于干燥、通风及阴凉远离火源的场所。在正常贮存条件下，贮存保质期为两年。

ICS 93.080.20
P66
备案号:

中华人民共和国交通行业标准

JT/T 533—2004

沥青路面用木质素纤维

Plant fibers used in asphalt pavements

2004-08-17 发布 2004-12-01 实施

中华人民共和国交通部 发布

ICS 93.080.20
P66
备案号：

中华人民共和国交通行业标准

JT/T 533—2004

沥青路面用木质素纤维

Plant fibers used in asphalt pavements

2004-08-17 发布　　2004-12-01 实施

中华人民共和国交通部　发布

沥青路面用木质素纤维

1 范围

本标准规定了公路工程沥青路面用木质素纤维的产品分类、技术要求、试验方法、检验规则、标志、包装、运输、贮存等。

本标准适用于热拌沥青玛蹄脂碎石混合料(SMA)中添加的木质素纤维类材料,对大孔隙热拌沥青混合料仅供参考。

2 规范性引用文件

下列文件中的条款通过本标准的引用而成为本标准的条款。凡是注明日期的引用文件,其随后所有的修改单(不包括勘误的内容)或修订版均不适用于本标准。然而,鼓励根据本标准达成协议的各方研究是否使用这些文件的最新版本。凡是不注日期的引用文件,其最新版本适用于本标准。

GB/T 14336 合成短纤维长度试验方法

3 术语和定义

下列术语和定义适用于本标准。

3.1

木质素纤维 plant fiber

一种植物纤维,属于有机纤维,本标准特指针叶木材纤维(coniferous tree fiber 或 conifer fiber)。

4 技术要求

4.1 外观

木质素纤维的颜色与其原材料有关一般为灰色、絮状。在絮状木质素纤维中掺加一定量的沥青后形成颗粒状。

4.2 技术要求

木质素纤维的技术指标应符合表 1 的规定。

表 1 木质素纤维技术指标

序号	项目			技术指标
1	长度,mm			<6.0
2	筛分析,%	冲气筛分析	0.150mm 筛通过率	70±10
		普通网筛分析	0.850mm 筛通过率	85±10
			0.425mm 筛通过率	65±10
			0.106mm 筛通过率	30±10
3	灰份含量,%			18±5,无挥发物
4	pH 值			7.5±1.0
5	吸油率,%			不小于纤维自身质量的 5 倍
6	含水率,%(以重量计)			<5.0
7	耐热性,210℃,2h			颜色、体积基本无变化,热失重不大于 6%

5 试验方法

5.1 纤维长度测定

按照 GB/T 14336 的方法测定。

5.2 筛分析(专用筛)

5.2.1 仪器包括:

a) JJYMS-I 木质素纤维分析筛;

b) 电子天平:精度为 0.01g。

5.2.2 试验步骤如下:

a) 将纤维烘干并分散开;

b) 精确称取纤维 m_0 为 5g ± 0.10g;

c) 盖好筛盖,用特制的刷子逐级筛分 10min;

d) 称取纤维各级筛余量 m_x,精确至 0.01g。

5.2.3 计算方法如下:

a) 各级筛上的分计筛余量百分率按公式(1)计算:

$$P_X = m_X / m_0 \times 100\% \quad \cdots\cdots (1)$$

b) 各级筛的累计筛余量百分率为该级筛及大于该级筛的各级筛上的分计筛余量百分率之和;

c) 各级筛的质量通过百分率为 100 减去该级筛累计筛余量百分率;

d) 根据需要,绘制木质素纤维筛分曲线。

5.3 灰分含量

5.3.1 仪器包括:

a) 高温炉:可恒温 595℃ ~ 650℃;

b) 电子天平:精度为 0.01g;

c) 瓷坩锅:50ml;

d) 干燥器:干燥剂为硫酸钙。

5.3.2 试验步骤如下:

a) 加热高温炉至试验温度:595℃ ~ 650℃;

b) 将瓷坩锅放入高温炉中烘干至恒重,然后置于干燥器中冷却后称取质量 m_2,精确至 0.01g;

c) 称取烘干过的纤维 m_1 = 2.00g ± 0.10g,放入瓷坩锅中,然后将瓷坩锅置于预热的高温炉中,615℃恒温 2h;

d) 取出坩锅,放入干燥器中冷却(不少于 30min),称取坩锅质量 m_3,精确至 0.01g。

5.3.3 计算纤维灰分含量 X_1

$$X_1 = (m_3 - m_2) / m_1 \times 100\% \quad \cdots\cdots (2)$$

5.4 pH 值

5.4.1 仪器包括:

a) 250ml 烧杯;

b) 玻璃棒;

c) pH 计或精密 pH 试纸(测量精度为 0.1)。

5.4.2 试验步骤如下:

a) 称取烘干过的纤维 5.00g ± 0.10g;

b) 将纤维放入盛 100ml 蒸馏水的烧杯中,用玻璃棒充分搅拌,静置 30min;

c) 用 pH 计或精密 pH 试纸测蒸馏水的 pH 值。

5.5 吸油率

5.5.1 仪器和材料包括:

a) JJYMX-I 纤维吸油率测定仪;

b) 电子天平:精度为 0.01g;

c) 120ml 塑料杯若干;

d) 玻璃棒;

e) 矿物油:如硅油(可用煤油代替);

f) 收集容器。

5.5.2 试验步骤如下:

a) 称取烘干的纤维 m_4 为 5.00g ± 0.10g,放入塑料杯中;

b) 向杯中倒入 100ml 矿物油,并用玻璃棒充分搅拌 15min,然后静置 5min;

c) 称取试样筛质量 m_5 精确至 0.01g,放到纤维吸油率测定仪上安装好;

d) 将塑料杯中的混合物倒入试样筛中,启动纤维吸油率测定仪,经 10min 后仪器自动停机(若无自动装置则人工停止);

e) 取下试样筛,称取试样筛和吸有矿物油的纤维的质量 m_6;精确至 0.01g。

5.5.3 计算纤维吸油率 X_2

$$X_2 (m_6 - m_5 - m_4)/m_4 \times 100\% \quad (3)$$

5.6 含水率

5.6.1 仪器包括:

a) 烘箱,可保持恒温 121℃ ± 15℃;

b) 电子天平:精度为 0.01g;

c) 瓷盘;

d) 干燥器。

5.6.2 试验步骤如下:

a) 将烘箱预热至 121℃;

b) 称取未经烘干的纤维 m_7 为 10.00g ± 0.10g,放入瓷盘中,纤维若成团应预先分散开;

c) 将盛有纤维的瓷盘放入烘箱中,保持 121℃恒温 2h;

d) 取出纤维,放入干燥器中冷却后,称取纤维的质量 m_8;精确至 0.01g。

5.6.3 计算纤维含水率 X_3

$$X_3 = (m_7 - m_8)/m_7 \times 100\% \quad (4)$$

5.7 耐热性

5.7.1 仪器包括:

a) 烘箱:可恒温在 210℃;

b) 电子天平:精度为 0.01g;

c) 瓷盘;

d) 干燥器。

5.7.2 试验步骤如下:

a) 将烘箱预热至 210℃;

b) 称取未经烘干的纤维质量为 m_9;

c) 将盛有纤维的瓷盘放入烘箱中,保持 210℃恒温 2h;

d) 取出纤维放入干燥器中,冷却后称取纤维的质量 m_{10},精确至 0.01g。取出纤维的同时观察纤维颜色、形状的变化。

5.7.3 计算热失重 X_4

$$X_4 = (m_9 - m_{10})/m_9 \times 100\% \quad (5)$$

6 检验规则

6.1 检验分类

木质素纤维的检验分为出厂检验和型式检验。

6.1.1 出厂检验

出厂检验的项目包括外观质量和技术要求表 1 中的第 1 项 ~ 第 6 项。

6.1.2 型式检验

型式检验的项目包括技术要求表 1 中的各项,型式检验每年至少进行一次。

6.2 抽样方案

6.2.1 组批

以同一批原料、同一规格、稳定连续生产的一定数量的产品(包)为一批。

6.2.2 抽样

取批样本为试验室样本。批量样品的数量根据总包装包数而定,取样数量见表 2。

表 2 批量样品取样数量

一批的包数	取样包数
1 ~ 5	全部取样
6 ~ 25	5
25 以上	10

6.2.2.1 出厂检验取样

应分别在每个取样包距底表层 10% 及 15% 处,各随机抽取样品,每一样品应不少于 50g。

6.2.2.2 型式检验取样

应在抽取检验样品中的各包取样,且所取包数及取样方法同出厂检验。抽取的每一样品质量,应根据取样包数而定:取样包数小于五包时,总量不少于 1000g;取样包数为五包时,每个样约 100g,取样包数为 10 包时,每个样品约为 50g。

6.3 判定规则

6.3.1 出厂检验

应全部符合 4.1 和表 1 中第 1 项至第 6 项的规定判定为合格。

6.3.2 型式检验

应符合 4.1 和 4.2 的规定,全部合格则判为合格产品。如有一项不符合规定时,应从同一批产品中抽取同样数量的样品进行复检,以第二次试验的统计值进行判定。若复验的结果仍不符合规定时,则拒收该批产品。

7 标志、包装、运输、贮存

7.1 标志

每批产品应有企业的名称、地址、产品名称、生产日期及净重,并附产品合格证、使用说明书。

7.2 包装

纤维应用密封保存,保证纤维不应飞散。

7.3 运输

运输时应防止受潮、雨淋,严禁接近热源和火源,保证包装袋的完好无损。

7.4 贮存

产品应于干燥、通风及避光的室内贮存保管,防止油污等污染。

ICS 93.080.20
P66
备案号:

中华人民共和国交通行业标准

JT/T 534—2004

沥青路面用聚合物纤维

Polymer fibers used in asphalt pavements

2004-08-17 发布　　2004-12-01 实施

中华人民共和国交通部　发布

ICS 93.080.20
P66
备案号

中华人民共和国交通行业标准

JT/T 534—2004

沥青路面用聚合物纤维

Polymer fibers used in asphalt pavements

2004-08-17发布　　2004-12-01实施

中华人民共和国交通部　发布

沥青路面用聚合物纤维

1 范围

本标准规定了公路工程沥青混凝土路面用聚合物纤维的产品分类、技术要求、试验方法、检验规则、标志、包装、运输、贮存等。

本标准适用于热拌沥青混合料中添加的聚合物纤维类材料。

2 规范性引用文件

下列文件中的条款通过本标准的引用而成为本标准的条款。凡是注明日期的引用文件,其随后所有的修改单(不包括勘误的内容)或修订版均不适用于本标准。然而,鼓励根据本标准达成协议的各方研究是否使用这些文件的最新版本。凡是不注日期的引用文件,其最新版本适用于本标准。

GB/T 3916 纱线断裂强力和断裂伸长率的测定(eqv ISO 2062)

GB/T 10685 羊毛纤维直径试验方法 投影显微镜法(neq ISO 137)

GB/T 14336 合成短纤维长度试验方法

3 术语和定义

下列术语和定义适用于本标准。

3.1

聚合物纤维 polymer fiber

人工合成的有机高分子材料,是有机合成纤维。

4 产品分类与标记

4.1 产品分类

聚合物纤维按其化学成分的不同可分为聚酯纤维(PES)、聚丙烯腈纤维(PAN)、聚丙烯纤维(PP)、芳族聚酰胺纤维(PPTA)及其它(O)。其中聚丙烯纤维(PP)、芳族聚酰胺纤维(PPTA)为长纤维。

4.2 产品标记

标记方法如下:

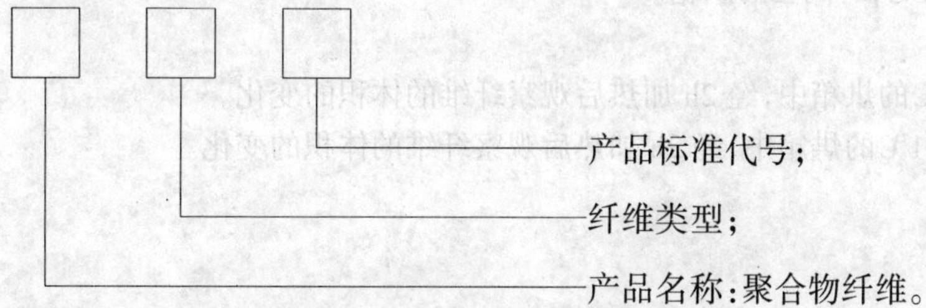

示例:化学成分为聚酯的聚合物纤维产品标记为:聚合物纤维 PES JT/T 534—2004

5 技术要求

5.1 外观

聚合物纤维根据其原材料的不同,有淡黄、白色以及其它颜色,不得有污迹和杂质。

5.2 技术指标

聚合物纤维的技术指标应符合表1的规定,聚合物长纤维的技术指标应符合表2的规定。

表1 聚合物纤维的技术指标

序号	项　目	技术指标
1	直径,mm	0.010~0.025
2	长度,mm	6±1.5,12±1.5
3	抗拉强度,MPa	≥500
4	断裂伸长率,%	≥15
5	耐热性,210℃,2h	体积无变化

表2 聚合物长纤维的技术指标

序号	项　目	技术指标
1	直径,mm	0.010~0.025
2	长度,mm	19±1.5,38±1.5,54±1.5
3	抗拉强度,MPa	≥500
4	断裂伸长率,%	≥8
5	耐热性,177℃,2h	体积无变化

6 试验方法

6.1 纤维直径

按照 GB/T 10685 的方法测定。

6.2 纤维长度

按照 GB/T14336 的方法测定。

6.3 抗拉强度和断裂伸长率

按照 GB/T 3916 的方法进行试验。

6.4 耐热性

6.4.1 试验条件

聚合物纤维,温度:210℃±1℃;时间:2h;烘箱。

聚合物长纤维,温度:177℃±1℃;时间:2h;烘箱。

6.4.2 试验过程

将聚合物纤维放在210℃±1℃的烘箱中,经2h加热后观察纤维的体积的变化。

将聚合物长纤维放在177℃±1℃的烘箱中,经2h加热后观察纤维的体积的变化。

7 检验规则

7.1 检验分类

聚合物纤维、聚合物长纤维的检验分为出厂检验和型式检验。

7.1.1 出厂检验

出厂检验的项目包括外观质量、纤维平均直径、平均长度。

7.1.2 型式检验

型式检验的检验项目包括技术要求中的各项,型式检验每年至少进行一次。

7.2 抽样方案

7.2.1 组批

以同一批原料、同一规格、稳定连续生产的一定数量的产品(包)为一批。

7.2.2 抽样

取批样本为试验室样本。批量样品的数量根据总包装包数而定,取样数量见表3。

表3 批量样品抽样数量

一批的包数	取样包数
1~5	全部取样
6~25	5
25以上	10

7.2.2.1 出厂检验取样

在每个取样包底表层10%以内随机抽取一样品,在15%左右或以外随机抽取一样品,每一样品不少于50g。

7.2.2.2 型式检验取样

在抽取上面的样品中的各包取样,所取包数同出厂检验样品取样包数。

每个取样包中抽取二个样品,表层10%以内随机抽取一样品,在15%左右抽取一样品。抽取的每一样品质量,根据取样包数而定。取样包数小于5包时,总量不少于1 000g;取样包数为5包时,每个样品约100g,取样包数为10包时,每个样品约为50g。

7.3 判定规则

7.3.1 出厂检验

符合5.1和5.2中的相关规定,为合格。

7.3.2 型式检验

应符合5.1和5.2的规定,全部合格,则判为合格产品。如有一项不符合规定时,应从同一批产品中抽取同样数量的样品进行复检,以两次试验的统计值进行判定。若复验的结果仍不符合规定时,则判为不合格产品。

8 标志、包装、运输、贮存

8.1 标志

每批产品应有企业的名称、地址、产品标记、生产日期、净重,并附产品合格证、使用说明书。

8.2 包装

纤维包装的标准规格分为1,1.5,2,2.5,3kg。外包装材料使用对混合料无不良影响的材料,使用时无须拆包,可直接投入拌和楼拌和。包装要密封,保证纤维不飞散出来。

8.3 运输

产品运输时,应防止受潮、雨淋,远离火源,保证包装袋的完好无损。

8.4 贮存

产品应贮存于干燥、通风及防雨避光的室内保管,禁止接近热源和火源,防止油污等污染。

ICS 93.080.20
P66
备案号：

中华人民共和国交通行业标准

JT/T 535—2004

路桥用水性沥青基防水涂料

Water quality asphalt waterproof coating for roads and bridges

2004-08-17 发布　　2004-12-01 实施

中华人民共和国交通部　发布

ICS 93.080.20
P66
备案号：

中华人民共和国交通行业标准

JT/T 535—2004

路桥用水性沥青基防水涂料

Water quality asphalt waterproof coating for roads and bridges

2004-08-17 发布　　2004-12-01 实施

中华人民共和国交通部　发布

路桥用水性沥青基防水涂料

1 范围

本标准规定了路桥用水性沥青基防水涂料的分类、技术要求、试验方法、检验规则和标志、包装、运输、贮存等。

本标准适用于公路、城市和铁路桥梁及涵洞等防水工程为主要用途的乳化沥青防水材料以及在其中掺入各种改性材料的水乳性防水涂料。

2 规范性引用文件

下列文件中的条款通过本标准的引用而成为本标准的条款。凡是注明日期的引用文件,其随后所有的修改单(不包括勘误的内容)或修订版均不适用于本标准。然而,鼓励根据本标准达成协议的各方研究是否使用这些文件的最新版本。凡是不注日期的引用文件,其最新版本适用于本标准。

GB 3186—1982 涂料产品的取样
GB/T 12952—1991 聚氯乙烯防水卷材
GB/T 16777—1997 建筑防水涂料试验方法
GB/T 18244—2000 建筑防水材料老化试验方法
JC 408—1991 水性沥青基防水涂料
JC 412 建筑用石棉水泥平板

3 术语和定义

下列术语和定义适用于本标准。

3.1

水性沥青基防水涂料 water quality asphalt waterproof coating

以乳化沥青为基料的防水涂料。

4 产品分类和代号

4.1 产品分类

4.1.1 水性沥青基防水涂料,按其采用的化学乳化剂不同分为:

a) 氯丁胶乳沥青防水涂料:AE-1;

b) 用其他化学乳化剂配制的乳化沥青防水涂料:AE-2。

4.1.2 水性沥青基防水涂料按其质量分为Ⅰ型和Ⅱ型两种:

a) Ⅰ型:适用于热拌沥青混凝土路桥面;

b) Ⅱ型:适用于沥青玛蹄脂(SMA)混凝土路桥面。

4.2 产品标记

标记方法如下:

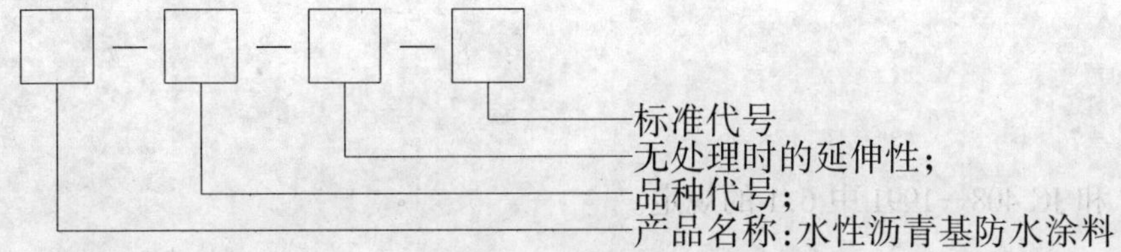

示例:氯丁胶乳沥青防水涂料,其无处理时延伸性不小于 5mm,标记为:
水性沥青基防水涂料 AE-1-5 JT/T 535—2004

5 技术要求

水性沥青基防水涂料的性能应满足表 1 的要求。

表 1 水性沥青基防水涂料性能指标

项目		类型	
		I	II
外观		搅拌后为黑色或蓝褐色均质液体,搅拌棒上不粘附任何明显颗粒	
固体含量,%		≥43	
延伸性,mm	无处理	≥5.5	≥6.0
	处理后	≥3.5	≥4.5
柔韧性,℃		−15±2	−20±2
		无裂纹、断裂	
耐热性,℃		140±2	160±2
		无流淌和滑动	
粘结性,MPa		≥0.4	
不透水性		0.3MPa、30min 不渗水	
抗冻性,−20℃		20 次不开裂	
耐腐蚀性	耐碱(20℃)	$Ca(OH)_2$ 中浸泡 15d 无异常	
	耐盐水(20℃)	3%盐水中浸泡 15d 无异常	
干燥性,25℃	表干	≤4h	
	实干	≤12h	
高温抗剪(60℃),MPa		0.16	
抗硌破及渗水		暴露轮碾试验(0.7MPa,100 次)后,0.3MPa 水压下不渗水	
人工气候加速老化	外观	无滑动、流淌、滴落	
	纵向拉力保持率,%	≥80	
	低温柔度,℃	−3	−10
		无裂纹	

注:试件参考涂布量与施工用量相同:1.5kg/m² ~ 2.5kg/m²

6 试验方法

6.1 仪器及材料

按 GB/T 16777—1997 和 JC 408—1991 中 6.1 的规定。

6.2 试样

试样按 GB 3186—1989 中 5.3 的规定，取一份 2kg 样品用于试验。试样应预先在 20℃ ± 10℃的环境中放置 24h。

6.3 外观

先用肉眼观察经两根钢筋棒搅匀的整桶试样应色泽均一，然后将搅拌试样的玻璃棒取出，观察和记录每桶试样在玻璃棒上粘附颗粒的情况。

6.4 固体含量

按 JC 408—1991 中 6.4 的方法进行。

6.5 延伸性

按 JC 408—1991 中 6.5 的方法进行。

6.6 柔韧性

按 JC 408—1991 中 6.6 的方法进行。

6.7 耐热性

按 JC 408—1991 中 6.7 的方法进行。

6.8 粘结性

按 JC 408—1991 中 6.8 的方法进行。

6.9 不透水性

按 JC 408—1991 中 6.9 的方法进行。

6.10 抗冻性

按 JC 408—1991 中 6.10 的方法进行。

6.11 耐腐蚀性

6.11.1 耐碱性

在 20℃，按 GB/T 16777—1997 中 8.2.1.2 要求制备试件，放在 $Ca(OH)_2$ 溶液中浸泡 15d 无异常。

6.11.2 耐盐性

在 20℃，将按 GB/T 16777—1997 中 8.2.1.2 要求制备试件放在 3%盐水中浸泡 15d 无异常。

6.12 干燥性试验

按 GB/T 16777—1997 中 12.2.1.1 的规定制备试件。表干时间按 GB/T 16777—1997 中 12.2.1.3B 测定，实干时间按 GB/T 16777—1997 中 12.2.1.2B 测定。

6.13 高温抗剪试验

将涂料分别粘贴在沥青混凝土和混凝土上，在 60℃温度下，拉力机夹具角度 30°～45°并保持粘合面正应力 0.15MPa，压速 10mm/min，测剪切力。

6.14 抗硌破及渗水试验

按GB/T12952—1991 的 5.11 规定的要求进行穿孔实验，检测渗水透过率。在暴露轮碾试验(0.7MPa，100 次)后，测 0.3MPa 水压下不渗水。

6.15 人工气候加速老化试验

按 GB/T 18244 进行，采用氙弧灯法。试验时间 720h(累计辐射能量约为 1500MJ/m²)。老化试验后，检查试件外观无滑动、流淌、滴落。测定纵向拉力，计算纵向拉力保持率不小于 80%，并按 GB/T 16777—1997 中第 10 章的方法进行低温柔度测定。

7 检验规则

7.1 检验分类

产品检验分出厂检验和型式检验。

7.1.1 出厂检验项目包括外观，固体含量，耐热性，柔韧性，无处理时的延伸性。

7.1.2 型式检验项目包括本标准规定的全部技术要求。

7.1.3 有下列情况之一时,应进行型式检验:

a) 新产品或老产品转厂生产的试制定型鉴定;

b) 正式生产后,如原料、配比、工艺有较大改变;

c) 正式生产时,每季度进行一次检验;

d) 产品长期停产后,恢复生产时;

e) 出厂检验结果与上次型式检验有较大差异时;

f) 国家质量监督机构提出进行型式检验要求时。

7.2 抽样与组批规则

7.2.1 出厂检验以每班的生产量为一批进行抽检。

7.2.2 按 GB 3186—1982 第 3 章规定的数量,在批中随机抽取整桶样品,逐桶检查外观质量。然后按 GB 3186—1982 中 5.3 的规定,取一份 2kg 样品用于 6.4~6.15 的试验。

7.2.3 样品的标志和密封按 GB 3186—1982 第 6 章的规定进行。

7.3 判定规则

7.3.1 对于耐热性、柔韧性、不透水性、抗冻型试验,若有一个试件不合格时,应双倍抽样重检,重检合格为合格,重检时仍有一个试件不合格,则该项技术要求不合格。

7.3.2 产品抽样检验结果全部符合本标准规定的技术要求时判为批合格,若有一项技术要求不符合时判为批不合格。

8 标志、包装、运输、贮存

8.1 标志

包装桶的立面应涂刷永久明显的标志,内容包括:

a) 制造厂名;

b) 产品名称和产品标记;

c) 产品净重;

d) 制造日期或生产批号。

8.2 包装

8.2.1 产品用带盖的铁桶或塑料桶包装,每桶净重为 50kg,100kg,200kg 三种规格。

8.2.2 包装好的产品应附有产品合格证和产品使用说明书。

8.3 运输

8.3.1 水性沥青基防水涂料系不易燃、无毒,可按一般运输方式办理运输。运输时温度不得低于 0℃。

8.3.2 运输中严防日光曝晒,勿接近热源,应防止碰撞,保持包装完整无损。

8.4 贮存

8.4.1 产品应贮存在 0℃以上的仓库内,夏季应避免曝晒。

8.4.2 自生产之日起产品的有效期不得少于三个月。

ICS 93.080.20
P66
备案号:

中华人民共和国交通行业标准

JT/T 536—2004

路桥用塑性体(APP)沥青防水卷材

Atactic polypropylene（APP）asphalt waterproof roll for roads and bridges

2004-08-17 发布　　2004-12-01 实施

中华人民共和国交通部　发布

路桥用塑性体(APP)沥青防水卷材

1 范围

本标准规定了路桥用塑性体改性(APP)沥青防水卷材的术语和定义、产品分类、技术要求、试验方法、检验规则、标志、包装、贮存与运输。

本标准适用于两面附以无规聚丙烯(APP)或其它无规聚烯烃类聚合物(APAO、APO)改性剂的隔离材料,并以聚酯毡为胎基所制成的路桥塑性体(APP)沥青防水卷材(以下简称"卷材")。

本标准不适用于其他胎基和改性剂上表面材料制成的沥青防水卷材。

2 规范性引用文件

下列文件中的条款通过本标准的引用而成为本标准的条款。凡是注明日期的引用文件,其随后所有的修改单(不包括勘误的内容)或修订版均不适用于本标准。然而,鼓励根据本标准达成协议的各方研究是否使用这些文件的最新版本。凡是不注日期的引用文件,其最新版本适用于本标准。

GB/T 328.3　　沥青防水卷材试验方法　不透水性
GB/T 328.5　　沥青防水卷材试验方法　耐热度
GB/T 12952—1991　　聚氯乙烯防水卷材
GB/T 18243—2000　　塑性体改性沥青防水卷材
GB/T 18244　　建筑防水材料老化试验方法

3 术语和定义

下列术语和定义适用于本标准。

3.1

塑性体改性(APP)沥青防水卷材 atactic polypropylene (APP) asphalt waterproof roll

以APP改性材料为主,辅以各种助剂制成的沥青涂盖料浸涂聚脂胎基(PY),并在上表面撒以细砂、矿物粒(片)料制成的有特殊性能指标及用途的防水卷材。

4 产品分类

4.1 分类

4.1.1　按上表面材料分为砂面和矿物粒(片)面:

砂面代号:M;

矿物粒(片)面代号:S。

4.1.2　按物理力学性能分为Ⅰ型和Ⅱ型:

Ⅰ型——适用于热拌沥青混凝土路桥面;

Ⅱ型——适用于沥青玛蹄脂(SMA)混凝土路桥面。

4.2 规格

4.2.1　幅宽:1000mm。

4.2.2　厚度:3,4,5mm。

4.2.3　面积:每卷面积分为 $10m^2$ 和 $7.5m^2$。

4.3 型号

型号表示方式如下：

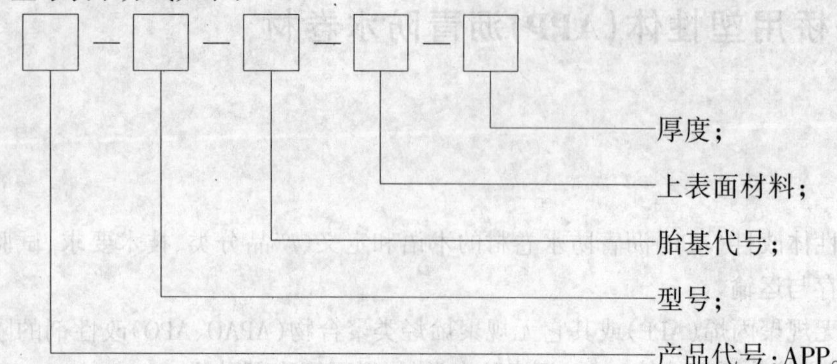

示例：3mm 厚砂面聚酯胎 I 型塑性体改性沥青防水卷材型号为：APP-I-PY-S-3

5 技术要求

5.1 卷重、面积及厚度

卷重、面积及厚度应符合表 1 的要求。

表 1 卷重、面积及厚度

规格(公称厚度)，mm		3		4				5	
上表面材料		S	M	S	M	S	M	S	M
面积，m²/卷	公称面积≥	10		10		7.5		7.5	
	偏差	±0.10		±0.10		±0.10		±0.10	
最低卷重，kg/卷		35.0	40.0	45.0	50.0	33.0	37.5	44	48
厚度，mm	平均值≥	3.0	3.2	4.0	4.2	4.0	4.2	5.2	5.2
	最小单值	2.7	2.9	3.7	3.9	3.7	3.9	4.9	4.9

5.2 外观

5.2.1 成卷卷材应卷紧卷齐，端面里进外出不得超过 10mm。

5.2.2 成卷卷材在 4℃～60℃任意温度下展开，在距卷芯 1000mm 长度外不应有 10mm 以上的裂纹或粘结。

5.2.3 胎基应浸透，不应有未被浸渍的条纹。

5.2.4 卷材表面应平整，不允许有孔洞、缺边和裂口，矿物粒(片)料粒度应均匀一致，并紧密地粘附于卷材表面。

5.2.5 胎基要求在卷材上表面下的 1/3～1/2 的位置，以保证底面有一定厚度沥青。

5.2.6 每卷卷材的接头处不应超过一个，较短的一段长度不应少于 1000mm，接头应剪切整齐，并加长 150mm。

5.3 物理力学性能

卷材物理力学性能应符合表 2 规定。

表 2　卷材物理力学性能

<table>
<tr><td colspan="2">型　　号</td><td>I</td><td>II</td></tr>
<tr><td rowspan="3">可溶物含量,g/m²</td><td>3mm</td><td colspan="2">≥2100</td></tr>
<tr><td>4mm</td><td colspan="2">≥2900</td></tr>
<tr><td>5mm</td><td colspan="2">≥3700</td></tr>
<tr><td colspan="2">不透水性(压力不小于 0.4MPa,保持时间不小于 30 min)</td><td colspan="2">不透水</td></tr>
<tr><td colspan="2" rowspan="2">耐热度(2h 涂盖层垂直悬挂),℃</td><td>130 ± 2</td><td>150 ± 2</td></tr>
<tr><td colspan="2">无滑动、流淌、滴落</td></tr>
<tr><td rowspan="2">拉力,N/50mm</td><td>纵向</td><td>≥600</td><td>≥800</td></tr>
<tr><td>横向</td><td>≥550</td><td>≥750</td></tr>
<tr><td rowspan="2">最大拉力时延伸率,%</td><td>纵向</td><td>≥25</td><td>≥35</td></tr>
<tr><td>横向</td><td>≥30</td><td>≥40</td></tr>
<tr><td colspan="2" rowspan="2">低温柔度(3s 弯曲 180°),℃</td><td>− 10</td><td>− 20</td></tr>
<tr><td colspan="2">无裂纹</td></tr>
<tr><td rowspan="2">撕裂强度,N</td><td>纵向</td><td>≥300</td><td>≥400</td></tr>
<tr><td>横向</td><td>≥250</td><td>≥350</td></tr>
<tr><td rowspan="4">人工气候加速老化</td><td>外观</td><td colspan="2">无滑动、流淌、滴落</td></tr>
<tr><td>纵向拉力保持率,%</td><td colspan="2">≥80</td></tr>
<tr><td rowspan="2">低温柔度,℃</td><td>3</td><td>− 10</td></tr>
<tr><td colspan="2">无裂纹</td></tr>
<tr><td colspan="2">抗硌破(130℃/2h,500g 重锤,300mm 高度)</td><td colspan="2">冲击后无硌破</td></tr>
<tr><td colspan="2">渗水系数(500mm 水柱下 16h),ml/min</td><td colspan="2">≤1</td></tr>
<tr><td rowspan="2">高温抗剪(60℃,粘合面正应力 0.1 MPa,压速 10mm/min),N/mm</td><td>沥青混凝土面</td><td>2</td><td>2.5</td></tr>
<tr><td>混凝土面</td><td>2</td><td>2.5</td></tr>
<tr><td colspan="2">低温抗裂(− 20℃),MPa</td><td>≥6</td><td>≥8</td></tr>
<tr><td colspan="2">低温延伸率(− 20℃),%</td><td>≥20</td><td>≥30</td></tr>
<tr><td rowspan="2">耐腐蚀性</td><td>耐碱(20℃)</td><td colspan="2">$Ca(OH)_2$ 中浸泡 15d 无异常</td></tr>
<tr><td>耐盐水(20℃)</td><td colspan="2">3%盐水中浸泡 15d 无异常</td></tr>
</table>

6 试验方法

6.1 卷重、面积及厚度

6.1.1 卷重

用最小分度值为 0.2kg 的台秤称量每卷卷材的质量。

6.1.2 面积

用最小分度值为 1mm 卷尺在卷材两端和中部三处测量宽度、长度,以长度乘宽度的平均值求得每卷卷材面积。若有接头,以量出两端长度之和减去 150mm 计算。

当面积超出标准规定的正偏差时,按公称面积计算其卷重,当其符合最低卷重要求时,亦判为合格。

6.1.3 厚度

使用一个 10mm 直径接触面,单位面积压力为 0.02MPa,分度值为 0.01mm 的厚度计测量,保持时间 5s。沿卷材宽度方向裁取 50mm × 1000mm 的卷材一条,在宽度方向测量 10 点,距卷材长度边缘 150mm ± 15mm向内各取一点,在这两点中均分取其余 8 点。对砂面卷材必须清除浮砂后再进行测量,记录测量值。计算 10 点的平均值作为该卷材的厚度。以所抽卷材数量的卷材厚度的总平均值作为该批产品的厚度,并报告最小单值。

6.2 外观

将卷材立放于平面上,用一把钢板尺平放在卷材的端面上,用另一把最小分度值为 1mm 的钢板尺垂直伸入卷材端面最凹处,测得的数值即为卷材端面的里进外出值。然后将卷材展开按外观质量要求检查。沿宽度方向裁取 50mm × 1000mm 的一条卷材,胎基内不应有未被浸透的条纹。

6.3 物理力学性能

6.3.1 试件

6.3.1.1 将取样卷材切除距外层卷头 2500mm 后,顺纵向切取长度为 1600mm 的全幅卷材试样两块,一块作物理力学性能检测用,另一块备用。

6.3.1.2 按图 1 所示的部位及表 3 规定的尺寸和数量切取试件。试件边缘与卷材纵向边缘间的距离不小于 75mm。

表 3 试件尺寸和数量

试验项目	试件代号	试件尺寸 mm × mm	数量 个	试验项目	试件代号	试件尺寸 mm × mm	数量 个
可溶物含量	A	100 × 100	3	低温柔度	E	150 × 25	6
拉力和延伸率	B、B′	250 × 50	纵横向各 5	撕裂强度	F、F′	200 × 75	纵横向各 5
不透水性和抗硌破性	C	150 × 150	各 3	高温抗剪	G	300 × 400	3
低温抗裂和低温延伸率	B、B′	250 × 50	纵横向各 5	耐盐水	I	100 × 100	3
耐热度	D	100 × 50	3	耐　碱	H	100 × 100	3

6.3.1.3 人工气候加速老化性能试件按 GB/T 18244 的规定切取。共取两组,一组进行老化试验,一组作为对比试件,进行性能测定。

单位为毫米

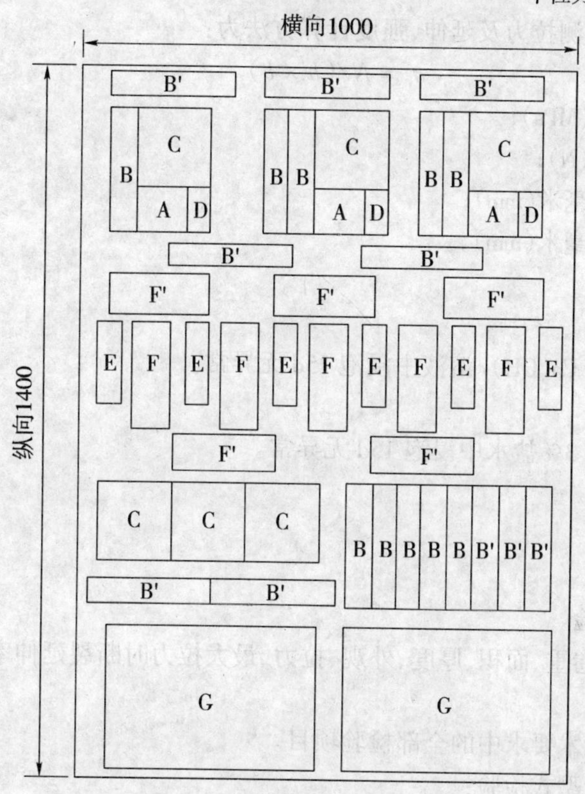

图1 试件切取图

6.3.2 可溶物含量

按照 GB/T1 8243—2000 中 5.3.2 的方法进行。

6.3.3 不透水性

不透水性试验按 GB/T 328.3 进行。

6.3.4 耐热度

耐热度试验按 GB/T 328.5 进行。

6.3.5 拉力及最大拉力时延伸率

按照 GB/T 18243—2000 中 5.3.3 的方法进行。

6.3.6 低温柔度

按照 GB/T 18243—2000 中 5.3.6 的方法进行。

6.3.7 撕裂强度

按照 GB/T 18243—2000 中 5.3.7 的方法进行。

6.3.8 人工气候加速老化

试验方法按 GB/T 18244 进行,采用氙弧灯法。试验时间 720h(累计辐射能量约为 1500MJ/m^2)。老化试验后,检查试件外观,并按 6.3.5 和 6.3.6 测定纵向拉力与低温柔度,计算纵向拉力保持率。

6.3.9 抗硌破

将试件置于 130℃烘箱内恒温 2h,然后按 GB/T 12952—1991 的 5.11 规定的要求进行穿孔实验。

6.3.10 渗水

将试件置于 500mm 的水柱下 16h,按 GB/T 328.3 检测渗水透过率。

6.3.11 高温抗剪

卷材试件分别粘贴在沥青混凝土和混凝土面上,在 60℃温度下,拉力机夹具角度 30°~45°并保持粘合面正应力 0.1MPa,压速 10mm/min,测剪切力。

6.3.12 低温抗裂

卷材试件在 - 20℃温度下测拉力及延伸,强度计算方法为:

$$\sigma = N/(h \times b)$$

式中:σ——强度,单位为兆帕(MPa);

N——拉力,单位为牛顿(N);

h——试件厚度,单位为毫米(mm);

b——试件宽度,单位为毫米(mm)。

6.3.13 耐腐蚀性

6.3.13.1 耐碱性

在 20℃,将卷材试件放在 $Ca(OH)_2$ 溶液中浸泡 15d 无异常。

6.3.13.2 耐盐雾性

在 20℃,将卷材试件放在 3%盐水中浸泡 15d 无异常。

7 检验规则

7.1 检验分类

分为出厂检验与型式检验。

7.1.1 出厂检验项目包括:卷重、面积、厚度、外观、拉力、最大拉力时断裂延伸率、不透水性、耐热度、低温柔度。

7.1.2 型式检验项目包括技术要求中的全部检验项目。

7.1.3 在下列情况下应进行型式检验:

a) 新产品投产或产品定型鉴定时;

b) 正常生产时,抗硌破和渗水试验每月进行一次,高温抗剪和低温抗裂每半年进行一次。人工气候加速老化时每两年进行一次,其他指标每年一次;

c) 原材料、工艺等发生较大变化,可能影响产品质量时;

d) 出厂检验结果与上次型式检验结果有较大差异时;

e) 产品停产六个月后恢复生产时;

f) 国家质量监督机构提出型式检验要求时。

7.2 组批

以同一类型、同一规格 10000m² 为一批,不足 10000m² 时亦可作为一批验收。

7.3 卷重、面积、厚度与外观检验

7.3.1 抽样

在每批产品中随机抽取五卷进行卷重、面积、厚度与外观质量检查。

7.3.2 判定

各项检查结果均符合 5.1 和 5.2 规定时,判定其卷重、面积、厚度与外观合格。若其中一项不符合规定,允许在该批产品中另取五卷样品,对不合格项进行复查,如全部达到标准规定时则判为合格;若仍不符合标准,则判该批产品不合格。

7.4 物理力学性能检验

7.4.1 抽样

从卷重、面积、厚度与外观合格的卷材中随机抽取一卷进行物理力学性能试验。

7.4.2 判定

以下测试项目符合表 2 的指标判定该批产品物理力学性能为合格:

——当可溶物含量、拉力、最大拉力时延伸率、撕裂强度各项试验结果的平均值;

——不透水性、耐热度每组三个试件;

——低温柔度六个试件至少有五个试件,型式检验和仲裁检验应使用A法;
——人工气候加速老化各项;
——抗硌破及渗水试验:三个试样渗水系数小于或等于规定值;
——高温抗剪:三个试样的平均值;
——低温抗裂:三个试样的平均值。

7.4.3 判定规则和复验

若有一项指标不符合标准规定,允许在该批产品中再随机抽取五卷并从中任取一卷对不合格项进行单项复验。达到标准规定时,则判该批产品合格。若有一项以上不合格,就判不合格。

卷重、面积、厚度、外观与物理力学性能均符合标准规定的全部技术要求,且包装和标志符合8.1和8.2的规定时,则判该批产品合格。

7.5 产品合格证

产品出厂时,生产厂需将该批产品出厂检验结果与合格证提供给用户。

8 标志、包装、贮存与运输

8.1 标志

产品应有明显的标志,标志的内容包括:

a) 生产厂名;
b) 商标;
c) 产品型号;
d) 生产日期或批号。

8.2 包装

卷材可用纸包装或塑胶带成卷包装。纸包装时应全柱面包装,柱面两端未包装长度总计不应超过100mm。

8.3 贮存与运输

8.3.1 贮存与运输时,不同类型、规格的产品应分别堆放,不应混杂。避免日晒雨淋,注意通风。贮存温度不应高于50℃,立放贮存,高度不超过两层。防止倾斜或横压,必要时加盖苫布。

8.3.2 在正常贮存与运输条件下,贮存期自生产日起为一年。

ICS 93.080.20
P66
备案号:

中华人民共和国交通行业标准

JT/T 537—2004

钢筋混凝土阻锈剂

Corrosion inhibitor for reinforcing steel in concrete

2004-08-17 发布　　2004-12-01 实施

中华人民共和国交通部　发布

钢筋混凝土阻锈剂

1 范围

本标准规定了钢筋混凝土阻锈剂的技术要求、试验方法、检验规则及标志、包装、运输和储存。

本标准适用于公路工程。水运、港口、铁路、水利等工程可参照执行。

2 规范性引用文件

下列文件中的条款,通过本标准的引用而成为本标准的条款。凡是注明日期的引用文件,其随后所有的修改单(不包括勘误的内容)或修订版均不适用于本标准。鼓励根据本标准达成协议的各方研究使用这些文件最新版本。凡是不注明日期的引用文件,其最新版本适用于本标准。

GB/T 8076—1997 混凝土外加剂

GB/T 8077 混凝土外加剂均质性试验方法

GB/T 14684 建筑用砂

GB/T 14685 建筑用卵石、碎石

GBJ 80 普通混凝土拌合物性能试验方法

GBJ 81 普通混凝土力学性能试验方法

JGJ 55 普通混凝土配合比设计技术规定

JGJ 63 混凝土拌合用水标准

3 术语和定义

下列术语和定义适用于本标准。

3.1

钢筋混凝土阻锈剂 corrosion inhibitor for reinforcing steel in concrete

能抑制或减轻混凝土中钢筋腐蚀的外加剂。

4 产品分类

4.1 按形态分类

水剂型和粉剂型。

4.2 按材料性质分类

无机阻锈剂和有机阻锈剂。

4.3 按阻锈作用机理分类

控制阳极阻锈剂、控制阴极阻锈剂、吸附型及渗透迁移阻锈剂。

5 技术要求

5.1 阻锈剂匀质性控制偏差应符合表1的要求。

表1 匀质性控制偏差

项 目	控制偏差
含固量或含水量	a)水剂型阻锈剂,应在生产控制值的相对量的3%内 b)粉剂型阻锈剂,应在生产控制值的相对量的5%之内

表 1(续)

项　目	控制偏差
密度	水剂型阻锈剂,应在生产控制值的 ±0.02g/cm^3 之内
氯离子含量	应在生产控制值相对含量的 5%之内
水泥净浆流动度	应不小于生产控制值的 95%
细度	0.315mm 筛筛余应小于 15%
pH 值	应在生产控制值 ±1 之内
表面张力	应在生产控制值 ±1.5 之内
还原糖	应在生产控制值 ±3%之内
总碱量($Na_2O+0.658K_2O$)	应在生产控制值的相对含量的 5%之内
硫酸钠	应在生产控制值的相对含量的 5%之内
泡沫性能	应在生产控制值的相对含量的 5%之内
砂浆减水率	应在生产控制值 ±1.5%之内

5.2　加入阻锈剂的钢筋混凝土各项技术性能见表 2。

表 2　加入阻锈剂的钢筋混凝土技术性能

<table>
<tr><th colspan="3">项　目</th><th>技术性能</th></tr>
<tr><td rowspan="2">钢筋</td><td colspan="2">耐盐水浸渍性能</td><td>无腐蚀</td></tr>
<tr><td colspan="2">耐锈蚀性能</td><td>无腐蚀</td></tr>
<tr><td rowspan="4">混凝土</td><td rowspan="2">凝结时间差</td><td>初凝</td><td rowspan="2">−60min ~ +120 min</td></tr>
<tr><td>终凝</td></tr>
<tr><td rowspan="2">抗压强度比</td><td>7d</td><td rowspan="2">>0.90</td></tr>
<tr><td>28d</td></tr>
<tr><td colspan="4">注 1:表中所列数据为掺阻锈剂混凝土与基准混凝土的差值或比值。
注 2:凝结时间指标,“−”号表示提前,“+”表示延缓。</td></tr>
</table>

6　试验方法

6.1　阻锈剂匀质性

阻锈剂匀质性试验按 GB/T 8077 进行。

6.2　钢筋的耐盐水浸渍性能

6.2.1　试样的制备

试验用钢筋按以下方法制备:

a)　将 I 级建筑钢筋加工制成直径 7mm,长度为 100mm,表面粗糙度 *Ra* 的最大允许值为 1.6μm 的试件;

b)　用汽油、乙醇、丙酮依次浸擦除去油脂,并在一端焊上长 130mm ~ 150mm 的导线,再用乙醇仔细擦去焊油;

c)　钢筋两端浸涂环氧树脂绝缘涂料,使钢筋中间暴露长度为 80mm,计算其表面积;经过处理后的钢筋放入干燥器内备用,每组试件三根。

6.2.2 试验仪器

6.2.2.1 玻璃烧杯:500ml。

6.2.2.2 天平:称量100g、感量超过0.1%精度。

6.2.2.3 钢筋锈蚀测量仪或恒电位/恒电流仪。

6.2.2.4 参比电极:饱和氯化钾甘汞电极。

6.2.3 试剂

6.2.3.1 水:为蒸馏水或同等纯度的水。

6.2.3.2 试剂:化学试剂除特别注明外,均为分析纯化学试剂。

6.2.3.3 盐溶液:将35g氯化钠,溶解成总量为1L的水溶液。

6.2.3.4 试验用盐水:将200ml水倒入玻璃烧杯,再加入6.2.3.3配制的盐溶液200ml,然后加入3g氢氧化钙搅拌,最后按产品推荐用量加入适量的阻锈剂,边搅拌边加水,至总量为500ml。

6.2.4 试验温度

试验环境温度均应保持在20℃±3℃。

6.2.5 试验步骤

6.2.5.1 在试验用盐水内,将钢筋和参比电极浸渍5cm,并使钢筋和参比电极的间距固定为2cm。在确认钢筋表面没有附着气泡的情况下,向溶液表面注入环氧树脂进行封闭。

6.2.5.2 从烧杯外侧用肉眼观察钢筋表面腐蚀情况,同时测试自然电极电位(mV)。观察及测试时间分别为1,3,6h和1,2,3,4,5,6,7d。

6.2.5.3 按6.2.3.4同时制备三份500ml的试验用盐水,并进行试验。

6.2.6 腐蚀的认定

具备下述情况,认为腐蚀发生:

a) 浸渍的钢筋任一部分产生黄色,或发红色、黑色等斑点和花纹;
b) 试验用盐水由于腐蚀着色或产生沉淀;
c) 自然电极电位—时间曲线显示出图A.3以外的图形。

6.3 钢筋耐锈蚀性能

采用钢筋锈蚀快速试验方法,按附录A的规定进行,用钢筋在硬化砂浆中阳极极化电位曲线来表示。

6.4 混凝土的凝结时间和抗压强度试验

6.4.1 混凝土使用材料

6.4.1.1 基准水泥:符合GB/T 8076—1997附录A的规定。

6.4.1.2 砂:符合GB/T 14684要求的细度模数为2.6~2.9的中砂。

6.4.1.3 石子:符合GB/T 14685,采用二级配,其中粒径为5mm~20mm(圆孔筛)占40%,粒径为10mm~20mm(圆孔筛)占60%。

6.4.1.4 水:符合JGJ 63的要求。

6.4.2 混凝土的配合比

基准混凝土配合比按JGJ 55进行设计。

掺阻锈剂的混凝土与基准混凝土的水泥、砂、石的比例一样,按产品推荐用量加入适量的阻锈剂。

6.4.3 混凝土的制备

采用60L自落式混凝土搅拌机,全部材料及阻锈剂一次投入,拌和量应不少于15L,不大于45L,搅拌3min,出料后在铁板上用人工翻拌2次~3次再进行试验。

6.4.4 试件制作及数量

6.4.4.1 试件制作:混凝土试件制作及养护按GB J80进行,但混凝土预养温度应为20℃±3℃。

6.4.4.2　试验项目及所需数量详见表 3。

表 3　试验项目及所需数量

试验项目	试验类别	试验所需数量			
		混凝土拌合批数	每批取样数目	掺阻锈剂混凝土总取样数目	基准混凝土总取样数目
凝结时间	混凝土拌合物	3	1 个	3 个	3 个
抗压强度比	硬化混凝土	3	9 块或 12 块	27 块或 36 块	27 块或 36 块
注 1:试验时,检验一种阻锈剂的三批混凝土要在同一天内完成。 注 2:试验龄期参考表 2 试验项目栏。					

6.4.4.3　试验环境温度应保持在 20℃ ± 3℃。

6.4.5　凝结时间差测定

6.4.5.1　凝结时间从水泥与水接触时开始计算。

6.4.5.2　凝结时间采用贯入阻力仪测定,仪器精度为 5N,凝结时间测定方法如下:

将混凝土拌合物用 5mm(圆孔筛)振动筛筛出砂浆,拌匀后装入上口内径为 160mm,下口内径为 150mm,净高 150mm 的刚性不渗水的金属圆筒,试样表面应低于筒口约 10mm。用振动台振实(约 3s ~ 5s),容器加盖,置于 20℃ ± 3℃的环境中。一般基准混凝土在成型后 3h ~ 4h,掺阻锈剂的混凝土在成型后 1h ~ 2h 以后,每 0.5h 或 1h 测定一次,但在临近初、终凝时,可以缩短测定间隔时间。每次测点应避开前一次测孔,其净距为试针直径的两倍,但至少不小于 15mm,试针与容器边缘的距离不小于 25mm。测定初凝时间用截面积为 100mm² 的试针,测定终凝时间用 20mm² 的试针。贯入阻力按式(1)计算:

$$R = \frac{P}{A} \quad \cdots\cdots (1)$$

式中:R——贯入阻力值,单位为兆帕(MPa);

P——贯入深度达 25mm 时所需的净压力,单位为牛(N);

A——贯入仪试针的截面积,单位为平方毫米(mm²)。

根据计算结果,以贯入阻力值为纵坐标,测试时间为横坐标,绘制贯入阻力值与时间关系曲线,求出贯入阻力值达 3.5MPa 时对应的时间作为初凝时间,贯入阻力值达 28MPa 时对应的时间作为终凝时间。

凝结时间差按式(2)计算:

$$\Delta T = T_t - T_e \quad \cdots\cdots (2)$$

式中:ΔT——凝结时间差,单位为分(min);

T_t——掺阻锈剂混凝土的初凝或终凝时间,单位为分(min);

T_e——基准混凝土的初凝或终凝时间,单位为分(min)。

试验时,每批混凝土拌合物取一个试样,凝结时间取三个试样的平均值。若三批试验的最大值或最小值之中有一个与中间值之差超过 30min 时,则把最大值与最小值一并舍去,取中间值作为该组试验的凝结时间。若两测值与中间值之差均超过 30min 时,该组试验结果无效,则应重做。

6.4.6　硬化混凝土抗压强度比测定

掺阻锈剂的混凝土与基准混凝土的抗压强度按 GBJ81 进行试验和计算。抗压强度比以掺阻锈剂混凝土与基准混凝土同龄期抗压强度之比表示,按式(3)计算:

$$R_s = \frac{S_t}{S_e} \times 100\% \quad \cdots\cdots (3)$$

式中:R_s——抗压强度比,%;

S_t——掺阻锈剂混凝土的抗压强度,单位为兆帕(MPa);

S_e——基准混凝土的抗压强度,单位为兆帕(MPa)。

试验结果以三批试验测值的平均值表示,若三批试验中有一批的最大值或最小值与中间值的差值超过中间值的15%,则把最大及最小值一并舍去,取中间值作为该批的试验结果,如有两批测值与中间值的差均超过中间值的15%,则试验结果无效,应该重做。

7 检验规则

7.1 出厂检验

出厂检验项目包括表2中性能。

7.2 型式检验

7.2.1 有下列情况之一者,应进行型式检验:

a) 新产品或老产品转厂生产的试制定型鉴定;

b) 正式生产后,如材料、工艺有较大改变,可能影响产品性能时;

c) 正常生产时,一年至少进行一次检验;

d) 产品长期停产后,恢复生产时;

e) 出厂检验结果与上次型式检验有较大差异时;

f) 国家质量监督机构提出进行型式试验要求时。

7.2.2 型式检验项目包括表1中匀质性及表2中性能指标。

7.3 抽样

7.3.1 编号及取样

7.3.1.1 生产厂应根据产量和生产设备条件,将产品分批编号,掺量大于1%(含1%)同品种的阻锈剂每一编号为100t,掺量小于1%的阻锈剂每一编号为50t,不足100t或50t的也按一个批量计,同一编号的产品应混合均匀。

7.3.1.2 试样分点样和混合样。点样是在一次生产的产品所得试样,混合样是三个或更多的点样等量均匀混合而取得的试样。

7.3.1.3 每一编号取样量不少于0.2 t水泥所需用的阻锈剂量。

7.3.2 试样及留样

每一编号取得的试样应充分混匀,分为两等份,一份按表1中规定项目进行试验。另一份要密封保存半年,以备有疑问时提交国家指定的检验机关进行复验或仲裁。

7.4 判定规则

7.4.1 产品各项性能指标均符合表2判定为合格品;若有一项指标不符合要求,则判为不合格品,不合格品不得出厂。

7.4.2 凡有下列情况之一者,不得出厂:不合格品、技术文件不全(产品说明书、合格证、检验报告)、包装不符、质量不足、产品受潮变质,以及超过有效期限。

8 标志、包装、运输与贮存

8.1 标志

所有包装的容器上均应在明显位置注明以下内容:产品名称、型号、净质量或体积(包括含量或浓度)、生产厂名。生产日期及出厂编号应于产品合格证上予以说明。

8.2 包装

8.2.1 粉剂型阻锈剂应采用有塑料衬里的防潮纺织袋包装,每袋重20kg或50kg。水剂型阻锈剂应采用塑料桶、金属桶包装或槽车运输。

8.2.2 企业应随货提供说明书,其内容应包括:产品名称及型号、出厂日期、主要特性及成分、适用范围及推荐掺量、贮存条件及有效期、使用方法及注意事项。

8.3 运输与贮存

产品在运输与贮存时不得受潮和混入杂物，严禁烟火，远离火源。不同种类的产品应分别堆放，不得混杂。产品贮存期为六个月，过期应重新进行物理性能检验。

附 录 A

（规范性附录）

钢筋锈蚀快速试验方法(硬化砂浆法)

A.1 仪器设备

仪器设备主要包括:

a) 恒电位仪:专用的符合本标准要求的钢筋锈蚀测量仪或恒电位/恒电流仪,或恒电流仪位仪(输出电流范围不小于 0~2 000μA,可连续变化 0~2 V,精度不大于 1%);

b) 不锈钢片电极;

c) 甘汞电极(232 型或 222 型);

d) 定时钟;

e) 电线:铜芯塑料线(型号 RVI×16/0.15mm);

f) 绝缘涂料(环氧树脂);

g) 搅拌锅、搅拌铲

h) 试模:长 95mm,宽和高均为 30mm 的棱柱体,模板两端中心带有固定钢筋的凹孔,其直径为 7.5mm,深 2 mm~3mm,半通孔。试模用 8mm 厚,硬聚氯乙烯塑料板制成。

A.2 试验步骤

A.2.1 制备埋有钢筋的砂浆电极

A.2.1.1 制备钢筋

采用Ⅰ级建筑钢筋经加工成直径 7mm,长度 100mm,表面粗糙度 Ra 的最大允许值为 1.6 μm 的试件,使用汽油、乙醇、丙酮依次浸擦除去油脂,经检查无锈痕后放入干燥器中备用,每组三根。

A.2.1.2 成型砂浆电极

将钢筋插入试模两端的预留凹孔中,位于正中。按水灰比为 0.5,灰砂比为 1:3 拌制砂浆,采用基准水泥、检验水泥强度用的标准砂、含 0.5% 氯化钠的蒸馏水(用水量按砂浆稠度 5cm~7cm 时的加水量而定),外加剂采用推荐掺量。将称好的材料放入搅拌锅内干拌 1 min,湿拌 3min。将拌匀的砂浆灌入预先按放好钢筋的试模内,置检验水泥强度用的振动台上振 5 s~10s,然后抹平。

A.2.1.3 砂浆电极的养护及处理

试件成型后盖上玻璃板,移入标准养护室养护,24h 后脱模,用水泥净浆将外露的钢筋两头覆盖,继续标准养护 2d。取出试件,除去端部的封闭净浆,仔细擦净外露钢筋头的锈斑。在钢筋的一端焊上长 130mm~150mm 的导线,用乙醇擦去焊油,并在试件两端浸涂环氧树脂绝缘,使试件中间暴露长度为 80mm,如图 A.1 所示。

图 A.1 钢筋砂浆电极

1-导线;2、5-环氧树脂;3-砂浆;4-钢筋

A.2.2 测试

A.2.2.1 将处理好的硬化砂浆电极置于饱和氢氧化钙溶液中,浸泡数小时,直至浸透试件,其表征为监测硬化砂浆电极在饱和氢氧化钙溶液中的自然电位至电位稳定且接近新拌砂浆中的自然电位,由于存在欧姆电压降可能会使两者之间有一个电位差。试验时应注意不同类型或不同掺量外加剂的试件不得放置在同一容器内浸泡,以防互相干扰。试验环境温度均应保持在 20℃±3℃。

A.2.2.2 把一个浸泡后的砂浆电极移入盛有饱和氢氧化钙溶液的玻璃缸内,使电极浸入溶液的深度为 8cm,以它作为阳极,以不锈钢片作为阴极(即辅助电极),以甘汞电极作参比。按图 A.2 要求接好试验线路。

A.2.2.3　未通外加电流前,先读出阳极(埋有钢筋的砂浆电极)的自然电位 mV。

A.2.2.4　接通外加电流,并按电流密度 $50\times10^{-2}A/m^2$(即 $50\mu A/cm^2$)调整 μA 表至需要值。同时,开始计算时间,依次按 2,4,6,8,10,15,20,25,30min,分别记录埋有钢筋的砂浆电极阳极极化电位值。

A.3　试验结果处理

A.3.1　取一组三个埋有钢筋的硬化砂浆电极极化电位的测量结果的平均值作为测定值,以阳极极化电位为纵坐标,时间为横坐标,绘制阳极极化电位—时间曲线。

A.3.2　根据电位—时间曲线判断砂浆中的水泥、外加剂等对钢筋锈蚀的影响:

a)　电极通电后,阳极钢筋电位迅速向正方向上升,并在 1min ~ 5min 内达到析氧电位值,经 60min 测试,电位值无明显降低,如图 A.3 中的曲线①,则属钝化曲线,表明阳极钢筋表面钝化膜完好无损,所测外加剂对钢筋是无害的;

b)　通电后,阳极钢筋电位先向正方向上升,随着又逐渐下降,如图 A.3 中的曲线②,说明钢筋表面钝化膜已部分受损;而图 A.3 中的曲线③活化曲线,说明钢筋表面钝化膜破坏严重,这两种情况均表明钢筋钝化膜已遭破坏,所测外加剂对钢筋是有锈蚀危害的。

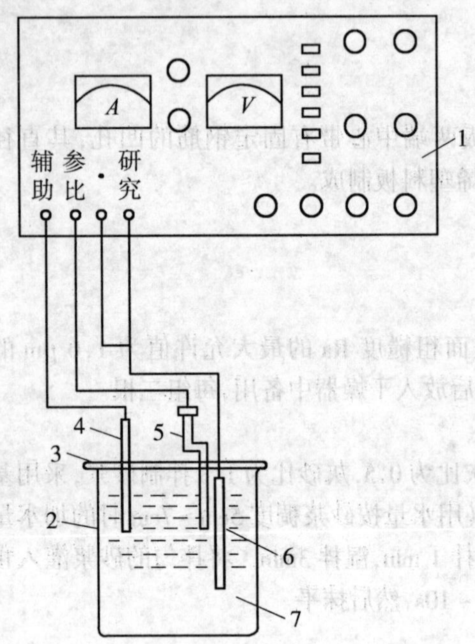

图 A.2　硬化砂浆极化电位测试装置图

1-钢筋锈蚀测量仪或恒电位/恒电流仪;2-烧杯 1 000mL;3-有机玻璃盖;4-不锈钢片(阴极);5-甘汞电极;6-硬化砂浆电极(阳极);7-饱和氢氧化钙溶液

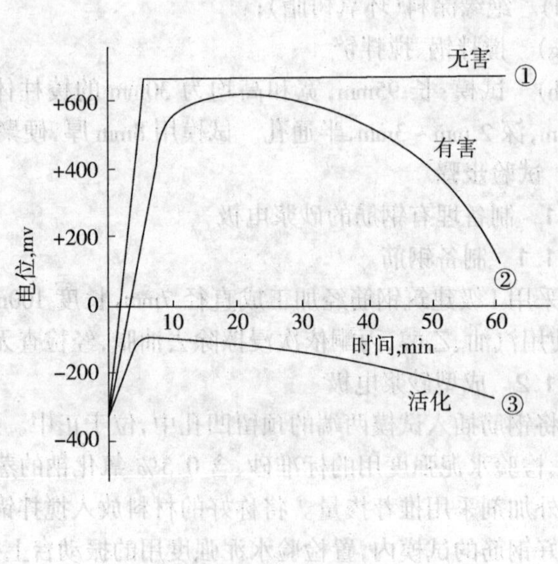

图 A.3　恒电流、电位—时间曲线分析图

ICS 93.080.20
P66
备案号:

中华人民共和国交通行业标准

JT/T 589—2004

水泥混凝土路面嵌缝密封材料

Joint sealing material of cement concrete pavement

2004-08-17 发布　　2004-12-01 实施

中华人民共和国交通部　发布

ICS 93.080.20
P66
备案号

中华人民共和国交通行业标准

JT/T 589—2004

水泥混凝土路面嵌缝密封材料

Joint sealing material of cement concrete pavement

2004-08-17发布　　2004-12-01实施

中华人民共和国交通部　发布

水泥混凝土路面嵌缝密封材料

1 范围

本标准规定了公路水泥混凝土路面嵌缝密封所用嵌缝板和预制密封嵌缝条、密封填缝料的产品分类、技术要求、试验方法、检验规则及标志、包装、运输和储存。

本标准适用于公路水泥混凝土路面所用的嵌缝密封材料。

2 规范性引用文件

下列文件中的条款通过本标准的引用而成为本标准的条款。凡是注明日期的引用文件,其随后所有的修改单(不包括勘误的内容)或修订版均不适用于本标准,然而,鼓励根据本标准达成协议的各方研究是否使用这些文件的最新版本。凡是不注日期的引用文件,其最新版本适用于本标准。

GB/T 13477 建筑密封材料试验方法
GB/T 16777—1997 建筑防水涂料试验方法
HG/T 3098 混凝土道路伸缩缝用预成型硫化橡胶压缩密封件材料规范
JC 408—1991 水性沥青基防水涂料
JC 483 聚硫建筑密封膏
JC/T 881 混凝土建筑接缝用密封剂
JTJ 052—T0604 针入度法

3 术语和定义

下列术语和定义适用于本标准。

3.1

嵌缝材料 joint sealing material

水泥混凝土路面面板缝所用的嵌缝板、预制嵌缝条和密封填缝料。

3.2

聚氨酯密封膏 polyurethane sealant

以聚氨基甲酸酯为主要成分的非定形密封材料。

3.3

聚硫密封膏 polysulphide sealant

以液态聚硫橡胶为主要成分的非定形密封材料。

3.4

硅酮密封膏 silicone sealant

以聚硅氧烷为主要成分的非定形密封材料。

3.5

鱼刺形密封条 herringbone sealing strip

以预制型硫化橡胶制成的,具有鱼刺形断面的条状弹性密封材料。

4 产品分类

4.1 嵌缝密封材料按使用性能分为嵌缝板和密封料

4.2 密封料分类:

——按形态分为:预制嵌缝密封条和填缝密封料;

——按用途分为:胀缝密封料和缩缝密封料;

——按施工温度条件分为:加热施工式密封料和常温施工式密封料。

5 技术要求

5.1 嵌缝板

5.1.1 嵌缝板的材质品种主要有塑胶、橡胶泡沫板、泡沫树脂板、沥青纤维板和杉木板等。其性能指标应符合表1的规定。

表1 嵌缝板的性能指标

测试项目	嵌缝板材质种类			要 求
	塑胶、橡胶泡沫类	纤维类	木材类	
压缩应力,MPa	0.2~0.6	2.0~10.0	5.0~20.0	吸水后不应小于不吸水的90%
弹性复原率,%	≥90	≥65	≥55	
挤出量,mm	<5.0	<4.0	<5.5	
弯曲荷载,N	5~50	5~40	100~400	

5.1.2 木板应挖除板上的树节及结疤,并用原质木材修补。杉木板不宜在高等级公路中使用。

5.1.3 各类嵌缝板吸水后的压缩应力不应小于不吸水的90%,沥青浸泡后木板厚度应为20mm~25mm,偏差为±1mm。

5.1.4 嵌缝板厚度误差范围为±5%,长度和宽度误差范围为±2%。

5.2 常温施工式密封料

5.2.1 常温施工式密封料的主要品种:

a) 预制嵌缝密封条

1) 鱼刺形缩缝密封条:用以水泥混凝土路面缩缝的预制型硫化橡胶制品;

2) 空胀缝密封条:用以水泥混凝土路面胀缝的预制型硫化橡胶制品。

b) 填缝密封料

1) 通用类:包括聚(氨)脂类、聚硫类、氯丁橡胶类和乳化沥青橡胶类等;

2) 硅酮类:硅酮类比较通用类具有优越的耐久性和抗位移能力。

5.2.2 常温施工式密封料的性能指标见表2、表3和表4。

表2 预制嵌缝密封条性能指标

测 试 项 目	A类	B类
公称硬度,IFCD	70	80
公称硬度公差	±5	
最小拉伸强度,MPa	12	
最小扯断伸长率,%	200	—
最大压缩永久变形,%(100℃,22h后)	40	45

表 2(续)

<table>
<tr><td colspan="2">测 试 项 目</td><td>A 类</td><td>B 类</td></tr>
<tr><td rowspan="3">耐老化性能:(100℃,72h热老化后)</td><td>硬度变化,IFCD</td><td>0 ~ +12</td><td>—</td></tr>
<tr><td>最大拉伸强度变化,%</td><td>-20</td><td>-25</td></tr>
<tr><td>最大扯断伸长率变化,%</td><td>-25</td><td>—</td></tr>
<tr><td colspan="2">耐臭氧性能:(40℃,96h 后,伸长 20%)
一般条件:臭氧浓度(50ppm)
苛刻条件:臭氧浓度(100ppm)</td><td>不龟裂</td><td>—</td></tr>
<tr><td colspan="2">(-10℃,7d 后),硬度(IFCD)增加</td><td>10</td><td>—</td></tr>
<tr><td colspan="2">(≤-40℃, 7d 后),试件</td><td>—</td><td>不脆性断裂</td></tr>
<tr><td colspan="2">耐水性:标准室温,7h 后的体积变化(%)</td><td>0 ~ 5</td><td>—</td></tr>
<tr><td rowspan="3">成品填缝件压缩 50%后,最小恢复率,%:</td><td>-10℃,72h 后</td><td>88</td><td>—</td></tr>
<tr><td>-25℃,22h 后</td><td>83</td><td>—</td></tr>
<tr><td>100℃,72h 后</td><td>85</td><td>—</td></tr>
<tr><td colspan="4">注:A 类用于高速公路水泥混凝土路面接缝密封,B 类用于其他等级公路水泥混凝土路面接缝密封。</td></tr>
</table>

表 3　通用类常温施工式密封料的性能指标

测 试 项 目	低 弹 性 型	高 弹 性 型
固含量,%	≥15	≥15
表干时间,h	≤3	≤3
实干时间,h	≤24	≤24
失粘(固化)时间,h	6 ~ 24	3 ~ 16
流动度,mm	0	0
弹性(复原)率,%	≥75	≥90
(-10℃)拉伸量,mm	≥15	≥25
与混凝土粘结强度,MPa	≥0.2	≥0.4
粘结延伸率,%	≥200	≥400
注:低弹性型适宜在气候严寒和寒冷地区使用;高弹性型适宜在气候炎热和温暖地区使用。		

表 4　硅酮类常温施工式密封料的性能指标

测试项目	非自流平型	自流平型
表干时间,min	≤45	≤90
质量损失率,%	≤6	≤5

表 4(续)

测试项目		非自流平型	自流平型
失粘(固化)时间,h		≤3	≤8
流动度,mm		0	0
弹性(复原)率,%		≥80%	≥80%
拉伸模量(+100%)	温度条件:20℃	≤0.3	≤0.1
	温度条件:-20℃	≤ 0.3	≤ 0.1
(-10℃)拉伸量,mm		≥65	≥100
延伸性,%		≥500	≥600
与混凝土粘结面积		粘结丧失面积不大于 20%,胶体内聚有局部破坏	
拉伸强度,MPa	无处理	≤ 0.4	≤ 0.15
	热老化(80℃,168h)	≤ 0.8	≤ 0.2
	紫外线(300W,168h,41℃)	≤ 0.8	≤ 0.2
	浸水(4d)	≤ 0.4	≤ 0.15
伸长率,%	无处理	≥ 400	≥ 800
	热老化(80℃,168h)	≥ 300	≥ 700
	紫外线(300W,168h,41℃)	≥ 300	≥ 700
	浸水(4d)	≥ 400	≥ 600

5.3 加热施工式密封料

加热施工式密封料的品种主要有沥青橡胶类和沥青玛蹄脂等,其性能指标应符合表 5 的规定。

表 5 加热施工式密封料的性能指标

试 验 项 目	低 弹 性 型	高 弹 性 型
针入度,0.1mm	< 50	< 90
弹性(复原)率,%	≥ 30	≥ 60
流动度,mm	< 5	< 2
拉伸量(-10℃),mm	≥10	≥15
注:低弹性型适宜在气候严寒和寒冷地区使用;高弹性型适宜在气候炎热和温暖地区使用		

6 试验方法

6.1 嵌缝板的试验方法

按附录 A 试验方法进行。

6.2 嵌缝密封条的试验方法

按 HG/T 3098 规定的试验方法进行。

6.3 硅酮类常温施工式密封料试验方法

按 JC/T 881 和 GB/T 13477 规定的试验方法进行。以后一种测试方法为仲裁方法。

6.4 通用类常温施工式密封料试验方法

6.4.1 固体含量

按 JC 408—1991 中 6.4 的方法进行。

6.4.2 干燥性试验

按 GB/T 16777—1997 中 12.2.1.1 的规定制备试件。表干时间按 GB/T 16777—1997 中 12.2.1.3B 测定,表干时间应不大于 3h。实干时间按 GB/T 16777—1997 中 12.2.1.2B 测定,实干时间应不大于 24h。

6.4.3 失粘时间及流动度试验

测定填缝料的凝固时间,特别是对于双组分聚氨脂类密封料的固化时间和固化过程;流动度试验的目的是测定密封料在高温时发生流淌的程度。

6.4.3.1 试验步骤

将三个模框并排放在镀锡板中间,模框内预先涂一层脱模剂。将准备好的填缝料灌入模框内,用小刀刮平,盖上聚乙烯薄膜,并压一块压重板,水平地放在 20℃ ± 3℃养护室或恒温箱内。养护 3h 后,取下压板,将聚乙烯薄膜慢慢卷揭,若试样仍与聚乙烯薄膜粘结,则重放压板,继续养护,每间隔 1h 拿出卷揭一次,至完全不粘薄膜为止。总养护时间即为失粘时间(h)。

样品测定值的计算及异常数据取舍原则:样品测定值的计算以三个试件测值的算术平均值作为样品的测定值。如任一个测值与中值的差超过中值的 15%时,则该组试验结果无效。

失粘时间试验完成以后,将试件放在 20℃ ± 3℃恒温箱内继续养护 24h,拆下模框,将试件连同镀锡板放在三角架上,置于浅盘中,移入 60℃ ± 1℃的恒温箱内 3h 取出试件,测量各试件的长度(精确至 0.1mm),减去原来的长度,其差值即为流动度(见图 1)。

单位为毫米

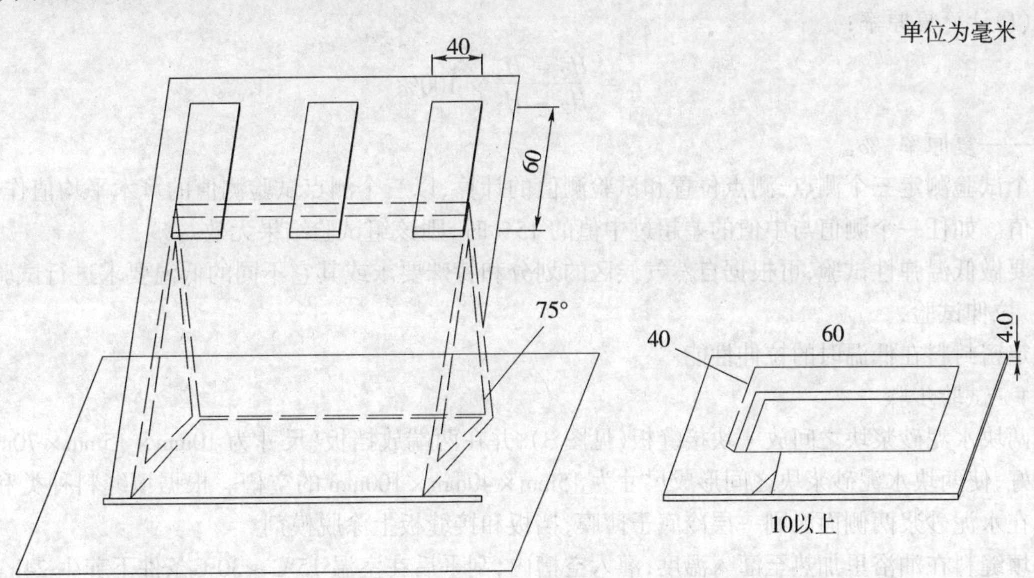

图 1 流动度试验

6.4.3.2 试验结果

样品测定值的计算以三个试件测值的算术平均值作为样品的测定值。如任一个测值与中值的差超过中值的 15%时,则该组试验结果无效。

6.4.4 弹性试验

6.4.4.1 试件要求

试件养护温度为20℃±3℃,养护时间为从失粘时间起再养护48h后进行试验。

常温试件20℃±3℃的贯入量为5mm,低温试件-10℃±3℃的贯入量为3mm。

老化试件养护温度为70℃±3℃,试验温度20℃±3℃,贯入量为5mm。

6.4.4.2 试验步骤

按针入度试验的试验步骤制备试样和调整针入度仪,从10L水浴容器中取出三个试样。

一个试样放在水温25℃±1℃容积为0·5的水浴容器中做常温的弹性试验;另一个试样放在-10℃±1℃低温冰箱里恒温4h后,取出放在0·5L平底玻璃水浴容器里(水浴容器里装酒精、干冰溶液以保持-10℃±1℃)做低温弹性试验;第三个试样放在90℃±5℃恒温做老化试验,再取出放在25℃±5℃的水浴容器里,做老化后的弹性试验(见图2)。

在钢球上涂上一层甘油或滑石粉,按顺序将试样连同平底玻璃水浴器或干冰酒精溶液容器,放在有刻度仪的平台上,慢慢放下球针连杆,使球针刚好与试样表面接触,用掀钮固定连杆,拉下齿杆与连杆顶端接触,调节刻度盘指针至零。用手紧压掀钮,同时启动秒表,使球针自落下,球针贯入时间为5s时,停压掀钮,使球针连杆固定,拉下齿杆与连杆端接触,读刻度盘指针读数,贯入量为H_1,mm。然后用手压连杆,使球针在10s内匀速压入填缝料中,10mm(低温5mm),拉下齿杆,此时贯入量为$H_2(=H_1+10$或$5)$ mm。固定球针5s,将齿杆上推,再按压掀扭,并提起球针使试样表面自由复原20s后,按压掀扭,使球针与复原后的试样表面接触,拉下齿杆,读刻度盘指针读数H_3,mm。

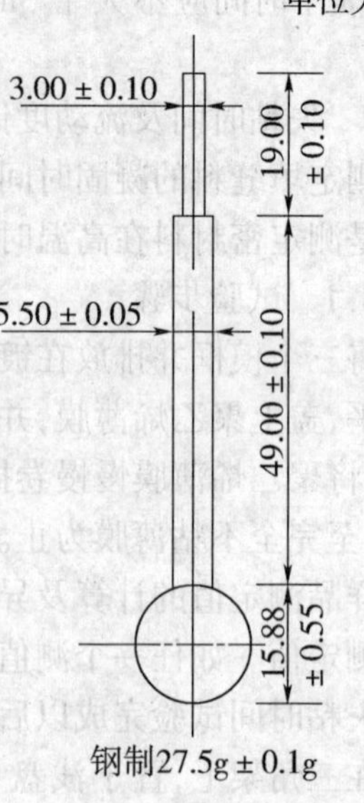

图2 球针

6.4.4.3 试验结果

按(1)计算复原率:

$$r=\frac{H_2-H_3}{H_2-H_1}\times 100\% \tag{1}$$

式中:r——复原率,%。

每个试验测定三个测点,测点位置和试验测值的计算,以三个测点试验测值的算术平均值作为样品的测定值。如任一个测值与中值的差超过中值的15%时,则该组试验结果无效。

若要做低温弹性试验,可根据自然气候区的划分和特殊要求或其它不同的低温要求进行试验。

6.4.5 拉伸试验.

测定密封料在低温时的拉伸性能。

6.4.5.1 试验步骤

在两块水泥砂浆块之间放一块接缝板(见图3),并在两端放挡板(尺寸为10mm×15mm×70mm),用卡具夹好,使两块水泥砂浆块之间形成尺寸为15mm×40mm×100mm的空槽。根据填缝料种类和性质,必要时在水泥砂浆两侧面涂刷一层冷底子薄膜,挡板和接缝板上涂脱模剂。

将填缝料在油浴里加热至灌入温度,灌入空槽内,刮平后在室温15℃~30℃条件下养生24h。

拆除挡板和接缝板,将试件安装在拉伸机上,放入-10℃±1℃低温室或冰箱里,冷冻14h(根据自然气候区可选择-20℃或~30℃冷冻)。调整拉伸机、卡子和试件间距,使其互相接触,将百分表调至零点。开动拉伸机同时启动秒表,以0.05mm/min的速度均匀拉伸,观察拉伸情况(若在冰箱里拉伸,可通过隔温玻璃观察)。填缝料若从砂浆块表面脱落或本身出现裂纹即停止拉伸,记录拉伸长度,精度至0.1mm。

6.4.5.2 试验结果

样品测定值的计算以三个试件测值的算术平均值作为样品的测定值。如任一个测值与中值的差超过中值的 15%时，则该组试验结果无效。

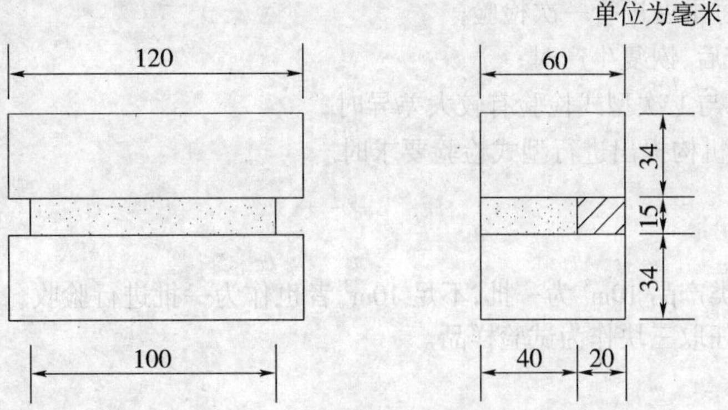

图 3　接缝板拉伸试块

6.4.6　粘结强度试验

按 JC 408—1991 第 6 章试验。

6.5　加热施工式密封料试验方法

6.5.1　流动度试验

测定密封料的高温时产生流动的程度。

6.5.1.1　试验步骤

在镀锡板上并排放上三个模框，模内涂一层脱模剂。将制备好的填缝料加热至灌入温度，分别注入三个模内，用刀子刮平，在室温中冷却 24h 后，拆下模框，制成三个 60mm × 40mm × 4mm 试件。

将镀锡板连同试件放在三角架上，置入 60℃ ± 1℃的恒温箱内保持 5h，取出试件，量测各试件的长度(精确至 0.1mm)，减去原来的长度，其差值即为流动度(见图 1)。

6.5.1.2　试验结果

样品测定值的计算以三个试件测值的算术平均值作为样品的测定值。如任一个测值与中值的差超过中值的 15%时，则该组试验结果无效。

6.5.2　针入度试验

按 JTJ 052—T0604 试验。采用沥青针入度仪，将原仪器的标准针取下换成特制的圆锥针(见图 4)，圆锥针用黄铜或不锈钢制成，锥针加连杆总重量为 150g ± 0.1g，锥角 30° ± 1°。

以三个针入深度的算术平均值作为试样的测值，当其中一个深度值与中间值之差超过中值的 20%时，试验应重做。

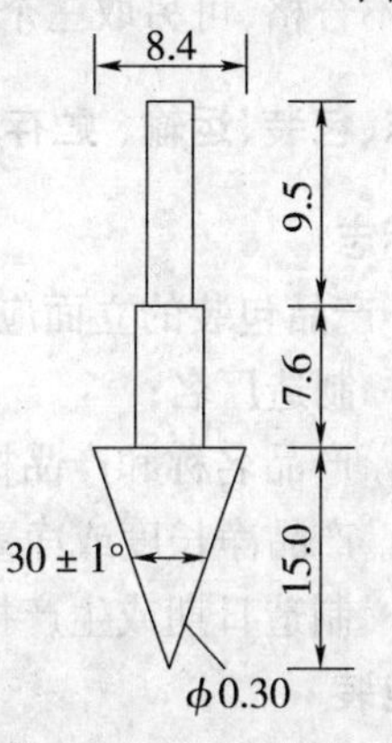

图 4　圆锥针

6.5.3　弹性试验

加热施工式密封料的弹性试验方法同 6.4.4。

6.5.4　拉伸试验

加热施工式密封料的拉伸试验方法同 6.4.5。

7　检验规则

7.1　检验分类

产品检验分出厂检验和型式检验。

7.1.1　出厂检验项目：嵌缝密封条的胶料性能(每 20 000m 进行一次)；

填缝密封料的固体含量、失粘(固化)时间和流动度。

7.1.2　型式检验项目包括本标准规定的全部技术要求。

7.1.3　有下列情况之一时，应进行型式检验：

a)　新产品或老产品转厂生产的试制定型鉴定；

b) 正式生产后,如原料、配比、工艺有较大改变;

c) 正式生产时,每季度进行一次检验;

d) 产品长期停产后,恢复生产时;

e) 出厂检验结果与上次型式检验有较大差异时;

f) 国家质量监督机构提出进行型式检验要求时。

7.2 抽样与组批规则

7.2.1 嵌缝板

7.2.1.1 嵌缝板以同类产品 $10m^3$ 为一批,不足 $10m^3$ 者也作为一批进行验收。

7.2.1.2 每批嵌缝板任取三块作为试验样品。

7.2.2 密封材料

7.2.2.1 密封料以同品种同标号的产品 20t 为一批(双组分密封料按配制成品数量计),不足 20t 者也作为一批进行验收。

7.2.2.2 每批密封料中任选三桶,在桶内拌和均匀后取样。每桶取样不少于 1kg(按配成成品计)。型式检验不少于 2.5kg。

7.3 判定规则

7.3.1 嵌缝板

嵌缝板应先测定三个样品的弹性复原率,若两个样品不合格,则该批嵌缝板为不合格;若只有一个样品不合格,允许再另取三个样品复检,复检结果仍有样品不合格,则该嵌缝板为不合格品。

如弹性复原率合格,则将三个样品制备试件,混合测定其全部性能。全部性能合格者为合格品;如有任何一项不合格,可另取三个样品分别进行单项复测,如仍不合格,则该批嵌缝板为不合格品。

7.3.2 密封料

7.3.2.1 预制嵌缝密封条

先测一组胶料(五个试片)的性能(表 2 和表 3),若检测结果有一项达不到要求,则再测三组胶料性能,如果仍有任一项达不到要求,则该批胶料的嵌缝密封条制品为不合格品。

外观及尺寸检测,从每批次产品中随机抽取五条自然产品进行检测。其中若一条达不到要求,则再从该批次产品中随机抽取十条检测;如果仍有一条达不到要求,则视该批次产品为不合格品。

7.3.2.2 填缝密封料

先测定三个样品的流动度,若两个样品不合格,则该批密封料为不合格品;若有一个样品不合格,允许再另取三个样品复检,复检结果仍有样品不合格,则该批密封料为不合格品。

如果流动度合格则将三个样品混合制备试件,测定其全部性能。全部性能合格者为合格品;如有任何一项不合格,可另取三个样品分别进行单项复测,如仍有不合格,则该批密封料为不合格品。

8 标志、包装、运输、贮存

8.1 标志

8.1.1 产品包装的立面应涂刷牢固明显的标志,内容包括:

a) 制造厂名;

b) 产品名称和产品标记;

c) 产品净长度或净重;

d) 制造日期或生产批号。

8.2 包装

8.2.1 包装好的产品应附有产品合格证和产品使用说明书。

8.2.2 嵌缝板:应用塑料编织布或其他不易破裂的薄膜包裹,捆扎包装,在捆扎角处需衬垫硬质材料。包装应符合运输要求,便于搬运与装卸。

8.2.3 密封料:应用塑料袋、铁桶或塑料管包装,并贴上注册商标注明产品名称、规格、批号、生产日期、生产厂名、有效期限、净质量、毛质量、检验员印章及标准编号。

8.3 运输

8.3.1 嵌缝板:在运输和贮存保管时,严禁接近烟火,避免受热;不可重压猛摔和与锋利物品碰撞;应水平放置,以防变形;不能接触使其溶解、破坏的化学物品。

8.3.2 密封料:保管和运输时应离开热、火源,周围温度不应超过50℃,避免雨淋和日晒。

8.4 贮存

8.4.1 嵌缝板:贮存时应放在干燥通风的棚内,不宜露天雨淋和曝晒。

8.4.2 密封料:密封料应贮存在干燥阴凉的棚内,贮存期不应超过有效期限。

附 录 A
(规范性附录)
嵌缝板的试验测定方法

A.1 吸水试验

A.1.1 试验目的

用以测定嵌缝板的吸水率,分析吸水对嵌缝板弹性复原率等的影响。

A.1.2 试验方法

将任选的嵌缝板加工成100mm×100mm×20mm(精确至±0.5mm)试件三块。将试件放入电热干燥烘箱中,保持60℃恒温24h后,称量其质量 g_1;再浸水24h后,取出擦去表面浮水称其质量 g_2。

A.1.3 试验结果

吸水率按公式A.1计算,以三个试件测值的算术平均值作为样品的测定值。如任一个测值与中值的差超过中值的15%时,则该组试验结果无效。

$$w = (g_2 - g_1)/g_1 \times 100\% \qquad (A.1)$$

式中:w——吸水率,%。

A.2 压缩和弹性复原试验

A.2.1 试验目的

用以测定嵌缝板的压缩和弹性复原性能。

A.2.2 试验方法

将任选的嵌缝板加工成100mm×100mm×20mm(精确至±0.5mm)试件三块,要求表面平滑,平整度公差不大于±0.5mm。在压力机上放置加荷板,将试样置于板上,试件上再放一块板(必要时加放一衬垫)。

以0.01mm/s的加荷速度,将试件压缩至原来厚度的1/2,同时记下此时的荷载。

卸荷后停止30min,按上述方法再重复两次,最后卸荷后1h测量其厚度,并每小时测量一次,直到稳定为止(见图A.1)。

A.2.3 试验结果

弹性复原率按公式A.2计算,压应力按公式A.3计算,样品测定值的计算及异常数据取舍原则同A.1.2。

$$r = H_2/H_1 \times 100\% \qquad (A.2)$$

式中:r——弹性复原率,%;

H_1——加荷前试件厚度,单位为毫米(mm);

H_2——卸荷后恢复到稳定时试件的厚度,单位为毫米(mm)。

$$S = P/A \qquad (A.3)$$

式中:S——嵌缝板压缩到1/2时的应力,单位为兆帕(MPa);

P——嵌缝板压缩到1/2时的荷载(包括试件上加荷垫板和衬垫的重力),单位为牛(N);

A——嵌缝板压缩到1/2时之后的试件面积,单位为平方毫米(mm^2)。

A.3 挤出试验

A.3.1 试验目的

用以测量嵌缝板在一定压应力作用下的挤出量。

A.3.2 试验方法

将任选的嵌缝板加工成100mm×100mm×20mm(精确至±0.5mm)试件三块。

将试件放入模框中,装好承载板,一并置入烘箱内,保持40℃±2℃恒温4h后,迅速取出放在压力机上,同时用电吹风机使试件周围温度保持40℃±2℃,开动压力机,以0.01mm/s的速度将试件压缩至原来厚度的1/2,测量挤出的长度,精确至±0.5mm。(见图A.2挤出试验装置)

单位为毫米

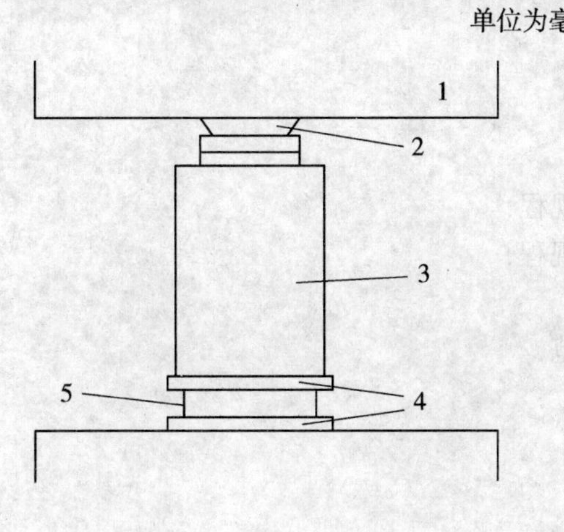

单位为毫米

图A.1 压缩和弹性复装置

1-试验机横头;2-球臼接头;3-金属衬垫;4-加荷板;5-试件

图A.2 挤出试验装置

1-承载板;2-底模;3-试件

A.3.3 试验结果

样品测定值的计算及异常数据取舍原则同A.1.3。

A.4 **弯曲试验**。

A.4.1 试验目的

主要了解嵌缝板是否容易折断及用于施工的可能性。

A.4.2 试验方法

将任选的嵌缝板加工成400mm×100mm×20mm(精确至±0.5mm)试件三块。

将试件放置在跨度为360mm的支座上,使其中部与上面加荷装置接触,将加荷装置调至零点,以0.1mm/s的挠度变化速度加荷,测量挠度达到10mm时的加荷重力,即为弯曲荷载〔N〕(见图A.3)。

单位为毫米

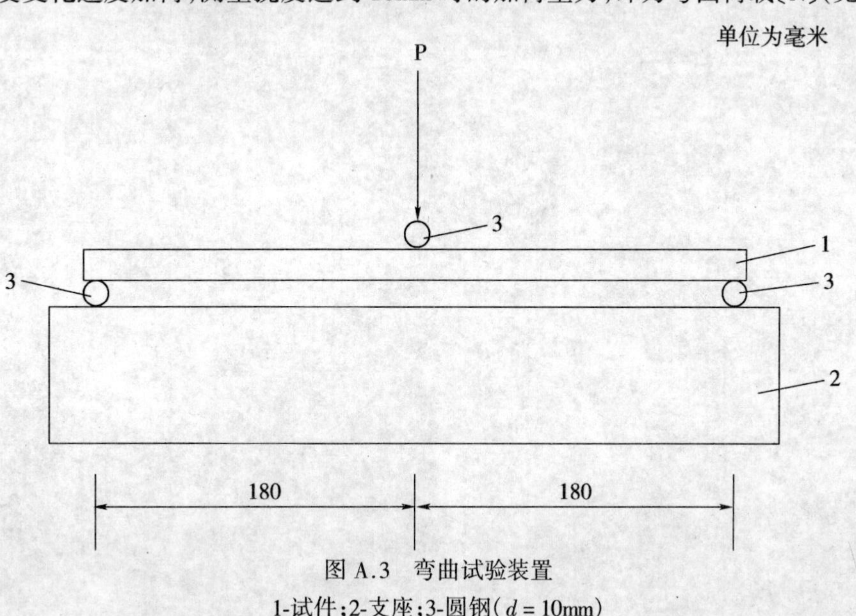

图A.3 弯曲试验装置

1-试件;2-支座;3-圆钢($d=10$mm)

参考文献

1 GB 175 硅酸盐水泥、普通硅酸盐水泥.
2 GB 3186—1989 涂料产品的取样.
3 GB/T 14682 建筑密封材料术语.
4 GB 16776 建筑用硅酮结构密封胶.
5 JC 412—1991 建筑用石棉水泥平板.
6 JC 482 聚氨脂建筑密封膏.
7 JTJ 052—T0621 公路工程沥青及沥青混合料试验规程.
8 JTJ 052—2000 公路工程沥青及沥青混合料试验规程.
9 JTJ 053—1994 公路水泥混凝土试验规程.
10 JTG F30—2003 公路水泥混凝土路面施工技术规范.
11 JT/T 203—95 公路水泥混凝土路面接缝材料.

ICS 93.080.30
P66
备案号：

中华人民共和国交通行业标准

JT/T 599.1—2004

公路用玻璃纤维增强塑料产品
第1部分：通则

The glass-fiber-reinforced thermosetting-resin product for highway
Part 1: General rule

2004-11-02 发布　　2005-02-01 实施

中华人民共和国交通部　发布

公路用玻璃纤维增强塑料产品
第1部分:通则

1 范围

JT/T 599的本部分规定了公路用玻璃纤维增强塑料(俗称玻璃钢)产品的产品分类、通用技术要求、试验方法、检验规则、标志、包装、运输和贮存等内容。

本部分适用于公路用玻璃纤维增强塑料产品。

2 规范性引用文件

下列文件中的条款通过在JT/T 599本部分中的引用而成为本部分的条款。凡是注日期的引用文件其随后所有的修改单(不包括勘误的内容)或修订版均不适用于本部分。然而,鼓励根据本部分达成协议的各方研究是否可使用这些文件的最新版本。凡是不注日期的引用文件,其最新版本适用于本部分。

GB/T 2573　玻璃纤维增强塑料大气暴露试验方法(neq ISO 4607)
GB/T 2574—1989　玻璃纤维增强塑料湿热试验方法
GB/T 2575　玻璃纤维增强塑料水浸试验方法
GB/T 3857　玻璃纤维增强热固性塑料耐化学药品性能试验方法
GB/T 8237　玻璃纤维增强塑料(玻璃钢)用液体不饱和聚酯树脂
GB/T 8924　玻璃纤维增强塑料燃烧性能试验方法　氧指数法(neq JIS K 7201)
GB/T 10703　玻璃纤维增强塑料耐水性加速试验法
GB/T 16422.2—1999　塑料实验室光源暴露试验方法　第2部分:氙弧灯(idt ISO 4892-2)
GB/T 17470　玻璃纤维短切原丝毡(neq JIS R 3411)
GB/T 18369　玻璃纤维无捻粗纱
GB/T 18370　玻璃纤维无捻粗纱布
GB/T 18371　连续玻璃纤维纱
JT/T 495—2004　公路交通安全设施质量检验、抽样和判定
JT/T 593—2004　公路沿线设施塑料制品耐候性指标及测试方法

3 产品分类

依据成型工艺的不同,公路用玻璃纤维增强塑料制品分为以下几类:

a) 手糊成型玻璃纤维增强塑料;
b) 模压成型玻璃纤维增强塑料;
c) 缠绕成型玻璃纤维增强塑料;
d) 拉挤成型玻璃纤维增强塑料;
e) 模塑成型玻璃纤维增强塑料;
f) 其他成型玻璃纤维增强塑料。

4 技术要求

4.1 一般要求

4.1.1 原材料

4.1.1.1 树脂

热固性树脂的性能指标应符合 GB/T 8237 的要求，并应具有良好的机械强度、较好的耐腐蚀性和耐候性能。

4.1.1.2 增强材料

增强材料的性能指标应符合 GB/T 17470、GB/T 18369、GB/T 18370、GB/T 18371 的要求，应选用无碱玻璃纤维或中碱玻璃纤维制成的纱制品和织物。

4.1.2 外观质量

4.1.2.1 产品表面平整光滑、色泽均匀，不得有起皱、裂纹、颗粒、流胶、树脂剥落、纤维裸露和表面发粘等缺陷。

4.1.2.2 含胶量均匀、固化稳定，无分层，表面的气泡累积面积不得大于 $100mm^2$，单个最大气泡面积不得大于 $15mm^2$。

4.2 理化性能

公路用玻璃纤维增强塑料产品的理化性能一般应符合表 1 的规定。

表 1 玻璃纤维增强塑料产品理化性能

序号	项目			技术要求
1	氧指数，%（阻燃性能）	阻燃 1 级（特殊用途）		≥32
		阻燃 2 级（一般用途）		≥26
2	耐化学溶剂性能	弯曲强度保留率，%	水	≥85
			汽油	≥90
			酸	≥85
			碱	/
		外观质量		经规定时间耐化学溶剂试验后，产品表面不应出现软化、皱纹、起泡、开裂、被明显溶解及溶剂浸入等痕迹
3	环境适应性能	耐盐雾性能		经 240h 的耐盐雾试验后，产品不应有明显变色或被侵蚀的痕迹
4		耐湿热性能		经 240h 的耐湿热试验后，产品不应有明显变色或被侵蚀的痕迹，材料弯曲强度不小于试验前的 80%
5		耐低温性能	耐低温冲击性能	经低温冲击试验后，以冲击点为圆心，半径 6mm 区域外，试样无开裂、分层、剥离或其他破坏现象
			耐低温坠落性能	经低温坠落试验后，产品应无折断、开裂、破损现象
6		耐候性能	自然曝晒试验	经五年自然曝晒试验后，试样无变色、龟裂、粉化等明显老化现象，材料弯曲强度不小于试验前的 60%
			人工加速老化试验	经总辐照能量不小于 3.5×10^6 kJ/m² 的人工加速老化试验后，无变色、龟裂、粉化等明显老化现象，材料弯曲强度不小于试验前的 80%
注：经过耐化学溶剂、环境适应性能试验后，当材料弯曲强度的保留率小于表中规定时，试验后弯曲强度值应不小于试验前的标准规定值（详见各分部标准）。				

5 试验方法

5.1 试样状态调节和试验环境条件

除特殊规定外，试样应按 GB/T 1446 的规定进行状态调节 24h，并且在下列条件进行试验：

a) 试验环境温度:23℃ ± 5℃;

b) 试验环境相对湿度:50% ± 5%。

5.2 试剂

试剂应包括下列试剂:

a) 固体试剂:NaOH(化学纯)、NaCl(化学纯);

b) 液体试剂:H_2SO_4(化学纯)、汽油(120 号)。

5.3 试验仪器和设备

试验应包括下列主要仪器和设备:

a) 万能材料试验机:等级不低于 1 级;

b) 人工加速氙弧灯老化试验箱:应符合 GB/T 16422.2 - 1999 的相关要求;

c) 高低温湿热试验箱:高温上限不低于 100℃,低温下限温度不高于 - 40℃,温度波动范围不超过 ± 1℃;最大相对湿度不低于 95%,相对湿度波动范围不超过 ± 2.5%,并应能符合 GB/T 2574—1989 中第 4 章的要求;

d) 盐雾试验箱:80cm^2 的接收面内每小时的盐雾沉降量为 1mL ~ 2mL;

e) 试验平台:等级不低于 1 级;

f) 钢卷尺:等级不低于 2 级;

g) 其他长度、角度计量器具:等级不低于 1 级。

5.4 试验准备

一般情况下,试验准备按 GB/T 1446 规定的方法进行。

试样厚度符合标准要求的条件下,用于性能试验的试样在成型产品上截取。比对试验所需样品应尽可能在相邻位置截取,并做好标记,以保证试验结果前后的可比性。

在试样厚度不符合相关标准的要求时,应依据标准要求选用与产品生产的相同配方制备所需试验样品。

5.5 试验程序及结果

5.5.1 外观质量

在正常光线下,目测直接观察。

5.5.2 氧指数(阻燃性能)

按 GB/T 8924 规定的方法进行。

5.5.3 耐化学溶剂(含水)性能试验

5.5.3.1 耐水性能

仲裁试验按 GB/T 2575 规定的方法进行,试验用水应为蒸馏水或去离子水,试验水温为 23℃ ± 2℃,试验 720h 后,测定试样的外观质量和弯曲强度保留率。

常规试验和型式检验可按 GB/T 10703 规定的方法进行,试验用水应为蒸馏水或去离子水,试验水温为 80℃ ± 2℃,试验 144h 后,测定试样的外观质量和弯曲强度保留率。

5.5.3.2 耐汽油性能

按 GB/T 3857 规定的方法进行,试验溶剂为 120 号汽油,常温(10℃ ~ 35℃)浸泡 360h 后,测定试样的外观质量和弯曲强度保留率。

5.5.3.3 耐酸性能

按 GB/T 3857 规定的方法进行,试验溶剂为 30% 的硫酸溶液,常温(10℃ ~ 35℃)浸泡 360h,测定试样的外观质量和弯曲强度保留率。

5.5.3.4 耐碱性能

按 GB/T 3857 规定的方法进行,试验溶剂为 10% 的氢氧化钠溶液,常温(10℃ ~ 35℃)浸泡 168h,测定试样的外观质量。

注:以上耐化学溶剂试验如有特殊使用环境,可根据使用双方的协商结果决定试液浓度和试验周期。

5.5.4 环境适应性能

5.5.4.1 耐盐雾性能

氯化钠溶液浓度为5%(重量比),pH值在6.5~7.2之间,试验箱内温度保持在35℃±2℃。试样的受试面向上放置并与垂直方向成30°角,相邻两试样保持一定间隙,行间距不小于7.5cm。

试样在盐雾空间暴露,每24h为一周期,每周期连续喷雾22h后暂停,恢复2h。达到规定试验时间后,用流动水冲洗掉试样表面的腐蚀沉积物,然后置于标准条件下自然干燥2h,立即对试样进行目测观察。

5.5.4.2 耐湿热性能

按GB/T 2574规定的方法进行,选择恒定湿热试验条件,温度60℃±2℃;相对湿度93%±3%,以24h为一试验周期进行试验。

5.5.4.3 耐低温冲击性能

将长度不小于500mm的试样放置在低温试验箱中,温度降至-40℃±3℃后,恒温2h后取出试样,立即用质量1kg的钢球在离试样正上方1m处,自由落下冲击样品,观测试验结果。

5.5.4.4 耐低温坠落性能

将长度不小于500mm试样放置在低温试验箱中,温度降至-40℃±3℃后,恒温2h后取出试样,试样长度方向平行于地面由1m高度处自由坠落至硬质地面,观测试验结果。

5.5.4.5 耐候性能

耐候性能可采用自然曝晒试验和人工加速老化试验两种方法检测,型式检验采用人工加速老化试验,仲裁试验采用自然曝晒试验。

5.5.4.5.1 自然曝晒试验

按GB 2573规定的方法进行。

5.5.4.5.2 人工加速老化试验

按JT/T 593—2004中5.9的规定执行。

5.5.5 材料性能保留率的测定

选取试验后样品和试验前样品各一组,每组样品数为五件,按GB 1449的要求试验,按下式计算性能保留率:

$$\text{性能保留率} = \overline{X'}/\overline{X} \times 100\% \tag{1}$$

式中:$\overline{X'}$——试验后技术参数算术平均值;

$\overline{X}$——试验前技术参数算术平均值。

6 检验规则

本标准对产品的检验分为两类,即型式检验和出厂检验。

6.1 型式检验

6.1.1 产品由通过计量认证的质检机构型式检验合格后才能批量生产。

6.1.2 型式检验应在生产线终端或生产单位成品库内抽取足够的样品,按各分部产品标准的要求进行全部性能检验。

6.1.3 若产品耐候性能为型式检验要求项目,在生产企业首次批量生产时耐候性能为必检项目,若检验合格,在产品配方不发生变化的情况下,耐候性能可四年检验一次。若生产配方发生变化,应立即提请质检机构进行耐候性能测试。

6.1.4 型式检验为每两年进行一次,如有下列情况之一时,也应进行型式检验:

a) 新设计试制的产品;

b) 正式生产过程中,如原材料、工艺有较大改变,可能影响产品性能时;

c） 出厂检验结果与上次型式检验有较大差异时；

d） 国家质量监督机构提出型式检验时。

6.1.5 判定规则

型式检验时，如有任何一项指标不符合标准要求时，则需在同批产品中重新抽取双倍试样，对该项目进行复验，复验结果仍然不合格时，则判该型式检验为不合格，反之判定为合格。

6.2 出厂检验

6.2.1 产品需经生产单位质量检验部门检验合格并附产品质量合格证方可出厂。

6.2.2 组批

同一配方、原料、工艺和生产条件的产品可组成一批。

6.2.3 抽样方法

按照 JT/T 495—2004 中 5.1 规定的方法进行。

6.2.4 出厂检验项目

各种产品要求的检验项目根据相应分部产品标准的规定进行。

7 标志、包装、运输及贮存

7.1 标志

7.1.1 交货时，产品整包装应该附有一张制造标签和一张合格证标签。

7.1.2 制造标签内容包括：产品名称、生产日期、批号、产品标准号、生产企业名称、联系地址。

7.1.3 合格证标签内容包括：合格证、检验合格、检验证编号、检验人员代号、检验日期等内容。

7.2 包装

产品外包装应能保证产品在运输和贮存过程中，不发生外力导致的表面损伤。

7.3 运输

产品在运输过程中应固定牢固，避免产品受到碰撞、重压。

7.4 贮存

产品应存贮在防雨、防潮、避光、无腐蚀的环境中，不与高温热源或明火接触。

ICS 93.080.30
P66
备案号:

中华人民共和国交通行业标准

JT/T 599.2—2004

公路用玻璃纤维增强塑料产品 第2部分:管箱

The glass-fiber-reinforced thermosetting-resin product for highway Part 2: Trunk

2004-11-02 发布

2005-02-01 实施

中华人民共和国交通部　发布

公路用玻璃纤维增强塑料产品
第 2 部分:管箱

1 范围

JT/T 599 的本部分规定了公路用玻璃纤维增强塑料管箱(以下简称玻璃钢管箱)的产品分类、结构尺寸及命名、技术要求、试验方法、检验规则、标志、包装、运输和贮存等内容。

本部分适用于公路用玻璃钢管箱。

2 规范性引用文件

下列文件中的条款通过在 JT/T 599 本部分中的引用而成为本部分的条款。凡是注日期的引用文件其随后所有的修改单(不包括勘误的内容)或修订版均不适用于本部分。然而,鼓励根据本部分达成协议的各方研究是否可使用这些文件的最新版本。凡是不注日期的引用文件,其最新版本适用于本部分。

GB/T 1446　玻璃纤维增强塑料性能试验方法总则
GB/T 1447　玻璃纤维增强塑料拉伸试验方法
GB/T 1448　玻璃纤维增强塑料压缩试验方法
GB/T 1449　玻璃纤维增强塑料弯曲试验方法
GB/T 1451　玻璃纤维增强塑料冲击试验方法
GB/T 1463　玻璃纤维增强塑料密度测定方法
GB/T 1634　塑料弯曲负载热变形温度试验方法
GB/T 3854　玻璃纤维增强塑料巴氏(巴柯尔)硬度试验方法
JT/T 599.1—2004　公路用玻璃纤维增强塑料产品 第 1 部分:通则

3 产品分类、结构、尺寸及偏差

3.1 分类

玻璃钢管箱按用途分为普通管箱(Ⅰ类)和接头管箱(Ⅱ类)。

3.2 结构、尺寸及偏差

3.2.1 结构及尺寸

玻璃钢管箱由管箱体、管箱盖、连接件构成,常规结构形式和各部件名称见图 1,规格尺寸符合表 1 的规定。

表 1 玻璃钢管箱规格和尺寸　　单位为毫米

型号		长度 L	宽度 W	高度 H	壁厚 t
普通管箱(Ⅰ类)	BX340×230×5	4000	340	230	5
	BX310×190×5	4000	310	190	5
接头管箱(Ⅱ类)	BX370×240×5	2000	370	240	5
注:其他型号规格由供需双方协商确定。					

3.2.2 偏差

应符合下列规定:

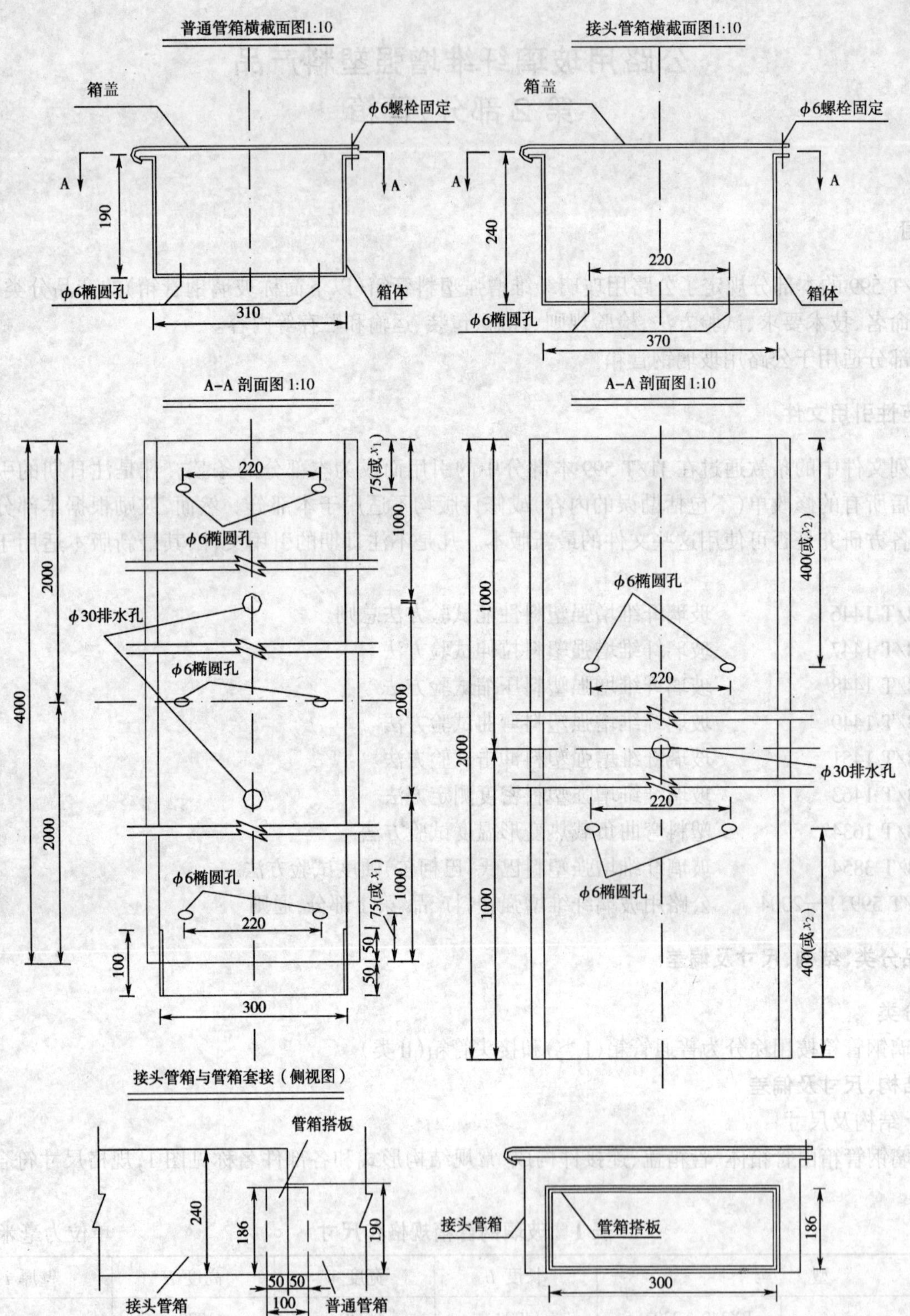

本图为管箱结构示意图，其他规格和 X_1、X_2 等具体结构值由工程设计图纸决定。

图1　结构形式及部件图

a）　长度 L 允许偏差为$_{0}^{+10}$mm；

b）　宽度 W、高度 H 允许偏差为$_{-5}^{+5}$mm；

c）　厚度 t 允许偏差为$_{-0.2}^{+0.2}$mm。

3.3 型号

玻璃钢管箱的型号名称符合以下规定：

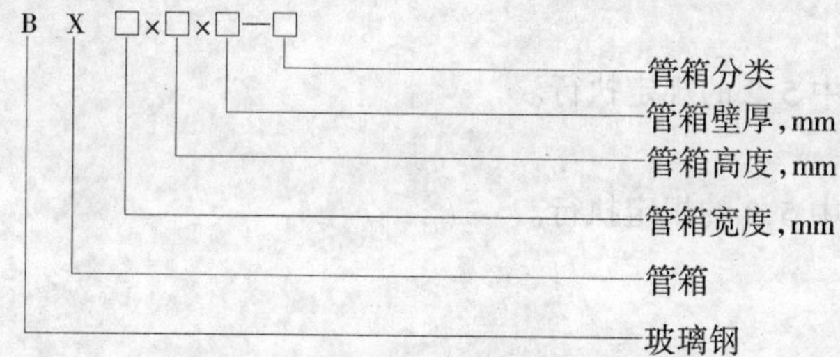

示例：长 2000mm，宽 370mm，高 240mm，壁厚 5mm 的接头玻璃钢管箱标记为：BX370×240×5—II。

4 技术要求

4.1 通用技术要求

玻璃钢管箱应外形平直，无明显歪斜，管箱盖与管箱体配合紧密，具有良好的防水效果。其通用技术要求应符合 JT/T 599.1—2004 的 4.1 的规定。

4.2 理化性能

玻璃钢管箱理化性能应符合表 2 的要求。

表 2 玻璃钢管箱理化性能要求

序 号	项 目			单 位	技术要求
1	通用物理力学性能	拉伸强度[a]		MPa	≥160
		压缩强度		MPa	≥130
		弯曲强度[b]		MPa	≥170
		冲击强度		kJ/m^2	≥80
		密度		g/cm^3	≥1.6
		巴氏硬度		/	≥45.0
		热变形温度		℃	≥150
		氧指数(阻燃 2 级)[c]		%	≥26
		管箱内壁静摩擦系数(对 HDPE 通信管)		/	≤0.363
2	耐化学溶剂(含水)性能			/	JT/T 599.1—2004 表 1 中第 2 项
3	环境适应性能	耐盐雾性能		/	JT/T 599.1—2004 表 1 中第 3 项
		耐湿热性能		/	JT/T 599.1—2004 表 1 中第 4 项
		耐低温冲击性能		/	JT/T 599.1—2004 表 1 中第 5 项
		耐候性能	自然曝晒试验	/	JT/T 599.1—2004 表 1 中第 6 项
			人工加速老化试验	/	JT/T 599.1—2004 表 1 中第 6 项

[a]管箱长度方向和宽度方向的试验结果应均符合表中的要求；

[b]管箱长度方向和宽度方向的试验结果应均符合表中的要求；

[c]氧指数要求阻燃 2 级为一般要求，特殊要求可根据供求双方协商决定是否采用阻燃 1 级。

5 试验方法

5.1 试样状态调节和试验环境条件

按 JT/T 599.1—2004 中 5.1 的规定执行。

5.2 试剂

按 JT/T 599.1—2004 中 5.2 的规定执行。

5.3 试验仪器和设备

按 JT/T 599.1—2004 中 5.3 的规定执行。

5.4 试验准备

5.4.1 通用要求

按 JT/T 599.1—2004 中 5.4 的规定执行。

5.4.2 特殊规定

用于性能试验的试样从成型后的管箱箱体的三个侧面和管箱箱盖截取相同数量的试样，拉伸强度和弯曲强度试样应在管箱长度与宽度方向分别截取相同数量的试样。

5.5 试验程序及结果

5.5.1 外观质量

按 JT/T 599.1—2004 中 5.5.1 的规定执行。

5.5.2 结构尺寸

5.5.2.1 长度 L

用分度值 0.5mm 的钢卷尺，在管箱体的三个面，沿轴向分别量取三个数值，取算术平均值作为测量结果。

5.5.2.2 宽度 W

用分度值 0.5mm 的钢板尺或钢卷尺，在管箱体的两端上、中、下三个部位共量取六个测量值，取算术平均值作为测量结果。

5.5.2.3 高度 H

用分度值 0.5mm 的钢板尺或钢卷尺沿管箱体长度方向，任取三个截面，量取三个高度测量值，取算术平均值作为测量结果。

5.5.2.4 厚度 t

用分度值 0.02mm 的游标卡尺量取九个测量值，取算术平均值作为测量结果。

5.5.3 通用物理力学性能

5.5.3.1 拉伸强度

按 GB/T 1447 的规定执行。

5.5.3.2 压缩强度

按 GB/T 1448 的规定执行。

5.5.3.3 弯曲强度

按 GB/T 1449 的规定执行。

5.5.3.4 冲击强度

按 GB/T 1451 的规定执行。

5.5.3.5 密度

按 GB/T 1463 的规定执行。

5.5.3.6 巴氏硬度

按 GB/T 3854 的规定执行。

5.5.3.7 热变形温度

按 GB 1634 的规定执行，最大弯曲正应力为 1.81MPa。

5.5.3.8 管箱内壁静摩擦系数(对 HDPE 硅芯塑料管)

按本部分附录 A(规范性附录)的规定执行。

5.5.3.9 耐化学溶剂(含水)性能

按 JT/T 599.1—2004 中 5.5.3 的规定执行。

5.5.3.10 环境适应性能

5.5.3.10.1 耐盐雾性能

按 JT/T 599.1—2004 中 5.5.4.1 的规定执行。

5.5.3.10.2 耐湿热性能

按 JT/T 599.1—2004 中 5.5.4.2 的规定执行。

5.5.3.10.3 耐低温冲击性能

按 JT/T 599.1—2004 中 5.5.4.3 的规定执行。

5.5.3.10.4 耐候性能

按 JT/T 599.1—2004 中 5.5.4.5 的规定执行。

5.5.4 材料性能保留率

按 JT/T 599.1—2004 中 5.5.5 的规定执行。

6 检验规则

6.1 型式检验

按照 JT/T 599.1—2004 中 6.1 规定执行。

6.2 出厂检验

按照 JT/T 599.1—2004 中 6.2 规定执行。

6.3 检验项目

a) 型式检验项目:本部分 3.2 和 4 中规定的全部项目;

b) 出厂检验项目:外观质量、结构尺寸、巴氏硬度、管箱内壁摩擦系数及产品的标志、包装。

7 标志、包装、运输及贮存

应符合 JT/T 599.1—2004 第 7 章的规定。

附 录 A
(规范性附录)
管箱内壁摩擦系数测定方法

A.1 测试原理

测试原理如图 A.1 所示。

$$\mu = \frac{F}{N} \tag{A.1}$$

$$F = mg \cdot \sin\alpha \tag{A.2}$$

$$N = mg \cdot \cos\alpha \tag{A.3}$$

$$\mu = \frac{F}{N} = \frac{mg \cdot \sin\alpha}{mg \cdot \cos\alpha} = \mathrm{tg}\alpha = \frac{b}{a} \tag{A.4}$$

图 A.1 测试原理图

式中:F——斜面对物体的摩擦力,N;

N——斜面对物体的正压力,N;

m——滑动物质质量,kg;

α——测试面倾角,单位为度;

b——测试面垂直高度,mm;

a——测试面水平投影长度,mm。

A.2 测试装置

测试装置由斜面、斜面升降装置、水平标尺、竖直标尺组成。

测试斜面长度 $L = 1000$mm,水平标尺和竖直标尺可用分度值 0.5mm 精度 A 级的钢板尺组成。

A.3 滑动物质

选用外壁硬度在 59~61(邵氏 D 型)且规格为 ϕ40/33 的 HDPE(高密度聚乙烯)硅芯塑料管作为标准滑动物质,管道两端应平齐,无裂口等不规则缺陷。每一根试样使用次数不可超过 100 次。

A.4 测试方法

将长度 500mm 的管箱体底部平放在测试斜面上,并与斜面紧固,把长度为 200mm 的标准 HDPE(高密度聚乙烯)硅芯塑料管放置在管箱底面上,长度方向与管箱体边线平行,硅芯塑料管离管箱外缘距离大于 20mm。用升降装置将斜面缓慢升起,直到硅芯塑料管向下滑动为止,记下水平标尺和垂直标尺的数值,并按公式 A.4 计算摩擦系数。如此共试验九次,取算术平均值作为测试结果。

ICS 93.080.30
P66
备案号：

中华人民共和国交通行业标准

JT/T 599.3—2004

公路用玻璃纤维增强塑料产品
第3部分：管道

The glass-fiber-reinforced thermosetting-resin product for highway
Part 3：Duct

2004-11-02 发布　　2005-02-01 实施

中华人民共和国交通部　发布

公路用玻璃纤维增强塑料产品
第3部分:管道

1 范围

JT/T 599的本部分规定了公路用玻璃纤维增强塑料管道(以下简称玻璃钢管道)的产品分类、结构尺寸及命名、技术要求、试验方法、检验规则、标志、包装、运输和贮存等内容。

本部分适用于公路用玻璃钢管道,不适用于玻璃钢管件及配件。

2 规范性引用文件

下列文件中的条款通过在JT/T 599本部分中的引用而成为本部分的条款。凡是注日期的引用文件其随后所有的修改单(不包括勘误的内容)或修订版均不适用于本部分。然而,鼓励根据本部分达成协议的各方研究是否可使用这些文件的最新版本。凡是不注日期的引用文件,其最新版本适用于本部分。

GB/T 5352—1985　纤维增强塑料热固性塑料管平行板外载性能试验方法
GB/T 8805　硬质塑料管材弯曲度测量方法
JT/T 496—2004　公路地下管道 高密度聚乙烯硅芯塑料管
JT/T 599.1—2004　公路用玻璃纤维增强塑料产品 第1部分:通则
JT/T 599.2—2004　公路用玻璃纤维增强塑料产品 第2部分:管箱

3 产品分类、结构、尺寸及偏差

3.1 分类

玻璃钢管道按成型工艺分为以下四种:

a) S——手糊成型玻璃钢管道;
b) C——缠绕成型玻璃钢管道;
c) L——拉挤成型玻璃钢管道;
d) Q——其他成型玻璃钢管道。

3.2 结构、尺寸及偏差

3.2.1 结构及尺寸

玻璃钢管道产品结构尺寸符合表1的规定。

表1 玻璃钢管道结构尺寸　　单位为毫米

规格($D\times t$)	内径 D	壁厚 t	承插端内径 D'	承插深度 S	长度 L
90×5	90	5	110	80	4000
100×5	100	5	120	80	
125×5	125	5	145	100	6000
150×8	150	8	176	100	
175×8	175	8	205	100	6000
注:管道的承插端和插入端可进行车削加工,以满足结构尺寸的偏差要求。					

3.2.2 偏差

应符合下列规定：

a) 内径 D 允许偏差为$_{0}^{+0.75}$mm；

b) 壁厚 t

壁厚为 5mm，允许偏差为$_{0}^{+0.5}$mm；

壁厚为 8mm，允许偏差为$_{0}^{+0.8}$mm；

c) 承插端内径 D' 允许偏差为$_{0}^{+0.5}$mm；

d) 长度 L

长度为 4000mm，允许偏差为$_{0}^{+20}$mm；

长度为 6000mm，允许偏差为$_{0}^{+30}$mm；

e) 管道弯曲度应不大于 0.5%。

3.3 型号

玻璃钢管道的型号名称符合以下规定：

示例：内径为 200mm，壁厚 10mm，长度 4000mm 的管道标记为：BD 200×10×4000。

4 技术要求

4.1 通用技术要求

玻璃钢管道外形要求平直，管端平齐，无毛刺、飞边等现象。其通用技术要求应符合 JT/T 599.1—2004 的 4.1 的规定。

4.2 理化性能

玻璃钢管道理化性能应符合表 2 的要求。

表 2 玻璃钢管道理化性能要求

序号	项目		单位	技术要求
1	通用物理力学性能	拉伸强度	MPa	≥130
		弯曲强度	MPa	≥140
		密度	g/cm³	≥1.6
		表面硬度(巴氏)	/	≥45
		热变形温度	℃	≥130
		氧指数(阻燃 2 级)	%	≥26
		管道内壁静摩擦系数(对 HDPE 硅芯塑料管)	/	≤0.363
		管刚度	MPa	≥3.0
		耐落锤冲击性能	/	10 次冲击 9 次通过
2	耐化学溶剂(含水)性能		/	JT/T 599.1—2004 表 1 中第 2 项
3	环境适应性能	耐湿热性能	/	JT/T 599.1—2004 表 1 中第 4 项
		耐低温坠落性能	/	JT/T 599.1—2004 表 1 中第 5 项

5 试验方法

5.1 试样状态调节和试验环境条件

按 JT/T 599.1—2004 中 5.1 的规定进行。

5.2 试剂

按 JT/T 599.1—2004 中 5.2 的规定进行。

5.3 试验仪器和设备

按 JT/T 599.1—2004 中 5.3 的规定进行。

5.4 试验准备

按 JT/T 599.1—2004 中 5.4 的规定进行。

5.5 试验程序及结果

5.5.1 外观质量

按 JT/T 599.1—2004 中 5.5.1 的规定进行。

5.5.2 结构尺寸

5.5.2.1 内径 D

用分度值 0.02mm 的游标卡尺,在管道插入端量取三个数值,取算术平均值作为测量结果。

5.5.2.2 壁厚 t

用分度值 0.01mm 的千分尺,在承插端和其他部位各量取三个测量值,取算术平均值作为测量结果。

5.5.2.3 承插端内径 D'

用分度值 0.02mm 的游标卡尺,在管道承插端量取三个数值,取算术平均值作为测量结果。

5.5.2.4 长度 L

用分度值 0.5mm 的钢卷尺,沿管道轴向分别量取三个数值,取算术平均值作为测量结果。

5.5.2.5 弯曲度

按 GB/T 8805 的方法进行。

5.5.3 通用物理力学性能

5.5.3.1 拉伸强度

按 JT/T 599.2—2004 中 5.5.3.1 的规定进行。

5.5.3.2 弯曲强度

按 JT/T 599.2—2004 中 5.5.3.3 的规定进行。

5.5.3.3 密度

按 JT/T 599.2—2004 中 5.5.3.5 的规定进行。

5.5.3.4 巴氏硬度

按 JT/T 599.2—2004 中 5.5.3.6 的规定进行。

5.5.3.5 热变形温度

按 JT/T 599.2—2004 中 5.5.3.7 的规定进行。

5.5.3.6 管道内壁静摩擦系数(对 HDPE 硅芯塑料管)

按 JT/T 599.2—2004 附录 A(规范性附录)的方法进行,要求管道试样长度不小于 500mm,标准滑动物质不变。

5.5.3.7 管刚度

按 GB/T 5352—1985 的方法进行,试样长度为 300mm,试验结果为管道径向变化率为内径的 10%时的管刚度。

5.5.3.8　耐落锤冲击性能

按 JT/T 496—2004 中 5.5.10 的方法进行，试验温度选择常温试验，锤重为 6.8kg，落锤高度为 1m，试样长度 200mm。冲击后，管道试样冲击点的内外壁两侧应无明显开裂痕迹。

5.5.4　耐化学溶剂(含水)性能

按 JT/T 599.1—2004 中 5.5.3 的规定执行。

5.5.5　环境适应性能

5.5.5.1　耐湿热性能

按 JT/T 599.1—2004 中 5.5.4.2 的规定执行。

5.5.5.2　耐低温坠落性能

按 JT/T 599.1—2004 中 5.5.4.4 的规定执行。

5.5.6　材料性能保留率

按 JT/T 599.1—2004 中 5.5.5 的规定执行。

6　检验规则

6.1　型式检验

按照 JT/T 599.1—2004 中 6.1 规定执行。

6.2　出厂检验

按照 JT/T 599.1—2004 中 6.2 规定执行。

6.3　检验项目

a)　型式检验项目：本部分 3.2 和 4 中规定的全部项目；

b)　出厂检验项目：外观质量、结构尺寸、巴氏硬度、管道内壁摩擦系数、落锤冲击试验及产品的标志、包装。

7　标志、包装、运输及贮存

应符合 JT/T 599.1—2004 第 7 章的规定。

ICS 93.080.30
P66
备案号：

中华人民共和国交通行业标准

JT/T 599.4—2004

公路用玻璃纤维增强塑料产品 第4部分：防眩板

The glass-fiber-reinforced thermosetting-resin product for highway
Part 4: Anti-glare board

2004-11-02 发布　　2005-02-01 实施

中华人民共和国交通部　发布

公路用玻璃纤维增强塑料产品
第4部分:防眩板

1 范围

JT/T 599的本部分规定了公路用玻璃纤维增强塑料防眩板(以下简称玻璃钢防眩板)的产品分类、结构尺寸及命名、技术要求、试验方法、检验规则、标志、包装、运输和贮存等内容。

本部分适用于公路用玻璃钢防眩板,不适用于其他类型或材料的防眩设施。

2 规范性引用文件

下列文件中的条款通过在JT/T 599本部分中的引用而成为本部分的条款。凡是注日期的引用文件其随后所有的修改单(不包括勘误的内容)或修订版均不适用于本部分。然而,鼓励根据本部分达成协议的各方研究是否可使用这些文件的最新版本。凡是不注日期的引用文件,其最新版本适用于本部分。

GB/T 18226—2000 高速公路钢构件防腐技术条件

JT/T 598—2004 塑料防眩板

JT/T 599.1—2004 公路用玻璃纤维增强塑料产品 第1部分:通则

JTJ 074—94 高速公路交通安全设施设计及施工技术规范

3 产品分类、结构、尺寸及偏差

3.1 分类

玻璃钢防眩板按成型工艺分为以下三种:

S——手糊成型玻璃钢防眩板;

M——片状模塑料(SMC)玻璃钢防眩板;

Q——其他成型玻璃钢防眩板。

3.2 结构、尺寸及偏差

按照JT/T 598—2004中4.1.3的规定执行。

3.3 型号

玻璃钢防眩板产品的型号名称符合以下规定:

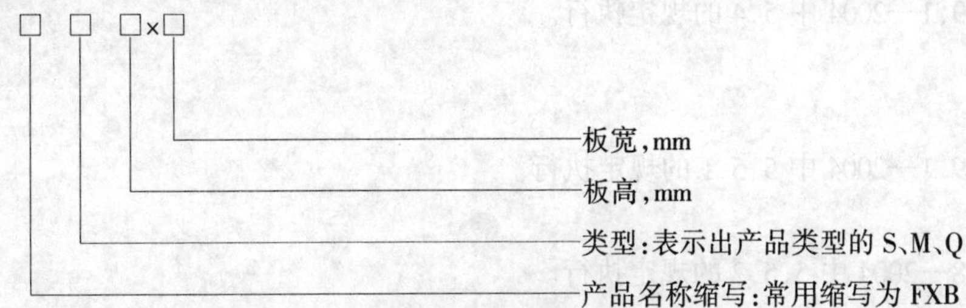

示例:规格为高900cm、宽220cm模压成型的防眩板应表示为"FXB M 900×220"。

4 技术要求

4.1 原材料

按照JT/T 599.1—2004中4.1.1的规定执行。

4.2 外观质量

表面颜色均匀一致，无明显的反光现象，边缘圆滑、无毛刺、无飞边；构件层间结合牢固，无剥离、无裂纹、无气泡、无沙眼等缺陷，整体成型完整、无明显歪斜。

4.3 防眩性能

玻璃钢防眩板的防眩性能应符合 JTJ 074—94 中 10.1.2 的规定。

4.4 理化性能

玻璃钢防眩板产品的理化性能要求应符合表 1 的要求。

表 1 玻璃钢防眩板的理化性能要求

<table>
<tr><th>序 号</th><th colspan="3">项 目</th><th>单 位</th><th>技 术 要 求</th></tr>
<tr><td rowspan="2">1</td><td rowspan="2">整体力学性能</td><td colspan="2">抗风荷载 F</td><td>N</td><td>F 应不小于 CS 的乘积，其中 C 为抗风荷载常数，取值为 1647.5N/m^2，S 为该规格防眩板的有效承风面积</td></tr>
<tr><td colspan="2">抗变形量 R</td><td>mm/m</td><td>≤2</td></tr>
<tr><td>2</td><td colspan="3">耐化学溶剂(含水)性能</td><td></td><td>JT/T 599.1—2004 表 1 中第 2 项</td></tr>
<tr><td rowspan="4">3</td><td rowspan="4">环境适应性能</td><td colspan="2">耐盐雾性能</td><td></td><td>JT/T 599.1—2004 表 1 中第 3 项</td></tr>
<tr><td colspan="2">耐低温冲击性能</td><td></td><td>JT/T 599.1—2004 表 1 中第 5 项</td></tr>
<tr><td rowspan="2">耐候性能</td><td>自然曝晒试验</td><td></td><td>JT/T 599.1—2004 表 1 中第 6 项</td></tr>
<tr><td>人工加速老化试验</td><td></td><td>JT/T 599.1—2004 表 1 中第 6 项</td></tr>
</table>

4.5 钢质支架及连接件的防腐蚀性能

玻璃钢防眩板的钢质支架及连接件的防腐蚀涂层性能指标应符合 GB/T 18226—2000 中第 4 章和第 5 章的相关规定。

5 试验方法

5.1 试样状态调节和试验环境条件

按照 JT/T 599.1—2004 中 5.1 的规定执行。

5.2 试剂

按照 JT/T 599.1—2004 中 5.2 的规定执行。

5.3 试验仪器和设备

按照 JT/T 599.1—2004 中 5.3 的规定执行。

5.4 试验准备

按照 JT/T 599.1—2004 中 5.4 的规定执行。

5.5 试验程序

5.5.1 外观质量

按照 JT/T 599.1—2004 中 5.5.1 的规定执行。

5.5.2 结构尺寸

按照 JT/T 598—2004 中 5.5.2 的规定执行。

5.5.3 整体力学性能

按照 JT/T 598—2004 中 5.5.3 的规定执行。

5.5.4 耐化学溶剂(含水)性能

按照 JT/T 599.1—2004 中 5.5.3 的规定执行。

5.5.5 环境适应性能

5.5.5.1 耐盐雾性能

按 JT/T 599.1—2004 中 5.5.4.1 的规定执行。

5.5.5.2 耐低温冲击性能

按 JT/T 599.1—2004 中 5.5.4.3 的规定执行。

5.5.5.3 耐候性能

按 JT/T 599.1—2004 中 5.5.4.5 的规定执行。

5.5.6 材料性能保留率

按 JT/T 599.1—2004 中 5.5.5 的规定执行。

5.5.7 钢质支架及连接件的防腐蚀性能

按照 GB/T 18226—2000 中第 6 章规定执行。

6 检验规则

6.1 型式检验

按照 JT/T 599.1—2004 中 6.1 规定执行。

6.2 出厂检验

按照 JT/T 599.1—2004 中 6.2 规定执行。

6.3 检验项目

a) 型式检验项目:本部分 3.2 和 4 中规定的全部项目;

b) 出厂检验项目:外观质量、结构尺寸、抗风荷载及产品的标志、包装。

7 标志、包装、运输及贮存

应符合 JT/T 599.1—2004 第 7 章的规定。

ICS 93.080.30
P66
备案号：

中华人民共和国交通行业标准

JT/T 600.1—2004

公路用防腐蚀粉末涂料及涂层
第1部分：通则

The corrosion resistant powder and coating for highway
Part 1: General rule

2004-11-02 发布　　　　2005-02-01 实施

中华人民共和国交通部　发布

公路用防腐蚀粉末涂料及涂层
第1部分:通则

1 范围

JT/T 600的本部分规定了公路用防腐蚀涂层粉末涂料的产品分类、涂料粉体及涂层的通用技术要求、试验方法、检验规则、标志、包装、运输和贮存等内容。

本部分适用于公路用防腐蚀涂层粉末涂料及其涂层。

2 规范性引用文件

下列文件中的条款通过在JT/T 600本部分中的引用而成为本部分的条款。凡是注日期的引用文件其随后所有的修改单(不包括勘误的内容)或修订版均不适用于本部分。然而,鼓励根据本部分达成协议的各方研究是否可使用这些文件的最新版本。凡是不注日期的引用文件,其最新版本适用于本部分。

GB/T 1040　塑料拉伸性能试验方法
GB/T 1732　漆膜耐冲击性测定法
GB/T 1764　漆膜厚度测定法
GB/T 1766　色漆和清漆　涂层老化的评级方法(neq ISO 4268-1)
GB/T 2918　塑料试样状态调节和试验的标准环境(idt ISO 291)
GB 3186　涂料产品的取样
GB/T 4956　磁性金属基体非磁性覆盖层厚度测量 磁性方法(eqv ISO 2178)
GB/T 6742　漆膜弯曲试验(圆柱轴)(neq ISO 1519)
GB/T 9286　色漆和清漆　漆膜的划格试验(eqv ISO 2409)
GB/T 11547　塑料耐液体化学药品(包括水)性能测定方法(eqv ISO 176)
GB/T 13491　涂料产品包装通则
GB/T 16422.2—1999　塑料实验室光源暴露试验方法　第2部分:氙弧灯(idt ISO 4892-2)
GB/T 18226—2000　高速公路钢构件防腐技术条件
JT/T 593—2004　公路沿线设施塑料制品耐候性指标及测试方法

3 产品分类

依据粉末涂料加工成型工艺的不同,产品可分为以下几类:

a) 热塑性粉末涂料;
b) 热固性粉末涂料。

4 技术要求

4.1 粉体

粉体干燥、松散、均匀无结块,色泽均匀一致,无明显色差及杂质。

4.2 涂层

4.2.1 外观质量

涂层平整光滑,颜色均匀一致,无肉眼可见的气泡、气孔、裂缝和明显杂质等缺陷,允许有轻微桔皮。

4.2.2 理化性能

防腐蚀粉末涂料涂层理化性能的通用技术要求应符合表1的规定。

表1 涂层理化性能

<table>
<tr><th rowspan="2">序号</th><th rowspan="2" colspan="4">项　目</th><th colspan="2">技术要求</th></tr>
<tr><th>单　涂[a]</th><th>双　涂[b]</th></tr>
<tr><td rowspan="5">1</td><td rowspan="5">涂层厚度
mm</td><td rowspan="4">热塑性粉末涂料涂层</td><td colspan="2">钢管、钢板、钢带</td><td>0.38～0.80</td><td>0.25～0.60</td></tr>
<tr><td rowspan="2">钢丝直径</td><td>>1.8～4.0</td><td>0.30～0.80</td><td rowspan="2">0.15～0.60</td></tr>
<tr><td>>4.0～5.0</td><td>0.38～0.80</td></tr>
<tr><td colspan="2">其他基材</td><td>0.38～0.80</td><td>0.25～0.60</td></tr>
<tr><td colspan="3">热固性粉末涂料涂层</td><td>0.076～0.150</td><td>0.076～0.120</td></tr>
<tr><td rowspan="2">2</td><td colspan="2" rowspan="2">涂层附着性能</td><td colspan="2">热塑性粉末涂料涂层</td><td colspan="2">一般不低于2级</td></tr>
<tr><td colspan="2">热固性粉末涂料涂层</td><td colspan="2">0级</td></tr>
<tr><td>3</td><td colspan="4">涂层耐冲击性(0.5kg·m)</td><td colspan="2">试验后，除冲击部位外，无明显裂纹、皱纹及涂层脱落现象</td></tr>
<tr><td>4</td><td colspan="4">涂层抗弯曲性</td><td colspan="2">试验后，应无肉眼可见的裂纹及涂层脱落现象</td></tr>
<tr><td>5</td><td colspan="4">涂层耐化学腐蚀性</td><td colspan="2">试验后，涂层应无气泡、溶解、溶胀、软化、丧失黏结等现象，试液应无混浊、褪色和填料沉淀的现象</td></tr>
<tr><td rowspan="3">6</td><td colspan="2" rowspan="3">涂层耐盐雾性能</td><td colspan="2">钢质基底无其他防护层</td><td colspan="2">经8h试验后，划痕部位任何一侧0.5mm外，涂层应无气泡、剥离的现象</td></tr>
<tr><td rowspan="2">金属防护层基底</td><td>第Ⅰ段(8h)</td><td colspan="2">经8h试验后，划痕部位任何一侧0.5mm外，涂层应无气泡、剥离的现象</td></tr>
<tr><td>第Ⅱ段(200h)</td><td colspan="2">经200h试验后，基底金属无锈蚀</td></tr>
<tr><td>7</td><td colspan="4">涂层耐湿热性能</td><td colspan="2">经8h试验后，划痕部位任何一侧0.5mm外，涂层应无气泡、剥离的现象</td></tr>
<tr><td>8</td><td colspan="4">涂层耐低温脆化性能</td><td colspan="2">经168h试验后，涂层应无明显变色及开裂现象，经耐冲击性后，性能仍应符合第3项的要求</td></tr>
<tr><td colspan="7">[a] 单涂：对基底仅涂装有机防腐蚀涂层的防护类型。
[b] 双涂：基底材质为钢质，表层经金属防腐蚀涂层防护再涂装有机防腐蚀涂层的防护类型。</td></tr>
</table>

4.2.3 耐候性能

防腐蚀粉末涂料涂层经过人工加速老化试验累积能量达到 3.5×10^{6}kJ/m^{2} 后，涂层外观质量应不低于表2中质量等级的要求。

表2 涂层外观质量等级评定要求

<table>
<tr><th colspan="2">评定项目</th><th>等级要求</th><th>变化程度</th></tr>
<tr><td colspan="2">变色等级</td><td>2</td><td>目测轻微变色</td></tr>
<tr><td colspan="2">粉化等级</td><td>1</td><td>很轻微，用仪器加压的试布或手指用力擦样板，试布或手指上刚可观察到微量颜料粒子</td></tr>
<tr><td rowspan="2">开裂等级</td><td>开裂数量</td><td>1</td><td>仅有几条值得注意的开裂</td></tr>
<tr><td>开裂大小</td><td>S1</td><td>10倍放大镜下可见开裂</td></tr>
</table>

表 2(续)

<table>
<tr><th colspan="2">评定项目</th><th>等级要求</th><th>变化程度</th></tr>
<tr><td colspan="2">起泡等级</td><td>0</td><td>无泡</td></tr>
<tr><td rowspan="2">生锈等级</td><td>锈点数量</td><td>1</td><td>很少,几个锈点</td></tr>
<tr><td>锈点大小</td><td>S1</td><td>10 倍放大镜下可见锈点</td></tr>
<tr><td rowspan="2">剥落等级</td><td>剥落面积</td><td>0</td><td>0</td></tr>
<tr><td>剥落大小</td><td>/</td><td>/</td></tr>
<tr><td colspan="2">综合评定等级</td><td>1</td><td>/</td></tr>
</table>

5 试验方法

5.1 试样状态调节和试验环境条件

除特殊规定外,粉末涂料涂层试样应按 GB/T 2918 的规定进行状态调节 24h,并且在此条件下进行试验:

a) 试验环境温度:23℃ ±2℃;

b) 试验环境相对湿度:50% ±5%。

5.2 试剂

应包括下列试剂:

a) 固体试剂:NaOH(化学纯)、NaCl(化学纯);

b) 液体试剂:H_2SO_4(化学纯)。

5.3 试验仪器和设备

试验应包括下列主要仪器和设备:

a) 万能材料试验机:等级不低于 1 级;

b) 人工加速氙弧灯老化试验箱:应符合 GB/T 16422.2—1999 的相关要求;

c) 高低温湿热试验箱:高温上限不低于 100℃,低温下限温度不高于 -60℃,温度波动范围不超过 ±1℃;最大相对湿度不低于 95%,相对湿度波动范围不超过 ±2.5%;

d) 盐雾试验箱:80cm^2 的接收面内每小时的盐雾沉降量为 1 ml ~ 2ml;

e) 电热烘箱:高温上限不低于 300℃,温度波动范围不超过 ±2℃;

f) 天平:感量要求精确到 0.001g;

g) 光泽度仪:应符合 GB/T 9754 的相关要求;

h) 测厚仪(磁性、非磁性):最大测量范围不低于 1200μm,示值误差不大于 ±5μm;

i) 标准筛:符合 GB/T 6003 的规定条件;

j) 量具:等级不低于 1 级。

5.4 试验准备

5.4.1 试样的制备

5.4.1.1 涂层通用试样要求

通用试验样品基材的材质、规格尺寸和涂层厚度应符合表 3 的要求,涂层的涂装工艺应符合该产品的使用要求和说明。

表 3 试验样品规格 单位为毫米

涂层种类	试样类型	底板材料	底板厚度	涂层厚度	样品尺寸
热塑性	A1	冷轧钢板	2 ~ 3	0.30 ~ 0.80	65 × 142
热固性	A2			0.076 ~ 0.120	65 × 142

表 3(续)

涂层种类	试样类型	底板材料	底板厚度	涂层厚度	样品尺寸
热塑性	B1	马口铁板	0.2～0.3	0.30～0.80	50×100
热固性	B2			0.076～0.120	50×100

5.4.1.2 涂层特殊试样要求

本条款适用于热塑性粉末涂料涂层的部分试验项目的试样制备,详细制备方法参照本部分的附录A进行,本类型试样通用样品规格为150 mm×75mm。

5.4.2 涂层试验项目选用试样要求

涂层各试验项目选用试样的类型及数量应符合表4的要求。

表4 涂层试验项目与试样要求

序 号	试 验 项 目	试 样 类 型	试 样 数 量
1	涂层外观、颜色、光泽度	B1	3
		B2	
2	涂层厚度、涂层硬度	A1	3
		A2	
3	杯突试验	A2	3
4	涂层附着性	A1	3
		A2	
5	涂层抗弯曲性	B1	3
		B2	
6	涂层耐冲击性	B1	3
		B2	
7	涂层耐化学药品性	A1	3
		A2	
8	涂层耐盐雾性能	A1	3
		A2	
9	涂层耐低温脆化性	B1	3
		B2	
10	涂层耐湿热性能	A1	3
		A2	
11	涂层耐候性	A1	15
		A2	

5.5 试验程序及结果

5.5.1 粉体

在正常光线下,目测观察外观质量。

5.5.2 涂层

5.5.2.1 外观质量

在正常光线下,目测直接观察。

5.5.2.2 涂层厚度

测量方法如下：

a) 非磁性基底的涂层厚度按 GB/T 1764 的规定进行测量；

b) 磁性基底的涂层厚度按 GB/T 4956 的规定进行测量。

以测量值的算术平均值表示测试结果，若测试值中 10%以上的值超出技术要求范围，即使算术平均值符合技术要求，但该结果仍为不符合本标准的技术要求。

5.5.2.3 涂层附着性

5.5.2.3.1 热固性粉末涂料涂层

按照 GB/T 9286 的方法进行。

5.5.2.3.2 热塑性粉末涂料涂层

用锋利的刀片在涂塑层上划出两条平行的长度为 5cm 的切口，切入深度应达到涂层附着基底的表面，板状或柱状试样两条切口间距为 3mm，丝状试样的两条切口位于沿丝的轴向的 180°对称面。在切口的一端垂直于原切口作一竖直切口，用尖锐的器具将竖直切口挑起少许，用手指捏紧端头尽量将涂层扯起。以扯起涂层状态将涂层附着性能区分为 0 至 4 级如下：

——0 级：不能扯起或扯起点断裂；

——1 级：小于 1cm 长的涂层能被扯起；

——2 级：非常仔细的情况下可将涂层扯起 1cm 至 2cm；

——3 级：有一定程度附着，但比较容易可将涂层扯起 1 cm 至 2cm；

——4 级：切开后可轻易完全剥离。

5.5.2.4 涂层耐冲击性

按照 GB 1732 的方法进行。

5.5.2.5 涂层抗弯曲性

a) 丝状试样按照 GB/T 18226—2000 中 6.3.3 的方法进行；

b) 板状试样按照 GB 6742 的方法进行。

5.5.2.6 涂层耐化学腐蚀性

按照 GB/T 11547 的方法进行，浸泡温度为 23℃ ± 2℃，试验试剂依据各粉末涂料使用环境及具体需求的不同分别选用或全部选用以下类型：

a) 30%的 H_2SO_4 溶液；

b) 10%的 NaCl 溶液；

c) 1%的 NaOH 溶液；

d) 40%的 NaOH 溶液。

注：H_2SO_4、NaOH 和 NaCl 溶液浓度均为质量百分比浓度。

5.5.2.7 涂层耐盐雾性能

按照 GB/T 18226—2000 中 6.3.7 的方法进行。

5.5.2.8 涂层耐湿热性能

按照 GB/T 18226—2000 中 6.3.9 的方法进行。

温度 47℃ ± 1℃，相对湿度 96% ± 2%。

5.5.2.9 涂层耐低温脆化性能

按 GB/T 18226—2000 的 6.3.10 的规定进行，试验后在常温环境下调节 2h 后，按 5.5.2.4 的规定进行耐冲击性能试验与试验前结果进行比对。

5.5.2.10 耐候性能

5.5.2.10.1 试样的准备

按照 5.1 和 5.4 的规定进行。

5.5.2.10.2 试样数量

按 JT/T 593—2004 中 5.9.2 的规定进行。

5.5.2.10.3 试验设备

按 JT/T 593—2004 中 5.9.4 和 5.9.5 的规定进行。

5.5.2.10.4 试验条件

按 JT/T 593—2004 中 5.9.6 的规定进行。

5.5.2.10.5 累积辐射能量计算

按 JT/T 593—2004 中 5.9.7 的规定进行。

5.5.2.10.6 材料力学性能保留率的测定

按 5.4.1.2 的样品制备要求制备力学性能老化试验比对试样，选取耐候性能试验后样品和试验前样品各一组，每组样品数为五件，按照 GB/T 1040 的要求试验，并按下式计算技术参数性能保留率：

$$\text{性能保留率} = \overline{X'}/\overline{X} \times 100\% \tag{1}$$

式中：$\overline{X'}$——试验后技术参数算术平均值；

$\overline{X}$——试验前技术参数算术平均值。

5.5.2.10.7 外观质量的结果评价

试样外观质量的结果评价按照 GB/T 1776 的规定进行，评价项目应包括变色、粉化、开裂、起泡、生锈、剥落，并统一对综合老化性能等级进行评定。

6 检验规则

本标准对产品的检验分为两类，即型式检验和出厂检验。

6.1 型式检验

6.1.1 产品由通过计量认证的质检机构型式检验合格后才能批量生产。

6.1.2 型式检验应在生产线终端或生产单位成品库内抽取足够的样品，按各分部产品标准的要求进行全部性能检验。

6.1.3 型式检验为每两年进行一次，如有下列情况之一时，也应进行型式检验：

a) 新设计试制的产品；

b) 正式生产过程中，如原材料、工艺有较大改变，可能影响产品性能时；

c) 出厂检验结果与上次型式检验有较大差异时；

d) 国家质量监督机构提出型式检验时。

6.1.4 判定规则

型式检验时，如有任何一项指标不符合本标准要求时，则需在同批产品中重新抽取双倍试样，对该项目进行复验，复验结果仍然不合格时，则判该型式检验为不合格，反之判定为合格。

6.2 出厂检验

6.2.1 产品需经生产单位质量检验部门检验合格并附产品质量合格证方可出厂。

6.2.2 组批

同一配方、原料、工艺和生产条件的粉末涂料可组成一批。

6.2.3 出厂检验项目

生产企业出厂检验项目范围为粉末涂料的外观、颜色、表观密度、粒度分布及产品的标志、包装。

6.3 取样方法

按 GB 3186 的规定进行取样，最低取样量不得少于四袋，在所抽取袋中的中心部位取样 500g 以上，将所抽取试样充分混合均匀后，均分为两份，一份立即用于检验，一份密封贮存备查。

7 标志、包装、运输及贮存

7.1 标志

7.1.1 交货时,产品整包装应该附有一张制造标签和一张合格证标签。

7.1.2 制造标签内容包括:产品名称、生产日期、批号、产品标准号、生产企业名称、联系地址。

7.1.3 合格证标签内容包括:合格证、检验合格、检验证编号、检验人员代号、检验日期等内容。

7.2 包装

粉末涂料产品的包装应符合 GB/T 13491 的基本要求,外包装的内层采用防水材料,以保证产品在运输和贮存过程中,不发生结块、变质的现象。

7.3 运输

粉末涂料及涂层产品在运输过程中,防止日晒、雨淋、受潮和重压,不得靠近明火或高温热源,粉末涂料应避免利器划伤包装。

7.4 贮存

粉末涂料产品不得露天堆放,存放场所应通风、干燥、清洁,避免直接日光照射,不得靠近明火或高温热源。

附 录 A

(资料性附录)

热塑性粉末涂料特殊试样制备方法(塑料模压成型法)

A.1 适用范围

适用于热塑性粉末涂料的模塑成型试样的制备方法。

A.2 工艺要求

模塑成型的工艺要求见表 A.1,表中的技术参数为聚乙烯(PE)和聚氯乙烯(PVC)树脂的推荐值,具体试样可根据树脂类型的不同进行模压成型操作。

表 A.1 试片模塑条件

热压					冷压		
模塑温度 ℃	预热		热压		时间 min	压力 MPa	脱模温度 ℃
	压力 MPa	时间 min	压力 MPa	时间 min			
170~200	接触	5~7	5	5±1	5~7	15	≤40

A.3 样品规格

使用的模压模具应保证制备试样的厚度满足 2mm±0.2mm 的要求,其压片试样的大小不作特殊限定,但至少应保证可冲裁出 150mm×75mm 的试片。

ICS 93.080.30
P66
备案号：

中华人民共和国交通行业标准

JT/T 600.2—2004

公路用防腐蚀粉末涂料及涂层
第2部分：热塑性聚乙烯粉末涂料及涂层

The corrosion resistant powder and coating for highway
Part2: Thermoplastics PE powder and coating

2004-11-02 发布　　2005-02-01 实施

中华人民共和国交通部　发布

公路用防腐蚀粉末涂料及涂层
第 2 部分:热塑性聚乙烯粉末涂料及涂层

1 范围

JT/T 600 的本部分规定了公路用防腐蚀热塑性聚乙烯(PE)粉末涂料粉体和涂层的技术要求、试验方法、检验规则、标志、包装、运输和贮存等内容。

本部分适用于公路用防腐蚀热塑性聚乙烯(PE)粉末涂料粉体和涂层。

2 规范性引用文件

下列文件中的条款通过在 JT/T 600 本部分中的引用而成为本部分的条款。凡是注日期的引用文件其随后所有的修改单(不包括勘误的内容)或修订版均不适用于本部分。然而,鼓励根据本部分达成协议的各方研究是否可使用这些文件的最新版本。凡是不注日期的引用文件,其最新版本适用于本部分。

GB/T 1633　热塑性塑料维卡软化温度(VST)的测定(idt ISO 306)

GB/T 1842—1999　聚乙烯环境应力开裂试验方法(eqv ASTM K 1693:1997)

GB/T 2411　塑料邵氏硬度试验方法(eqv ISO 868)

GB/T 3682　热塑性塑料熔体质量流动速率和熔体体积流动速率的测定(idt ISO 1133)

GB/T 6003.1　金属丝编织网试验筛(eqv ISO 3310-1)

GB/T 6554—1986　电器绝缘涂敷粉末试验方法(neq IEC 455-2-2)

GB/T 9754　色漆和清漆　不含金属颜料的色漆　漆膜之 20°、60°和 85°镜面光泽的测定(eqv ISO 2813)

JT/T 600.1—2004　公路用防腐蚀粉末涂料及涂层 第 1 部分:通则

3 技术要求

3.1 粉体

3.1.1 外观质量

按 JT/T 600.1—2004 中 4.1 的规定执行。

3.1.2 理化性能

粉体理化性能应符合表 1 的要求。

表 1　粉体理化性能

序　号	项　目	单　位	技术要求
1	挥发物含量	%	≤1
2	表观密度	g/cm³	0.35~0.50
3	筛余物(50 目)[a]	%	<5
4	熔融指数	g/10min	5~10

[a] 筛网目数为 50 目时,对应筛网筛孔大小为 270μm。

3.2 涂层

3.2.1 外观质量

按 JT/T 600.1—2004 中 4.2.1 的规定执行。

3.2.2 理化性能

涂层理化性能应符合表 2 的要求。

表 2 涂层理化性能

序号	项目		单位	技术要求
1	物理力学性能	光泽度(60°)	%	≥40
		拉伸强度	MPa	≥13
		断裂延伸率	%	≥300
		涂层硬度(邵氏 D 型)	/	40~55
		维卡软化点	℃	≥80
		耐环境应力开裂(F50)	h	≥500
2	涂层厚度		/	符合 JT/T 600.1—2004 中表 1 第 1 项的要求
3	涂层附着性能		/	不低于 1 级
4	涂层耐冲击性(0.5kg·m)		/	JT/T 600.1—2004 表 1 中第 3 项
5	涂层抗弯曲性		/	JT/T 600.1—2004 表 1 中第 4 项
6	涂层耐化学腐蚀性		/	JT/T 600.1—2004 表 1 中第 5 项
7	涂层耐盐雾性能		/	JT/T 600.1—2004 表 1 中第 6 项
8	涂层耐湿热性能		/	JT/T 600.1—2004 中表 1 第 7 项
9	涂层耐低温脆化性能		/	JT/T 600.1—2004 中表 1 第 8 项

3.2.3 耐候性能

涂层耐候性能应符合 JT/T 600.1—2004 中 4.2.3 的要求，并且试验后涂层的拉伸强度的性能保留率应不小于 80%。

4 试验方法

4.1 试样状态调节和试验环境条件

按 JT/T 600.1—2004 中 5.1 的相关规定进行。

4.2 试剂

按 JT/T 600.1—2004 中 5.2 的相关规定进行。

4.3 试验仪器和设备

按 JT/T 600.1—2004 中 5.3 的相关规定进行，特殊要求如下：

a) 光泽度仪：应符合 GB/T 9754 的相关要求；

b) 标准筛：符合 GB/T 6003.1 的规定条件。

4.4 试验准备

按 JT/T 600.1—2004 中 5.4 的相关规定进行。

4.5 试验程序及结果

4.5.1 粉体

4.5.1.1 外观质量

按 JT/T 600.1—2004 中 5.5.1 的相关规定进行。

4.5.1.2 挥发物含量

按 GB/T 6554—1986 中 1.7 的方法进行，试验条件为 105℃ ± 2 ℃的温度下在烘箱内试验 1h。

4.5.1.3 粒度分布(筛余物)

粒度分布(筛余物)项目的测试可采用激光粒度分布仪进行,也可以按照 GB/T 6554—1986 中 1.3 的方法进行手工筛分。在进行手工筛分的试验时,应符合以下要求。

a) 进行粒度分布项目测试时,选用叠筛筛分,试验结果的叠加重量损失百分数不超过 2%;

b) 进行筛余物项目测试时,只选用规定孔径的网筛进行单筛筛分,结果计算精确至 0.1%。

4.5.1.4 表观密度

按 GB/T 6554—1986 中 1.1 的方法进行。

4.5.1.5 熔融指数

按 GB/T 3682 的方法进行。

4.5.2 涂层

4.5.2.1 外观质量

按 JT/T 600.1—2004 中 5.5.2.1 的相关规定进行。

4.5.2.2 光泽度

按 GB/T 9754 的方法进行。

4.5.2.3 涂层力学性能

4.5.2.3.1 拉伸强度

按 GB/T 1040 的方法进行,拉伸试验速度为 100mm/min。

4.5.2.3.2 断裂延伸率

按 GB/T 1040 的方法进行,拉伸试验速度为 100mm/min。

4.5.2.4 涂层硬度

按 GB/T 2411 的方法进行

4.5.2.5 维卡软化点

按 GB/T 1633 的方法进行。

4.5.2.6 耐环境应力开裂

按 GB/T 1842—1999 的方法进行,试验溶剂选用壬基酚聚乙烯醚(TX-10),试样厚度应满足1.75mm ~2.00mm 的要求。

4.5.2.7 涂层厚度

按 JT/T 600.1—2004 中 5.5.2.2 的相关规定进行。

4.5.2.8 涂层附着性

按 JT/T 600.1—2004 中 5.5.2.3.2 的相关规定进行。

4.5.2.9 涂层耐冲击性

按 JT/T 600.1—2004 中 5.5.2.4 的相关规定进行。

4.5.2.10 涂层抗弯曲性

按 JT/T 600.1—2004 中 5.5.2.5 的相关规定进行。

4.5.2.11 涂层耐化学腐蚀性

按 JT/T 600.1—2004 中 5.5.2.6 的相关规定进行,试验溶液浓度和浸泡时间见表 3。

表 3 涂层耐化学腐蚀性能试验要求

溶液类型	溶液浓度,%	浸泡时间,h
H_2SO_4	30	720
NaOH	40	720
NaCl	10	720
注:H_2SO_4、NaOH 和 NaCl 溶液均为质量百分比浓度。		

4.5.2.12 涂层耐盐雾性能

按 JT/T 600.1—2004 中 5.5.2.7 的相关规定进行。

4.5.2.13 涂层耐湿热性能

按 JT/T 600.1—2004 中 5.5.2.8 的相关规定进行。

4.5.2.14 涂层耐低温脆化性能

按 JT/T 600.1—2004 中 5.5.2.9 的相关规定进行。

4.5.2.15 耐候性能

按 JT/T 600.1—2004 中 5.5.2.10 的相关规定进行。

5 检验规则

应符合 JT/T 600.1—2004 第 6 章的规定。

6 标志、包装、运输及贮存

应符合 JT/T 600.1—2004 第 7 章的规定。

ICS 93.080.30
P66
备案号:

中华人民共和国交通行业标准

JT/T 600.3—2004

公路用防腐蚀粉末涂料及涂层
第3部分:热塑性聚氯乙烯粉末涂料及涂层

The corrosion resistant powder and coating for highway
Part3: Thermoplastics PVC powder and coating

2004-11-02 发布　　　　2005-02-01 实施

中华人民共和国交通部　发布

公路用防腐蚀粉末涂料及涂层
第3部分:热塑性聚氯乙烯粉末涂料及涂层

1 范围

JT/T 600的本部分规定了公路用防腐蚀热塑性聚氯乙烯(PVC)粉末涂料粉体及涂层的技术要求、试验方法、检验规则、标志、包装、运输和贮存等内容。

本部分适用于公路用防腐蚀热塑性聚氯乙烯(PVC)粉末涂料粉体及涂层。

2 规范性引用文件

下列文件中的条款通过在JT/T 600本部分中的引用而成为本部分的条款。凡是注日期的引用文件其随后所有的修改单(不包括勘误的内容)或修订版均不适用于本部分。然而,鼓励根据本部分达成协议的各方研究是否可使用这些文件的最新版本。凡是不注日期的引用文件,其最新版本适用于本部分。

JT/T 600.1—2004 公路用防腐蚀粉末涂料及涂层 第1部分:通则

JT/T 600.2—2004 公路用防腐蚀粉末涂料及涂层 第2部分:热塑性聚乙烯粉末涂料及涂层

3 技术要求

3.1 粉体

3.1.1 外观质量

按JT/T 600.1—2004中4.1的规定执行。

3.1.2 理化性能

粉体理化性能应符合表1的要求。

表1 粉体理化性能

序 号	项 目	单 位	技术要求
1	挥发物含量	%	≤1
2	表观密度	g/cm^3	0.32~0.40
3	筛余物(50目)[a]	%	<5

[a] 筛网目数为50目时,对应筛网筛孔大小为270μm。

3.2 涂层

3.2.1 外观质量

按JT/T 600.1—2004中4.2.1的规定执行。

3.2.2 理化性能

涂层理化性能应符合表2的要求。

3.2.3 耐候性能

涂层耐候性能应符合JT/T 600.1—2004中4.2.3的要求,并且试验后涂层的拉伸强度的性能保留率应不小于80%。

4 试验方法

4.1 试样状态调节和试验环境条件

按 JT/T 600.1—2004 中 5.1 的相关规定进行。

4.2 试剂

按 JT/T 600.1—2004 中 5.2 的相关规定进行。

表 2 涂层理化性能

序号	项目		单位	技术要求
1	物理力学性能	光泽度(60°)	%	≥40
		拉伸强度	MPa	≥17
		断裂延伸率	%	≥200
		涂层硬度(邵氏 D 型)	/	≥38
2	涂层厚度		/	JT/T 600.1—2004 表 1 中第 1 项
3	涂层附着性能		/	JT/T 600.1—2004 表 1 中第 2 项
4	涂层耐冲击性(0.5kg·m)		/	JT/T 600.1—2004 表 1 中第 3 项
5	涂层抗弯曲性		/	JT/T 600.1—2004 表 1 中第 4 项
6	涂层耐化学腐蚀性		/	JT/T 600.1—2004 表 1 中第 5 项
7	涂层耐盐雾性能		/	JT/T 600.1—2004 表 1 中第 6 项
8	涂层耐湿热性能		/	JT/T 600.1—2004 表 1 中第 7 项

4.3 试验仪器和设备

按 JT/T 600.2—2004 中 4.3 的相关规定进行。

4.4 试验准备

按 JT/T 600.1—2004 中 5.4 的相关规定进行。

4.5 试验程序及结果

4.5.1 粉体

4.5.1.1 外观质量

按 JT/T 600.1—2004 中 5.5.1 的相关规定进行。

4.5.1.2 挥发物含量

按 JT/T 600.2—2004 中 4.5.1.2 的相关规定进行。

4.5.1.3 粒度分布(筛余物)

按 JT/T 600.2—2004 中 4.5.1.3 的相关规定进行。

4.5.1.4 表观密度

按 JT/T 600.2—2004 中 4.5.1.4 的相关规定进行。

4.5.2 涂层

4.5.2.1 外观质量

按 JT/T 600.1—2004 中 5.5.2.1 的相关规定进行。

4.5.2.2 光泽度

按 JT/T 600.2—2004 中 4.5.2.2 的规定进行。

4.5.2.3 涂层力学性能

按 JT/T 600.2—2004 中 4.5.2.3 的相关规定进行。

4.5.2.4 涂层硬度

按 JT/T 600.2—2004 中 4.5.2.4 的相关规定进行。

4.5.2.5 涂层厚度

按 JT/T 600.1—2004 中 5.5.2.2 的相关规定进行。

4.5.2.6 涂层附着性

按 JT/T 600.1—2004 中 5.5.2.3.2 的相关规定进行。

4.5.2.7 涂层耐冲击性

按 JT/T 600.1—2004 中 5.5.2.4 的相关规定进行。

4.5.2.8 涂层抗弯曲性

按 JT/T 600.1—2004 中 5.5.2.5 的相关规定进行。

4.5.2.9 涂层耐化学腐蚀性

按 JT/T 600.1—2004 中 5.5.2.6 的相关规定进行,试验溶液浓度和浸泡时间见表 3。

表 3 涂层耐化学腐蚀性能试验要求

溶液类型	溶液浓度,%	浸泡时间,h
H_2SO_4	30	720
NaOH	40	720
NaCl	10	720
注:H_2SO_4、NaOH 和 NaCl 溶液均为质量百分比浓度。		

4.5.2.10 涂层耐盐雾性能

按 JT/T 600.1—2004 中 5.5.2.7 的相关规定进行。

4.5.2.11 涂层耐湿热性能

按 JT/T 600.1—2004 中 5.5.2.8 的相关规定进行。

4.5.2.12 涂层耐低温脆化性能

按 JT/T 600.1—2004 中 5.5.2.9 的相关规定进行。

4.5.2.13 耐候性能

按 JT/T 600.1—2004 中 5.5.2.10 的相关规定进行。

5 检验规则

应符合 JT/T 600.1—2004 第 6 章的规定。

6 标志、包装、运输及贮存

应符合 JT/T 600.1—2004 第 7 章的规定。

ICS 93.080.30
P66
备案号：

中华人民共和国交通行业标准

JT/T 600.4—2004

公路用防腐蚀粉末涂料及涂层
第4部分：热固性聚酯粉末涂料及涂层

The corrosion resistant powder and coating for highway
Part4：Thermosetting Polyester powder and coating

2004-11-02 发布 2005-02-01 实施

中华人民共和国交通部 发布

公路用防腐蚀粉末涂料及涂层
第4部分:热固性聚酯粉末涂料及涂层

1 范围

JT/T 600的本部分规定了公路用防腐蚀热固性聚酯粉末涂料粉体和涂层的技术要求、试验方法、检验规则、标志、包装、运输和贮存等内容。

本部分适用于公路用防腐蚀热固性聚酯粉末涂料粉体和涂层。

2 规范性引用文件

下列文件中的条款通过在JT/T 600本部分中的引用而成为本部分的条款。凡是注日期的引用文件其随后所有的修改单(不包括勘误的内容)或修订版均不适用于本部分。然而,鼓励根据本部分达成协议的各方研究是否可使用这些文件的最新版本。凡是不注日期的引用文件,其最新版本适用于本部分。

GB/T 4472　化工产品密度、相对密度测定通则

GB/T 6554—1986　电器绝缘涂敷粉末试验方法(neq IEC 455-2-2)

GB/T 6739　涂膜硬度铅笔测定法(eqv JIS K 5400)

JT/T 600.1—2004　公路用防腐蚀粉末涂料及涂层 第1部分:通则

JT/T 600.2—2004　公路用防腐蚀粉末涂料及涂层 第2部分:热塑性聚乙烯粉末涂料及涂层

3 技术要求

3.1 粉体

3.1.1 外观质量

按JT/T 600.1—2004中4.1的规定执行。

3.1.2 理化性能

粉体理化性能应符合表1的要求。

表1　粉体理化性能

序　号	项　目		单　位	技术要求
1	挥发物含量		%	≤0.5
2	密度		g/cm³	1.4~1.8
3	粒度分布	>100μm	%	≤1
		<16μm		≤5
4	胶化时间(180℃)		min	1~5
5	水平流动性		mm	20~50

3.2 涂层

3.2.1 外观质量

按JT/T 600.1—2004中4.2.1的规定执行。

3.2.2 理化性能

涂层理化性能应符合表2的要求。

表 2 涂层理化性能

序 号	项 目		单 位	技术要求
1	物理力学性能	光泽度(60°)	%	≥75
		铅笔硬度	/	H~2H
		杯突试验	mm	≥6
2	涂层厚度		/	JT/T 600.1—2004 表 1 中第 1 项
3	涂层附着性能(划格法)		/	JT/T 600.1—2004 表 1 中第 2 项
4	涂层耐冲击性(0.5kg·m)		/	JT/T 600.1—2004 表 1 中第 3 项
5	涂层抗弯曲性		/	JT/T 600.1—2004 表 1 中第 4 项
6	涂层耐化学腐蚀性		/	JT/T 600.1—2004 表 1 中第 5 项
7	涂层耐盐雾性能		/	JT/T 600.1—2004 表 1 中第 6 项
8	涂层耐湿热性能		/	JT/T 600.1—2004 表 1 中第 7 项
注:光泽度(60°)一般要求为高光状态,若供求双方选用其他形式,则此项不做要求或由双方另行议定。				

3.2.3 耐候性能

涂层耐候性能应符合 JT/T 600.1—2004 中 4.2.3 的要求。

4 试验方法

4.1 试样状态调节和试验环境条件

按 JT/T 600.1—2004 中 5.1 的相关规定进行。

4.2 试剂

按 JT/T 600.1—2004 中 5.2 的相关规定进行。

4.3 试验仪器和设备

按 JT/T 600.2—2004 中 4.3 的相关规定进行。

4.4 试验准备

按 JT/T 600.1—2004 中 5.4 的相关规定进行。

4.5 试验程序及结果

4.5.1 粉体

4.5.1.1 外观质量

按 JT/T 600.1—2004 中 5.5.1 的相关规定进行。

4.5.1.2 挥发物含量

按 JT/T 600.2—2004 中 4.5.1.2 的相关规定进行。

4.5.1.3 密度

按 GB/T 4472 中的方法进行。

4.5.1.4 粒度分布(筛余物)

按 JT/T 600.2—2004 中 4.5.1.3 的相关规定进行。

4.5.1.5 胶化时间

按 GB/T 6554—1986 中 1.5 的方法进行。

4.5.1.6 水平流动性

按 GB/T 6554—1986 中 1.6 的方法进行。

4.5.2 涂层

4.5.2.1 外观质量

按 JT/T 600.1—2004 中 5.5.2.1 的相关规定进行。

4.5.2.2 光泽度

按 JT/T 600.2—2004 中 4.5.2.2 的相关规定进行。

4.5.2.3 铅笔硬度

按 GB/T 6739 的方法进行。

4.5.2.4 杯突试验

按 GB/T 6554—1986 中 2.8 的方法进行,要求试样为一面涂敷粉料。

4.5.2.5 涂层厚度

按 JT/T 600.1—2004 中 5.5.2.2 的相关规定进行。

4.5.2.6 涂层附着性

按 JT/T 600.1—2004 中 5.5.2.3.1 的相关规定进行。

4.5.2.7 涂层耐冲击性

按 JT/T 600.1—2004 中 5.5.2.4 的相关规定进行。

4.5.2.8 涂层抗弯曲性

按 JT/T 600.1—2004 中 5.5.2.5 的相关规定进行。

4.5.2.9 涂层耐化学腐蚀性

按 JT/T 600.1—2004 中 5.5.2.6 的相关规定进行,试验溶液浓度和浸泡时间见表 3。

表 3 涂层耐化学腐蚀性能试验要求

溶液类型	溶液浓度,%	浸泡时间,h
H_2SO_4	30	720
NaOH	1	240
NaCl	10	720
注:H_2SO_4、NaOH 和 NaCl 溶液均为质量百分比浓度。		

4.5.2.10 涂层耐盐雾性能

按 JT/T 600.1—2004 中 5.5.2.7 的相关规定进行。

4.5.2.11 涂层耐湿热性能

按 JT/T 600.1—2004 中 5.5.2.8 的相关规定进行。

4.5.2.12 耐候性能

按 JT/T 600.1—2004 中 5.5.2.10 的相关规定进行。

5 检验规则

应符合 JT/T 600.1—2004 第 6 章的规定。

6 标志、包装、运输及贮存

应符合 JT/T 600.1—2004 第 7 章的规定。

ICS 93.080.10
P 66
备案号：

中华人民共和国交通行业标准

JT/T 664—2006

公路工程土工合成材料 防水材料

Geosynthetics in highway engineerings — Waterproof materials

2006-12-19 发布 2007-03-01 实施

中华人民共和国交通部 发布

ICS 93.080.10
P 66
备案号：

中华人民共和国交通行业标准

JT/T 664—2006

公路工程土工合成材料 防水材料

Geosynthetics in highway engineerings — Waterproof materials

2006-12-19发布　　　　2007-03-01实施

中华人民共和国交通部　发布

公路工程土工合成材料　防水材料

1　范围

本标准规定了防水材料的术语和定义、分类、规格系列与尺寸允差、技术要求、试验方法、检验规则，以及标志、包装、运输和贮存的要求。

本标准适用于公路工程用防水材料。水运、铁路、水利、建筑、机场、海洋、环保和农业等领域工程用防水材料可参照执行。

2　规范性引用文件

下列文件中的条款通过本标准的引用而成为本标准的条款。凡是注日期的引用文件，其随后所有的修改单(不包括勘误的内容)或修订版均不适用于本标准，然而，鼓励根据本标准达成协议的各方研究是否可使用这些文件的最新版本。凡是不注日期的引用文件，其最新版本适用于本标准。

GB/T 328　沥青防水卷材试验方法

GB/T 1844.1　塑料及树脂缩写代号　第1部分:基础聚合物及其特征性能

GB 12952　聚氯乙烯防水卷材

GB 12953　氯化聚乙烯防水卷材

GB/T 12954　建筑胶粘剂通用试验方法

GB/T 13021　聚乙烯管材和管件炭黑含量的测定　热失重法(GB/T 13201—1991, neq ISO 6964:1986)

GB/T 14798　土工布　鉴别标志(GB/T 14798—1993, eqv ISO 10320:1991)

GB/T 16422.2　塑料实验室光源暴露试验方法　第2部分:氙弧灯(GB/T 16422.2—1999, idt ISO 4892-2:1994)

GB/T 16777　建筑防水涂料试验方法

GB 18173.1　高分子防水卷材　第1部分:片材

GB 18242　弹性体改性沥青防水卷材

GB 18243　塑性体改性沥青防水卷材

GB/T 18244　建筑防水材料老化试验方法

JC/T 500　聚氨酯防水涂料

JC/T 633　改性沥青聚乙烯胎防水卷材

JC/T 684　氯化聚乙烯 - 橡胶共混防水卷材

JC/T 852　溶剂型橡胶沥青防水涂料

JC/T 864　聚合物乳液建筑防水涂料

JC/T 894　聚合物水泥防水涂料

JT/T 480　交通工程土工合成材料　土工格栅

JT/T 513　公路工程土工合成材料　土工网

JT/T 514　公路工程土工合成材料　有纺土工织物

JT/T 518　公路工程土工合成材料　土工膜

JT/T 667　公路工程土工合成材料　无纺土工织物

JTG E50　公路工程土工合成材料试验规程

3 术语和定义

下列术语和定义适用于本标准。

3.1

防水卷材 waterproof rolls

采用高分子聚合物、改性材料、合成高分子复合材料,加入一定的功能性助剂等为辅料,以优质毡或复合毡为胎体,辅以功能性防水材料为覆面制成的平面防水片状卷材制品。

3.2

防水涂料 waterproof coatings

采用高分子聚合物及其改性材料以及合成高分子材料为原料,加入一定的功能性助剂等为辅料制成的防水糊状制品。

3.3

防水板 waterproof planks

以高分子聚合物及其改性材料以及合成高分子材料为原料,加入一定的功能性助剂等为辅料,经挤出成型的平面板状防水材料。

4 产品分类

4.1 分类

4.1.1 防水材料的代号为 R,按产品种类分为下列三类:

——防水卷材,代号:RJ;

——防水涂料,代号:RT;

——防水板,代号:RB。

4.1.2 高分子聚合物原材料名称与代号见表 1。

表 1 高分子聚合物原材料名称与代号

名 称	标识符	名 称	标识符
聚乙烯	PE	聚酰胺	PA
聚丙烯	PP	乙烯共聚物沥青	ECB
聚酯	PET	SBS 改性沥青	SBS
注:未列塑料及树脂基础聚合物的名称按 GB/T 1844.1 等规定表示。			

4.2 型号

产品型号表示如下:

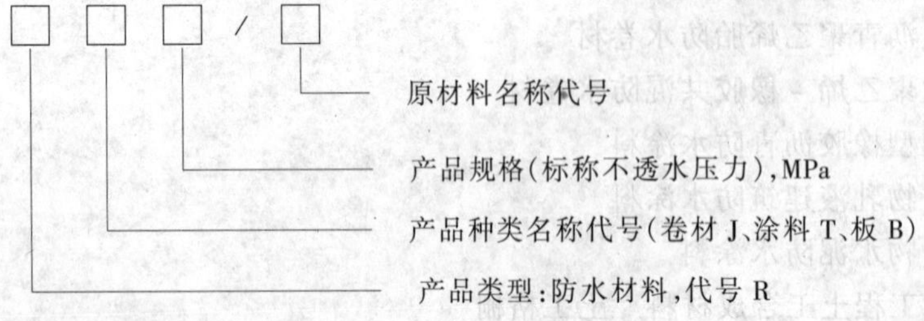

示例 1:

采用 SBS 改性沥青为主要原料制成的防水层体,不透水的水压力为 0.3MPa 的防水卷材(RJ),表示为:RJ0.3/SBS。

示例 2:

采用聚氨酯为主要原料制成的防水涂料,不透水的水压力为 0.3MPa 的防水涂料(RT),表示为:RT0.3/PU。

示例 3:

采用聚丙烯为主要原料制成的板状防水层,且不透水的水压力为 0.2MPa 的防水板(RB),表示为:RB0.2/PP。

5 产品规格系列与尺寸允许偏差

5.1 规格系列

产品规格系列见表 2。

表 2 产品规格系列

类 型	产品规格					
防水卷材	RJ0.1	RJ0.2	RJ0.3	RJ0.4	RJ0.5	RJ0.6
防水涂料	RT0.1	RT0.2	RT0.3	RT0.4	RT0.5	RT0.6
防水板	RB0.1	RB0.2	RB0.3	RB0.4	RB0.5	RB0.6

5.2 尺寸允许偏差

防水材料尺寸允许偏差应符合表 3 规定。

表 3 尺寸允许偏差

类型	项 目	允许偏差
防水卷材	单位面积质量(%)	±5
	厚度(%)	+10
	宽度(%)	+3
防水板	厚度(%)	+10

6 技术要求

6.1 理化性能

6.1.1 防水材料物理力学性能应满足表 4、表 5、表 6 规定的指标要求。

表 4 防水卷材技术性能指标

项 目	规 格					
	RJ0.1	RJ0.2	RJ0.3	RJ0.4	RJ0.5	RJ0.6
耐静水压力(MPa)	≥0.1	≥0.2	≥0.3	≥0.4	≥0.5	≥0.6
纵、横向拉伸强度(kN/m)	≥7					
纵、横向拉伸强度时的伸长率(%)	≥30					
纵、横向撕裂力(N)	≥30					
-15℃环境 180°角弯折两次的柔度	无裂纹					
90℃环境保持 2h 的耐热度	无滑动、流淌与滴落					
黏结剥离强度(kN/m)	≥0.8					
胎体增强材料的质量	增强胎体基布的技术性能按 JT/T 514 或 JT/T 664 选用					

表 5 防水涂料技术性能指标

项 目	规 格					
	RT0.1	RT0.2	RT0.3	RT0.4	RT0.5	RT0.6
耐静水压力(MPa)	≥0.1	≥0.2	≥0.3	≥0.4	≥0.5	≥0.6
可操作时间(min)	≥30					
潮湿基面黏结强度(MPa)	≥0.3					

表 5 （续）

项　目	规　格					
	RT0.1	RT0.2	RT0.3	RT0.4	RT0.5	RT0.6
表面干燥时间(h)	≤8					
实体干燥时间(h)	≤24					
浸水 168h 后抗拉强度(MPa)	≥0.5					

表 6　防水板技术性能指标

项　目	规　格					
	RB0.1	RB0.2	RB0.3	RB0.4	RB0.5	RB0.6
耐静水压力(MPa)	≥0.1	≥0.2	≥0.3	≥0.4	≥0.5	≥0.6
抗拉强度(MPa)	≥30					
抗拉强度时的伸长率(%)	≥300					
-20℃环境 180°角弯折两次的柔度	无裂纹					
热处理尺寸变化率(%)	≤2					

6.1.2　抗光老化要求应符合表 7 的规定。

表 7　防水材料抗光老化

项　目	要　求			
光老化等级	I	II	III	IV
辐射强度为 550W/m² 照射 150h 时拉伸强度保持率(%)	<50	50~80	80~95	>95
炭黑含量(%)	—	2.0~2.5		
注：对采用非炭黑作抗光老化助剂的防水材料，光老化等级参照执行。				

6.2　外观质量

防水材料外观质量应符合表 8 的要求。

表 8　外　观　质　量

类　型	要　求
防水卷材	无断裂、皱褶、折痕、杂质、胶块、凹痕、孔洞、剥离、边缘不整齐、胎体露白、未浸透、散布材料颗粒，卷端面错位不大于 50mm。切口平直、无明显锯齿现象
防水涂料	包装和商品标识完好无损、经搅拌分散均匀、无明显丝团等
防水板	无损伤、无破裂、无气泡、不粘结、无孔洞，无接头、断头和永久性皱褶。切口平直、无明显锯齿现象。直径 0.6mm~2.0mm 的杂质和僵块允许每平方米 20 个以内，直径 2.0mm 以上的不允许出现

7　试验方法

7.1　防水材的尺寸、单位面积质量、厚度、撕裂强度以及伸长率的测试均应按 JTG E50 的规定。

7.2　拉伸强度的测试按 JTG E50 中宽条法的规定。

7.3　防水材的不透水水压力、柔度、耐热度的测试按 GB/T 328、GB 12952、GB 12953 以及 GB 18242、GB 18243、JC/T 633、JC/T 684 的规定。

7.4　胶黏剂黏结剥离强度的测试按 GB/T 12954 的规定。

7.5　炭黑含量的测试按 GB/T 13021 的规定。

7.6 防水涂料的测试按 GB/T 16777、JC/T 500、JC/T 852、JC/T 864、JC/T 894 的规定。

7.7 防水板的测试按 GB 18173.1 的规定。

7.8 光老化强度保持率测试：

光老化照射试验按 GB/T 16422.2 的规定。标称拉伸强度测试按 JTG E50 的规定，并按下式计算抗光老化标称拉伸强度保持率：

$$\text{抗光老化拉伸强度保持率} = \frac{\text{照射后的拉伸强度}}{\text{照射前的拉伸强度}} \times 100\ \%$$

7.9 防水材料的老化试验按 GB 18244 的规定。

8 检验规则

产品经检验合格，并附有质量检验合格证，方可出厂。

8.1 检验分类

检验分为出厂检验和型式检验。

8.1.1 出厂检验

产品出厂时应进行出厂检验。

出厂检验项目应包括表 3、表 4 或表 5、表 6 以及 6.2 中的各项内容。

8.1.2 型式检验

有下列情况之一时，应进行型式检验：

a) 正式生产后，如结构、材料、工艺有较大改变，可能影响产品性能时；

b) 正常生产时，每半年进行一次型式检验；

c) 产品停产超过三个月，恢复生产时；

d) 出厂检验结果与上次型式检验有较大差异时；

e) 国家及部级质量监督机构提出进行型式检验要求时。

型式检验项目包括第 6 章中的各项内容。

8.2 组批与抽样

8.2.1 组批

产品以批为单位进行验收。同一牌号的原料、配方、规格和生产工艺，并稳定连续生产一定数量的产品为一批，每批数量不超过 300 卷(桶)。防水材每卷长度不宜小于 20m，且质量不宜大于 50kg；防水涂料每桶不宜超过 25kg。不足 300 卷(桶)则以五日产量为一批。

8.2.2 抽样

产品检验以批为单位，从每批产品中随机抽取两卷(桶)进行检验。

8.3 判定规则

8.3.1 外观质量的判定

样品外观质量应符合 6.2 的规定。

8.3.2 复检判定

若 6.1.1 全部合格，而 5.2 和 6.2 中只有一项不合格，则判为合格批；否则判为不合格批。

若 6.1.1 有一项不合格，则应在该批产品中重新抽取双倍样品制作试样，对 6.1.1 中的不合格项目进行复检，复检全部合格，则该批产品为合格；如果检测仍有一项不合格，则判该批产品为不合格。复检结果为最终判定依据。

9 标志、包装、运输和贮存

9.1 标志、包装

标志、包装按 GB/T 14798 的规定。

9.2 运输

产品在装卸运输过程中，不得抛摔，避免与尖锐物品混装运输，避免剧烈冲击。运输应有遮篷等防雨与防晒措施。

9.3 贮存

未掺加防老化助剂的防水材料产品不得露天存放，应避免日光长期照射，并离热源大于15m。对具有抗光老化能力以及掺加防老化助剂的无纺土工织物累积暴露存放不得超过一个月。

ICS 93.080.10
P 66
备案号:

中华人民共和国交通行业标准

JT/T 665—2006

公路工程土工合成材料　排水材料

Geosynthetics in highway engineerings — Drain materials

2006-12-19 发布

2007-03-01 实施

中华人民共和国交通部　发布

公路工程土工合成材料　排水材料

1　范围

本标准规定了排水材料的术语和定义、分类、规格系列与尺寸允许偏差、技术要求、试验方法、检验规则，以及标志、包装、运输和贮存的要求。

本标准适用于公路排水工程用排水材料。水运、铁路、水利、建筑、机场、海洋、环保和农业等领域工程用排水材料可参照执行。

2　规范性引用文件

下列文件中的条款通过本标准的引用而成为本标准的条款。凡是注日期的引用文件，其随后所有的修改单(不包括勘误的内容)或修订版均不适用于本标准，然而，鼓励根据本标准达成协议的各方研究是否可使用这些文件的最新版本。凡是不注日期的引用文件，其最新版本适用于本标准。

GB/T 1844.1　塑料及树脂缩写代号　第1部分:基础聚合物及其特征性能

GB/T 9647　热塑性塑料管材环刚度的测定

GB/T 13021　聚乙烯管材和管件炭黑含量的测定　热失重法(ISO 6964,neq)

GB/T 14798　土工布　鉴别标志(ISO 10320,eqv)

GB/T 16422.2　塑料实验室光源暴露试验方法　第2部分:氙弧灯(ISO 4892-2,idt)

JT/T 514　公路工程土工合成材料　有纺土工织物

JT/T 518　公路工程土工合成材料　土工膜

JT/T 667　公路工程土工合成材料　无纺土工织物

JTG E50　公路工程土工合成材料试验规程

3　术语和定义

下列术语和定义适用于本标准。

3.1

纵向通水量 portrait tonnage

排水材料在渗透坡降 i 为0.1时，水在单位时间里满断面流过排水材料的体积。

3.2

环刚度　encircle rigidity

管材在垂直轴线方向的外径的变形量为原内径的3%时，管材所承受的负荷。

3.3

排水带 plastic drainboard

以透水土工织物作为滤材，包裹不同形状的具有纵向排水通道的高分子聚合物芯板，组合成的具有一定宽度的复合型带状排水结构体(见图1)，又称:排水板。

3.4

长丝热粘排水体 drainage of hot agglutinated thread

由高分子聚合物长丝经热粘堆缠成不同几何形状的排水芯体，外包土工织物作滤材，组合成的具有一定断面尺寸的排水结构体(见图2)，又称:速排龙。

3.5

透水软管　osmosis water hose pipe

以经防腐处理、外覆高分子聚合物的弹簧钢丝或其他高强材料丝圈为骨架，外管壁采用复合土工织物包裹组成的土工透水软管(图3),又称:软式透水管。

3.6

透水硬管 osmosis water rigid pipe

以高分子聚合物或其他材料制成的多孔管材为排水芯体,外包土工织物为滤材,组合成的圆形土工复合硬式管状制品(见图4),又称:硬式透水管。

4 产品分类

4.1 分类

4.1.1 排水材料的代号为D,按应用种类分为下列四类:

——排水带,代号:DD;

——长丝热粘排水体,代号:DC;

——透水软管,代号:DR;

——透水硬管,代号:DY。

4.1.2 典型产品形状见图1、图2、图3和图4。

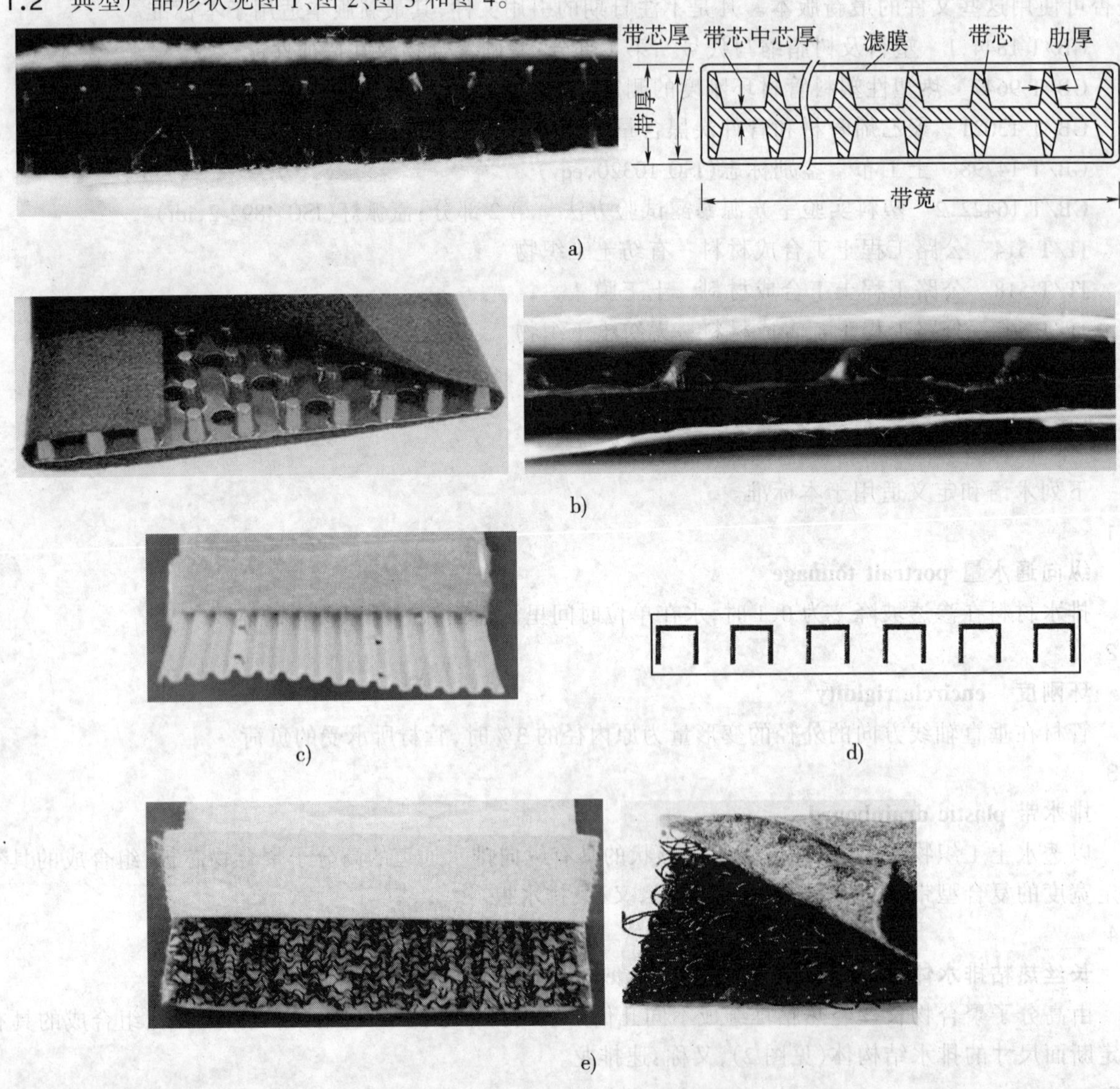

a)

b)

c)

d)

e)

图1 典型排水带(DD)示意图

a)双面64槽形排水带(C64);b)双面20丁形排水带(D20);c)双面30槽波形排水带(B30);d)双面11槽城墙形排水带(Q11);e)长丝交叠形排水带(L)

图 2　典型长丝热粘排水体(DC)示意图

a)圆形七孔型(Y7);b)圆形单孔型(Y1);c)圆形六柱支撑型(Z6);d)圆形三柱支撑型(Z3);e)矩形双孔型(J2);f)矩形五孔型(J5)

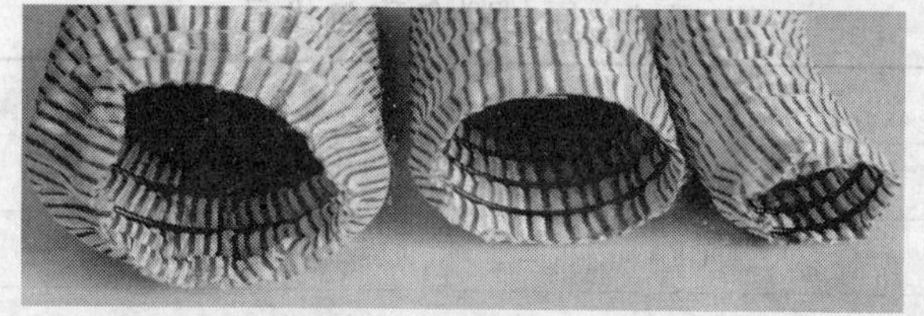

圆形单孔型(Y1)

图 3　典型透水软管(DR)示意图

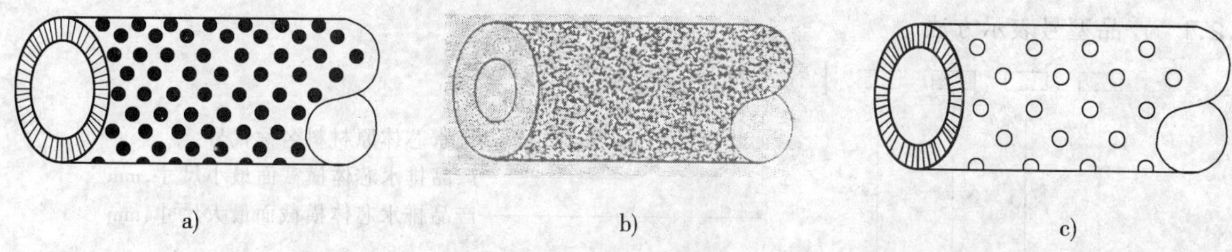

图 4　典型透水硬管(DY)示意图

a)合成树脂多孔管;b)水泥多孔管;c)钢花管

4.1.3 排水材料横截面形状

4.1.3.1 排水带(DD)(表1)

表1 排水带芯体横截面形状

横截面形状	代 号	横截面形状	代 号
双面槽形	C	丁字形	D
城墙形	Q	长丝交叠形	L
波形	B		

4.1.3.2 长丝热粘排水体(DC)(表2)

表2 长丝热粘排水体芯体横截面形状

横截面形状	代 号	横截面形状	代 号	横截面形状	代 号
矩形实芯	J0	圆形实芯	Y0	圆形三柱支撑	Z3
矩形单孔	J1	圆形单孔	Y1	圆形四柱支撑	Z4
矩形双孔	J2	圆形三孔	Y3	圆形五柱支撑	Z5
矩形四孔	J4	圆形五孔	Y5	圆形六柱支撑	Z6
注:未列横截面状况的排水芯体应特殊说明。					

4.1.3.3 透水软管(DR)(表3)

4.1.3.4 透水硬管(DY)(表4)

表3 透水软管簧圈代号

簧圈材料	代 号
钢丝簧圈	G
高强合成树脂簧圈	H

表4 透水硬管材料代号

硬管材料	代 号
合成树脂多孔管	H
水泥多孔管	S
钢花管	G

4.1.4 原材料名称与代号(表5)。

表5 原材料名称与代号

名 称	代 号	名 称	代 号
聚乙烯	PE	聚酯	PET
无碱玻璃纤维	GE	聚酰胺	PA
注1:表中未列塑料及树脂基础聚合物的名称缩写代号按国家标准 GB/T 1844.1 规定表示。 注2:禁止使用再生原料、有毒原料以及对环境有污染的原料生产排水材料。			

4.2 型号

4.2.1 产品型号表示方法

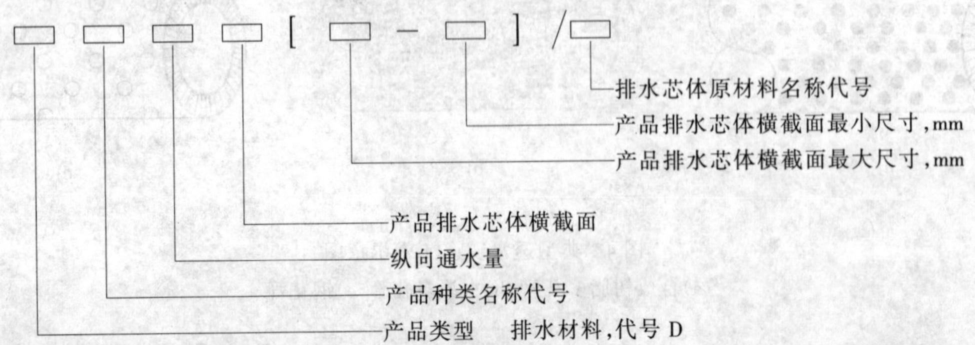

4.2.2 纵向通水量的单位

纵向通水量的单位通常用立方米每小时(m^3/h)表示,对于排水带用立方厘米每秒(cm^3/s)表示。

示例 1:

纵向通水量为 $80cm^3/s$,宽度是 150mm,厚度是 4.2mm 的聚乙烯双面 64 槽形(C64)的排水带,表示为:DD80C64(150—4.2)/PE。

示例 2:

纵向通水量为 $15m^3/h$,外径是 200mm,内径是 140mm 的聚乙烯圆形单孔(Y1)的长丝热粘排水体,表示为:DC15Y1(200—140)/PE。

示例 3:

纵向通水量为 $30m^3/h$,由钢丝簧圈作为软管内支撑,管壁为一层聚乙烯有纺土工织物的透水软管,表示为:DR30G/PE。

示例 4:

纵向通水量为 $15m^3/h$,由合成树脂多孔管作为硬内管,硬管壁外为一层聚乙烯无纺土工织物的透水硬管,表示为:DY15H/PE。

5 产品规格系列与尺寸允许偏差

5.1 规格系列

规格系列见表 6。

表 6 排水材料产品规格

类 型	代 号	产品规格								
排水带	D	DD30	DD40	DD50	DD60	DD70	DD80	DD100	DD120	DD180
长丝热粘排水体	C	DC0.5	DC1.0	DC1.5	DC3	DC5	DC10	DC15	DC20	DC25
透水软管	R	DR1.5	DR6	DR10	DR30	DR70	DR110	DR150	DR200	DR250
透水硬管	Y	DY5	DY10	DY15	DY20	DY50	DY100	DY150	DY200	DY250

5.2 尺寸允许偏差

排水材料尺寸允许偏差应符合表 7 规定。

表 7 轮廓尺寸允许偏差

类 型	项 目	允许偏差(%)
排水带或长丝热粘排水体	芯体纵向单位长度质量	+5
	芯体外轮廓厚度(芯体横断面最小几何尺寸)	±5
	芯体宽度(芯体横断面最大几何尺寸)	+3
透水软管	软管外径尺寸	±2.5
透水硬管(花管)	硬管(花管)外径尺寸	+2.5
外包裹滤布	滤布的尺寸偏差按 JT/T 667(无纺土工织物)或 JT/T 514 选用	

6 技术要求

6.1 理化性能

6.1.1 排水材料的物理力学性能应满足表 8、表 9、表 10、表 11 和表 12 规定指标的要求。

表 8 排水带芯板技术性能指标

项目	型号								
	DD30	DD40	DD50	DD60	DD70	DD80	DD100	DD120	DD180
纵向通水量(cm^3/s)	≥30	≥40	≥50	≥60	≥70	≥80	≥100	≥120	≥180
纵向拉伸强度(kN/10cm)	≥2								
延伸率(%)	≥6								
抗弯折性能	180°对折 10 次无断裂								

表 9 长丝热粘排水体(速排龙)芯体技术性能指标

项目		型号								
		DC0.5	DC1.0	DC1.5	DC3	DC5	DC10	DC15	DC20	DC25
纵向通水量(m^3/h)		≥0.5	≥1.0	≥1.5	≥3	≥5	≥10	≥15	≥20	≥25
耐压力(kPa)	压应变 10%时	≥100					≥70		≥50	
	压应变 20%时	≥180					≥110		≥90	
塑丝抗弯折性能		180°对折 8 次无断裂								
实体(管壁)孔隙率(%)		≥70								

表 10 透水软管技术性能指标

项目		型号								
		DR1.5	DR6	DR10	DR30	DR70	DR110	DR150	DR200	DR250
纵向通水量(m^3/h)		≥1.5	≥6	≥10	≥30	≥70	≥110	≥150	≥200	≥250
扁平耐压力(kN/m)	1%	≥0.10	≥0.18	≥0.40	≥0.78	≥1.00	≥1.15	≥1.30	≥1.55	≥1.80
	2%	≥0.18	≥0.40	≥0.78	≥1.00	≥1.20	≥1.35	≥1.50	≥1.75	≥2.00
	3%	≥0.40	≥0.78	≥1.20	≥1.40	≥1.70	≥1.75	≥1.85	≥1.90	≥1.95
	4%	≥0.70	≥1.20	≥1.50	≥1.80	≥2.10	≥2.15	≥2.30	≥2.55	≥2.80
	5%	≥1.20	≥1.50	≥1.80	≥2.00	≥2.30	≥2.55	≥2.80	≥3.10	≥3.40

表 11 透水硬管(渗水管或花管)技术性能指标

项目	型号								
	DY5	DY10	DY15	DY20	DY50	DY100	DY150	DY200	DY250
纵向通水量(m^3/h)	≥5	≥10	≥15	≥20	≥50	≥100	≥150	≥200	≥250
管壁开孔率(%)	≥30								

表 12 透水硬管(渗水管或花管)的环刚度指标

项目		壁厚(mm)						
外径(mm)	50	2.0	2.0	2.0	2.1	2.2	2.3	2.4
	63	2.0	2.2	2.5	2.6	2.7	2.8	3.0
	75	2.3	2.6	2.9	3.0	3.2	3.4	3.6
	90	2.8	3.1	3.5	3.7	3.9	4.1	4.3
环刚度(kPa)		≥2	≥3	≥4	≥5	≥6	≥7	≥8
注:对于表中无相应管材规格尺寸时,应采用内差法取高值确定环刚度指标。								

6.1.2 滤布的技术性能应满足 JT/T 667 或 JT/T 514 的有关规定。当采用短纤类无纺土工织物作为塑料排水带(板)的滤布时,其纵、横向梯形撕破强度不得小于 30N。

6.1.3 排水材料的抗光老化等级应符合表 13 的规定。

表 13 排水材料抗光老化等级

光老化等级	I	II	III	IV
辐射强度为 550W/m^2 照射 150h,标称拉伸强度保持率(%)	< 50	50 ~ 80	80 ~ 95	> 95
炭黑含量(%)	—	2.0 ~ 2.5		
注:对采用非炭黑作抗光老化助剂的排水材料,光老化等级参照执行。				

6.2 外观质量

6.2.1 产品颜色应色泽均匀,无明显油污。

6.2.2 产品无损伤、无破裂。

7 试验方法

7.1 排水材料孔眼尺寸、单位面积质量、厚度以及伸长率的测试均应按 JTG E50 的规定进行。

7.2 排水带纵向梯形撕裂力、拉伸强度测试按 JTG E50 的规定进行。

7.3 炭黑含量测试按 GB/T 13021 的规定进行。

7.4 排水材料通水量测试按附录 A 的规定进行。

7.5 透水硬管环刚度测试按 GB/T 9647 的规定进行。

7.6 抗弯折性能测试按 JT/T 518 的规定进行。

7.7 光老化强度保持率测试:

光老化照射试验按 GB/T 16422.2 的规定进行。对标称拉伸强度的测试按 JTG E50 的规定进行,并按下式计算抗光老化标称拉伸强度保持率:

$$\text{抗光老化标称拉伸强度保持率} = \frac{\text{照射后的拉伸强度}}{\text{照射前的拉伸强度}} \times 100\ \% \tag{1}$$

7.8 透水硬管开孔率测试:

在长度为 2m 以上透水硬管中部,标记 1m 长作为测试管段,则

$$\text{开孔率} = \frac{\text{管外表面的开孔总面积}}{\text{管的外表面面积}} \times 100\ \% \tag{2}$$

8 检验规则

产品经检验合格,并附有质量检验合格证,方可出厂。

8.1 检验分类

检验分为出厂检验和型式检验。

8.1.1 出厂检验

产品出厂时应进行出厂检验。

出厂检验项目应包括表 7、表 8 或表 9、表 10、表 11、表 12 以及 6.1.2 和 6.3 中的各项内容。

8.1.2 型式检验

有下列情况之一时应进行型式检验:

a) 正式生产后,如结构、材料、工艺有较大改变,可能影响产品性能时;

b) 正常生产时,每半年进行一次型式检验;

c) 产品停产超过三个月,恢复生产时;

d) 出厂检验结果与上次型式检验有较大差异时;

e) 国家及部级质量监督机构提出进行型式检验要求时。

型式检验项目包括第6章中的各项内容。

8.2 组批与抽样

8.2.1 组批

产品以批为单位进行验收,同一牌号的原料、配方、规格和生产工艺,并稳定连续生产一定数量的产品为一批,每批数量不超过500卷(根),不足500卷(根)则以5日产量为一批。

8.2.2 抽样

产品检验以批为单位,从每批产品中随机抽取两卷(根)进行检验。

8.3 判定规则

8.3.1 外观质量的判定

样品外观质量应符合6.3的规定。

8.3.2 复检判定

若6.1.1、6.1.2和6.2全部合格,而5.2、6.3中只有一项不合格,则判为合格批。

若6.1.1、6.1.2和6.2有一项不合格,则应在该批产品中重新抽取双倍样品制作试样,对6.1.1、6.1.2和6.2中的不合格项目进行复检,复检全部合格,则该批产品为合格;复检如果仍有一项不合格,则判为该批产品不合格。复检结果为最终判定依据。

9 标志、包装、运输和贮存

9.1 标志、包装

标志、包装应按GB/T 14798的规定。

9.2 运输

产品在装卸运输过程中,不得抛摔,避免与尖锐物品混装运输,避免剧烈冲击。运输工具应有遮篷等防雨与防晒措施。

9.3 贮存

产品不得露天存放,应避免日光长期照射,并离热源大于15m。掺加防老化助剂的排水材料累积暴露存放不得超过一个月,未掺加防老化助剂的排水材料不得暴露存放。

附录 A
（规范性附录）
排水材通水量测试

A.1 原理

纵向通水量：排水材料在常温下，当水力坡降 i 为 0.1 时，稳定水流在单位时间里充满断面纵向流过排水材料芯体的体积。

A.2 试验器具

A.2.1 通水量试验仪：读数精度为 ±0.15 m^3/h。

A.2.2 温度计：0～+50℃，±0.5℃。

A.3 试样

取外观质量合格的样品，截取纵向尺寸长为 30cm 的排水材芯体试样 4 块。

A.4 试验步骤

根据排水材料的型号确定通水量的范围。试样的横向外表面密封，将试样与通水量试验仪密封连接。缓慢打开通水开关，启动上水水泵，待水流系统稳定后，调整排水材料两端的水位高差为 30mm。保持水流稳定流动 5min。测读在单位时间内通过试样的水流流量即为通水量。

A.5 试验数据

A.5.1 标准温度（20℃）下的纵向通水量 Q_{20} 按下式计算：

$$Q_{20} = Q_t \frac{\eta_t}{\eta_{20}}$$

式中：Q_t——t℃温度下的通水量，cm^3/s 或 m^3/h；

η_t——t℃试验水温时水的动力黏滞系数，kPa·s；

η_{20}——20℃试验水温时水的动力黏滞系数，kPa·s。

A.5.2 试验数据取值

取 4 个试样在标准温度下的纵向通水量 Q_{20} 试验结果的算术平均值，作为试验结果。平行差不大于 0.3 m^3/h。

ICS 93.080.10
P 66
备案号:

中华人民共和国交通行业标准

JT/T 666—2006

公路工程土工合成材料 轻型硬质泡沫材料

Geosynthetics in highway engineerings —Foam materials of lightweight and stereoplasm

2006-12-19 发布　　2007-03-01 实施

中华人民共和国交通部　发布

公路工程土工合成材料　轻型硬质泡沫材料

1　范围

本标准规定了轻型硬质泡沫材料的术语和定义、分类、规格与尺寸允许偏差、技术要求、试验方法、检验规则,以及标志、包装、运输和贮存的要求。

本标准适用于公路工程的现场和工厂发泡的轻型硬质泡沫材料。水运、铁路、水利、建筑、环保和农业等领域工程用轻型硬质泡沫材料可参照执行。

2　规范性引用文件

下列文件中的条款通过本标准的引用而成为本标准的条款。凡是注日期的引用文件,其随后所有的修改单(不包括勘误的内容)或修订版均不适用于本标准,然而,鼓励根据本标准达成协议的各方研究是否可使用这些文件的最新版本。凡是不注日期的引用文件,其最新版本适用于本标准。

GB/T 1844.1　塑料及树脂缩写代号　第1部分:基础聚合物及其特征性能

GB/T 2918　塑料试样状态调节和试验的标准环境(GB/T 2918—1998,idt ISO 291:1997)

GB/T 6342　泡沫塑料与橡胶　线性尺寸的测定(GB/T 6342—1996,idt ISO 1923:1981)

GB/T 8810　硬质泡沫塑料吸水率的测定(GB/T 8810—2005,ISO 2896:1986,MOD)

GB/T 8811　硬质泡沫塑料尺寸稳定性试验方法(GB/T 8811—1988,eqv ISO 2796:1980)

GB/T 8813　硬质泡沫塑料压缩试验方法(GB/T 8813—1988,idt ISO 844:1978)

GB/T 13021　聚乙烯管材和管件炭黑含量的测定　热失重法(GB/T 13201—1991,neq ISO 6964:1986)

GB/T 14798　土工布　鉴别标志(GB/T 14798—1993,eqv ISO 10320:1991)

GB/T 16422.2　塑料实验室光源暴露试验方法　第2部分:氙弧灯(GB/T 16422.2—1999,idt ISO 4892—2:1994)

GB/T 18244　建筑防水材料老化试验方法

JTG E50　公路工程土工合成材料试验规程

3　术语和定义

下列术语和定义适用于本标准。

轻型硬质泡沫材料　foam-sheet materials of lightweight and stereoplasm

采用高分子聚合物为原料与适量的化学发泡剂、催化剂、稳定剂、溶剂等为辅助料,经过发泡而制成的一种硬质闭孔状材料。

4　产品分类

4.1　分类

4.1.1　轻型硬质泡沫材料的代号为S。轻型硬质泡沫材料按产品发泡成型工艺地点的不同分为两类:

——工厂发泡的轻型硬质泡沫材料,代号为SG;

——现场发泡的轻型硬质泡沫材料,代号为SX。

4.1.2　高分子聚合物原材料名称与代号见表1。

表 1 高分子聚合物原材料名称与代号

名　称	代　号	名　称	代　号
聚乙烯	PE	聚酰胺	PA
聚丙烯	PP	聚氨酯	PU
注：未列塑料及树脂基础聚合物的名称按 GB/T 1844.1 等规定表示。			

4.2 型号

产品型号如下：

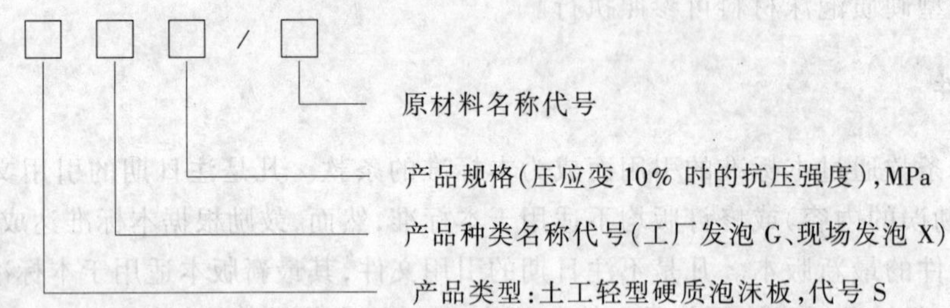

示例 1：压应变 10%时的耐压力为 0.3MPa，主要原料为聚乙烯的工厂发泡的轻型硬质泡沫材料体(SG)，表示为：SG0.3/PE。

示例 2：压应变 10%时的耐压力为 1.0MPa，主要原料为聚氨酯的现场发泡的轻型硬质泡沫材料体(SX)，表示为：SX1.0/PU。

5 产品规格系列与尺寸允许偏差

5.1 规格系列

产品规格系列见表 2。

表 2 产 品 规 格 系 列

类　型	产 品 规 格								
工厂发泡的泡沫板	SG0.1	SG0.15	SG0.2	SG0.25	SG0.5	SG1.0	SG1.5	SG2.0	SG3.0
现场发泡的泡沫板	SX0.1	SX0.15	SX0.2	SX0.25	SX0.5	SX1.0	SX1.5	SX2.0	SX3.0

5.2 尺寸允许偏差

轻型硬质泡沫材料的密度要求不大于 $0.05g/cm^3$，质量、尺寸的允许偏差应符合表 3 规定。

表 3 轻型硬质泡沫材料质量、尺寸的允许偏差

项　目	允 许 值	项　目	允 许 值
单位面积质量相对偏差(%)	±2	工厂生产的泡沫板长度(m)	≥1.5
厚度相对偏差(%)	+5	对角线偏差(%)	≤0.2
宽度相对偏差(%)	+3		

6 技术要求

6.1 理化性能

6.1.1 物理力学性能应符合表 4 的规定。

表 4　轻型硬质泡沫材料技术性能指标

项　目	规　格								
	SG0.1	SG0.15	SG0.2	SG0.25	SG0.5	SG1.0	SG1.5	SG2.0	SG3.0
	SX0.1	SX0.15	SX0.2	SX0.25	SX0.5	SX1.0	SX1.5	SX2.0	SX3.0
压应变 10%时的耐压力(MPa)	≥0.1	≥0.15	≥0.2	≥0.25	≥0.5	≥1.0	≥1.5	≥2.0	≥3.0
湿度 100% 温度 -60℃ ~ +90℃ 环境下尺寸稳定性(%)	≤±1								
吸水率(24h)(%)	≤5								

6.1.2　轻型硬质泡沫材料的抗光老化等级应符合表 5 的规定。

表 5　轻型硬质泡沫材料抗光老化等级

项　目	要　求			
光老化等级	Ⅰ	Ⅱ	Ⅲ	Ⅳ
辐射强度为 550W/m²,照射 150h 拉伸强度保持率(%)	<50	50~80	80~95	>95
炭黑含量(%)	—	2.0~2.5		
注:对采用非炭黑作抗光老化助剂的轻型硬质泡沫材料,光老化等级参照执行。				

6.2　外观

6.2.1　产品颜色应色泽均匀,边缘整齐、无明显油污、无损伤、无破裂。

6.2.2　轻型硬质泡沫材料外观质量还应符合下列要求:

——无永久性皱褶、杂质、胶块、凹痕、孔洞和散布材料颗粒;

——切口平直、无明显锯齿现象。

7　试验方法

7.1　试验的状态调节按 GB/T 2918 的规定进行。

7.2　尺寸、密度、单位面积质量、厚度的测试按 JTG E50 的规定进行。

7.3　耐压力测定按 GB/T 8813 的规定进行

7.4　轻型硬质泡沫板在 100%湿度环境下的尺寸稳定性、尺寸稳定温度范围的测试均应按 GB/T 8811 和 GB/T 6342 的规定进行。

7.5　吸水率测试按 GB/T 8810 的规定进行。

7.6　炭黑含量测试按 GB/T 13021 的规定进行。

7.7　光老化强度保持率测试:

光老化照射试验按 GB/T 16422.2 的规定进行。对标称拉伸强度的测试按 JTG E50 的规定进行,并按下式计算抗光老化标称拉伸强度保持率:

$$\text{抗光老化拉伸强度保持率} = \frac{\text{照射后的拉伸强度}}{\text{照射前的拉伸强度}} \times 100\% \tag{1}$$

7.8　轻型硬质泡沫材料的老化应按 GB/T 18244 的规定进行。

8　检验规则

产品经检验合格,并附有质量检验合格证,方可出厂。

8.1　检验分类

检验分为出厂检验和型式检验。

8.1.1　出厂检验

产品出厂时应进行出厂检验。

出厂检验项目应包括表3、表4以及6.2中的各项内容。

8.1.2 型式检验

有下列情况之一时应进行型式检验：

a) 正式生产后，如结构、材料、工艺有较大改变，可能影响产品性能时；

b) 正常生产时，每半年进行一次型式检验；

c) 产品停产超过三个月，恢复生产时；

d) 出厂检验结果与上次型式检验有较大差异时；

e) 国家及部级质量监督机构提出进行型式检验要求时。

型式检验项目包括第6章中的各项内容。

8.2 组批与抽样

8.2.1 组批

产品以批为单位进行验收。同一牌号的原料、配方、规格和生产工艺，并稳定连续生产一定数量的产品为一批，每批数量不少于200m^3。不足200m^{3}则以五日产量为一批。

8.2.2 抽样

产品检验以批为单位，从每批产品中随机抽取两块整板进行检验。

8.3 判定规则

8.3.1 外观质量的判定

样品外观质量应符合6.2的规定。

8.3.2 复检判定

若6.1.1全部合格，而5.2和6.2中只有一项不合格，则判为合格批；否则判为不合格批。

若6.1.1有一项不合格，则应在该批产品中重新抽取双倍样品制作试样，对6.1.1中的不合格项目进行复检，复检全部合格，则该批产品为合格；如果复检仍有一项不合格，则判该批产品为不合格。复检结果为最终判定依据。

9 标志、包装、运输和贮存

9.1 标志、包装

标志、包装按GB/T 14798的规定进行。

9.2 运输

产品在装卸运输过程中，不得抛摔，避免与尖锐物品混装运输，避免剧烈冲击。运输工具应有遮篷等防雨、防日晒设施。

9.3 贮存

未掺加防老化助剂的轻型硬质泡沫材料产品不得露天存放，应避免日光长期照射，并离热源大于15m。对具有抗光老化能力以及掺加防老化助剂的轻型硬质泡沫材料累积暴露存放不得超过一个月。

ICS 93.080.10
P 66
备案号：

中华人民共和国交通行业标准

JT/T 667—2006

公路工程土工合成材料　无纺土工织物

Geosynthetics in highway engineerings — Nonwoven geotextiles

2006-12-19 发布　　2007-03-01 实施

中华人民共和国交通部　发布

ICS 93.080.10
P 66
备案号：

中华人民共和国交通行业标准

JT/T 667—2006

公路工程土工合成材料 无纺土工织物

Geosynthetics in highway engineerings — Nonwoven geotextiles

2006-12-19 发布　　2007-03-01 实施

中华人民共和国交通部　发布

公路工程土工合成材料　无纺土工织物

1　范围

本标准规定了无纺土工织物的分类、规格系列与尺寸允差、技术要求、试验方法、检验规则,以及标志、包装、运输和贮存的要求。

本标准适用于公路工程用无纺土工织物。水运、铁路、水利等工程用无纺土工织物可参照执行。

2　规范性引用文件

下列文件中的条款通过本标准的引用而成为本标准的条款。凡是注日期的引用文件,其随后所有的修改单(不包括勘误的内容)或修订版均不适用于本标准。然而,鼓励根据本标准达成协议的各方研究是否可使用这些文件的最新版本。凡是不注日期的引用文件,其最新版本适用于本标准。

GB/T 1844.1　塑料及树脂缩写代号　第1部分:基础聚合物及其特征性能

GB/T 13021　聚乙烯管材和管件炭黑含量的测定　热失重法(GB/T 13021—1991,neq ISO 6964:1986)

GB/T 14798　土工布　鉴别标志(GB/T 14798—1993,eqv ISO 10320:1991)

GB/T 16422.2　塑料实验室光源暴露试验方法　第2部分:氙弧灯(GB/T 16422.2—1999,idt ISO 4892-2:1994)

GB/T 18251　聚烯烃管材、管件和混配材中颜料或炭黑分散的测定方法

JTG E50　公路工程土工合成材料试验规程

3　产品分类

3.1　分类和结构

3.1.1　按纤丝的类型和固着成型工艺,无纺土工织物可分为八类:

——长丝热轧,代号:CZ;

——长丝热粘,代号:CN;

——长丝化粘,代号:CH;

——长丝针刺,代号:CC;

——短纤热轧,代号:DZ;

——短纤热粘,代号:DN;

——短纤化粘,代号:DH;

——短纤针刺,代号:DC。

3.1.2　无纺土工织物结构:

——长丝无纺土工织物:由高分子聚合物材料喷丝,经一定处理后形成的无限长的细丝,按照定向排列或任意连列并结合在一起的平面结构织物,代号为 TCZ;

——短纤无纺土工织物:由高分子聚合物材料喷丝,经一定处理后形成的无限长的细丝,再将细丝切割成短丝,按照定向排列或任意连列并结合在一起的平面结构织物,代号为 TDZ;

——针刺无纺土工织物:由长丝或短纤按一定要求和工艺的铺置成纤网,利用带刺口的针对纤网上下反复穿刺,使纤维相互缠结固着而形成的土工织物,代号为 TCC 或 TDC;

——热粘无纺土工织物:由长丝或短纤按一定要求和工艺的铺置成纤网,让纤网在一定温度下热粘,使纤维之间相互粘合固着而形成的土工织物,代号为 TCN 或 TDN;

——化粘无纺土工织物:由长丝或短纤按一定要求和工艺的铺置成纤网,对纤网加化学黏合剂使纤

维之间相互粘接固着而形成的土工织物,代号为 TCH 或 TDH。

3.2 原材料

原材料名称与代号见表 1。

表 1 原材料名称与代号

名 称	代 号	名 称	代 号
聚乙烯	PE	聚丙烯	PP
高密度聚乙烯	HDPE	聚酯	PES
无碱玻璃纤维	GE	聚酰胺	PA
注:未列原材料,其名称应特殊说明;未列塑料及树脂基础聚合物的名称缩写代号按 GB/T 1844.1 规定表示。			

3.3 型号

型号表示如下:

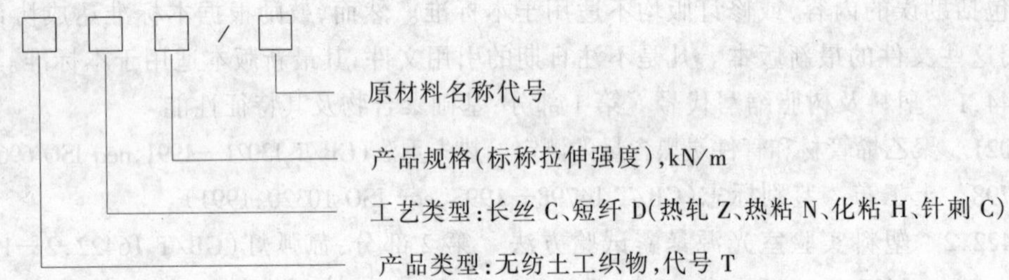

示例 1:拉伸强度为 15kN 的聚丙烯长丝热粘无纺土工织物,型号表示为:TCN15/PP。

示例 2:拉伸强度为 10kN 的聚乙烯短纤针刺无纺土工织物,型号表示为:TDC10/PE。

4 规格系列与尺寸允许偏差

4.1 规格系列

产品规格系列见表 2。

表 2 产品规格系列

类 型	型号规格									
长丝热轧	TCZ3	TCZ4	TCZ6	TCZ8	TCZ10	TCZ15	TCZ20	TCZ25	TCZ30	TCZ40
长丝热粘	TCN3	TCN4	TCN6	TCN8	TCN10	TCN15	TCN20	TCN25	TCN30	TCN40
长丝化粘	TCH3	TCH4	TCH6	TCH8	TCH10	TCH15	TCH20	TCH25	TCH30	TCH40
长丝针刺	TCC3	TCC4	TCC6	TCC8	TCC10	TCC15	TCC20	TCC25	TCC30	TCC40
短纤热轧	TDZ3	TDZ4	TDZ6	TDZ8	TDZ10	TDZ15	TDZ20	TDZ25	TDZ30	TDZ40
短纤热粘	TDN3	TDN4	TDN6	TDN8	TDN10	TDN15	TDN20	TDN25	TDN30	TDN40
短纤化粘	TDH3	TDH4	TDH6	TDH8	TDH10	TDH15	TDH20	TDH25	TDH30	TDH40
短纤针刺	TDC3	TDC4	TDC6	TDC8	TDC10	TDC15	TDC20	TDC25	TDC30	TDC40

4.2 尺寸允许偏差

无纺土工织物厚度不小于 0.5mm,尺寸允许偏差应符合表 3 规定。

表 3 尺寸允许偏差

项 目	偏差值(%)	项 目	偏差值(%)
单位面积质量	±10	幅宽	+0.5
厚度	±15		

5 技术要求

5.1 理化性能

5.1.1 物理力学性能应符合表4规定的指标要求。

表4 物理力学性能指标

项目	型号规格									
	TCZ3	TCZ4	TCZ6	TCZ8	TCZ10	TCZ15	TCZ20	TCZ25	TCZ30	TCZ40
	TCN3	TCN4	TCN6	TCN8	TCN10	TCN15	TCN20	TCN25	TCN30	TCN40
	TCH3	TCH4	TCH6	TCH8	TCH10	TCH15	TCH20	TCH25	TCH30	TCH40
	TCC3	TCC4	TCC6	TCC8	TCC10	TCC15	TCC20	TCC25	TCC30	TCC40
	TDZ3	TDZ4	TDZ6	TDZ8	TDZ10	TDZ15	TDZ20	TDZ25	TDZ30	TDZ40
	TDN3	TDN4	TDN6	TDN8	TDN10	TDN15	TDN20	TDN25	TDN30	TDN40
	TDH3	TDH4	TDH6	TDH8	TDH10	TDH15	TDH20	TDH25	TDH30	TDH40
	TDC3	TDC4	TDC6	TDC8	TDC10	TDC15	TDC20	TDC25	TDC30	TDC40
纵、横向拉伸强度(kN/m)	≥3	≥4	≥6	≥8	≥10	≥15	≥20	≥25	≥30	≥40
CBR 顶破强度(kN)	≥0.5	≥0.7	≥1.0	≥1.2	≥1.7	≥2.5	≥3.5	≥4.0	≥5.5	≥7.0
纵、横向梯形撕破强度(kN)	≥0.10	≥0.12	≥0.16	≥0.2	≥0.25	≥0.4	≥0.5	≥0.6	≥0.8	≥1.0
纵、横向拉伸断裂伸长率(%)	25~100									
等效孔径 O_{95}(mm)	0.07~0.3									

5.1.2 无纺土工织物抗光老化等级应符合表5的规定。

表5 无纺土工织物抗光老化等级

抗光老化等级	I	II	III	IV
光照辐射强度为550W/m^{2}照射150h,拉伸强度保持率(%)	<50	50~80	80~95	>95
炭黑含量(%)	—	2.0~2.5		
注:对不含炭黑或不采用炭黑作抗光老化助剂的无纺土工织物,其抗光老化等级的确定参照执行。				

5.2 外观质量

5.2.1 产品颜色应色泽均匀,无明显油污。

5.2.2 产品无损伤、无破裂。

5.2.3 外观质量还应符合表6规定。

表6 外观质量

序号	疵点名称	轻缺陷	备注
1	布面不均、折痕	轻微	—
2	杂物	软质、粗经≤5mm	—
3	边不良	≤300cm时,每50cm计一处	—
4	破损	≤0.5cm	以疵点最大长度计
要求		在一卷无纺土工织物上不允许存在重缺陷,轻缺陷每200m^{2}应不超过5个	

6 试验方法

6.1 纵、横向撕破强度、CBR 顶破强度、垂直渗透系数的测试均按 JTG E50 的规定进行。

6.2 等效孔径 O_{95}、单位面积质量以及伸长率的测试均按 JTG E50 的规定进行。

6.3 拉伸强度的测试按 JTG E50 的规定进行。

6.4 抗光老化拉伸强度保持率测试:光照射试验按标准 GB/T 16422.2 的规定进行。对拉伸强度的测试按 JTJ/T 060 的规定进行,并按下式计算抗光老化拉伸强度保持率:

$$\text{抗光老化拉伸强度保持率} = \frac{\text{照射后的拉伸强度}}{\text{照射前的拉伸强度}} \times 100\%$$

6.5 炭黑含量的测试应按 GB/T 13021 的规定进行。

6.6 炭黑分布的测试应按 GB/T 18251 的规定进行。

7 检验规则

产品经检验合格,并附有质量检验合格证,方可出厂。

7.1 检验分类

检验分为出厂检验和型式检验。

7.1.1 出厂检验

产品出厂时应进行出厂检验。

出厂检验项目应包括表 3 和表 4 中的各项内容。

7.1.2 型式检验

有下列情况之一时应进行型式检验:

a) 正式生产后,如结构、材料、工艺有较大改变,可能影响产品性能时;

b) 正常生产时,每半年进行一次型式检验;

c) 产品停产超过 3 个月,恢复生产时;

d) 出厂检验结果与上次型式检验有较大差异时;

e) 国家及部级质量监督机构提出进行型式检验要求时。

型式检验项目包括第 5 章中的各项内容。

7.2 组批与抽样

7.2.1 组批

产品以批为单位进行验收。同一牌号的原料、同一配方、同一规格和同一生产工艺并稳定连续生产的一定数量的产品为一批,每批数量不超过 500 卷,每卷长度大于或等于 30m,不足 500 卷则以五日产量为一批。

7.2.2 抽样

产品检验以批为单位,从每批产品中随机抽取三卷进行检验。

7.3 判定规则

7.3.1 外观质量的判定

样品外观质量应符合 5.2 的规定。

7.3.2 无纺土工织物外观疵点的规定

7.3.2.1 凡按长度扣分的疵点,均按最大长度计算。

7.3.2.2 外观疵点应符合表 6 的规定。

7.3.3 复检判定

若检验样品满足 5.1.1 的全部要求,而 4.2 和 5.2 中只有一项不合格,则判为合格批。若检验样品有一项不满足 5.1.1 的要求,则应在该批产品中重新抽取双倍样品制作试样,对 5.1.1 中的不合格项目

5 技术要求

5.1 理化性能

5.1.1 物理力学性能应符合表4规定的指标要求。

表4 物理力学性能指标

项 目	型号规格									
	TCZ3	TCZ4	TCZ6	TCZ8	TCZ10	TCZ15	TCZ20	TCZ25	TCZ30	TCZ40
	TCN3	TCN4	TCN6	TCN8	TCN10	TCN15	TCN20	TCN25	TCN30	TCN40
	TCH3	TCH4	TCH6	TCH8	TCH10	TCH15	TCH20	TCH25	TCH30	TCH40
	TCC3	TCC4	TCC6	TCC8	TCC10	TCC15	TCC20	TCC25	TCC30	TCC40
	TDZ3	TDZ4	TDZ6	TDZ8	TDZ10	TDZ15	TDZ20	TDZ25	TDZ30	TDZ40
	TDN3	TDN4	TDN6	TDN8	TDN10	TDN15	TDN20	TDN25	TDN30	TDN40
	TDH3	TDH4	TDH6	TDH8	TDH10	TDH15	TDH20	TDH25	TDH30	TDH40
	TDC3	TDC4	TDC6	TDC8	TDC10	TDC15	TDC20	TDC25	TDC30	TDC40
纵、横向拉伸强度(kN/m)	≥3	≥4	≥6	≥8	≥10	≥15	≥20	≥25	≥30	≥40
CBR 顶破强度(kN)	≥0.5	≥0.7	≥1.0	≥1.2	≥1.7	≥2.5	≥3.5	≥4.0	≥5.5	≥7.0
纵、横向梯形撕破强度(kN)	≥0.10	≥0.12	≥0.16	≥0.2	≥0.25	≥0.4	≥0.5	≥0.6	≥0.8	≥1.0
纵、横向拉伸断裂伸长率(%)	25~100									
等效孔径 O_{95}(mm)	0.07~0.3									

5.1.2 无纺土工织物抗光老化等级应符合表5的规定。

表5 无纺土工织物抗光老化等级

抗光老化等级	I	II	III	IV
光照辐射强度为 550W/m² 照射 150h,拉伸强度保持率(%)	<50	50~80	80~95	>95
炭黑含量(%)	—	—	2.0~2.5	
注:对不含炭黑或不采用炭黑作抗光老化助剂的无纺土工织物,其抗光老化等级的确定参照执行。				

5.2 外观质量

5.2.1 产品颜色应色泽均匀,无明显油污。

5.2.2 产品无损伤、无破裂。

5.2.3 外观质量还应符合表6规定。

表6 外观质量

序号	疵点名称	轻缺陷	备注
1	布面不均、折痕	轻微	—
2	杂物	软质、粗经≤5mm	—
3	边不良	≤300cm时,每50cm计一处	—
4	破损	≤0.5cm	以疵点最大长度计
要求		在一卷无纺土工织物上不允许存在重缺陷,轻缺陷每200m² 应不超过5个	

6 试验方法

6.1 纵、横向撕破强度、CBR顶破强度、垂直渗透系数的测试均按 JTG E50 的规定进行。

6.2 等效孔径 O_{95}、单位面积质量以及伸长率的测试均按 JTG E50 的规定进行。

6.3 拉伸强度的测试按 JTG E50 的规定进行。

6.4 抗光老化拉伸强度保持率测试：光照射试验按标准 GB/T 16422.2 的规定进行。对拉伸强度的测试按 JTJ/T 060 的规定进行，并按下式计算抗光老化拉伸强度保持率：

$$抗光老化拉伸强度保持率 = \frac{照射后的拉伸强度}{照射前的拉伸强度} \times 100\%$$

6.5 炭黑含量的测试应按 GB/T 13021 的规定进行。

6.6 炭黑分布的测试应按 GB/T 18251 的规定进行。

7 检验规则

产品经检验合格，并附有质量检验合格证，方可出厂。

7.1 检验分类

检验分为出厂检验和型式检验。

7.1.1 出厂检验

产品出厂时应进行出厂检验。

出厂检验项目应包括表3和表4中的各项内容。

7.1.2 型式检验

有下列情况之一时应进行型式检验：

a) 正式生产后，如结构、材料、工艺有较大改变，可能影响产品性能时；

b) 正常生产时，每半年进行一次型式检验；

c) 产品停产超过3个月，恢复生产时；

d) 出厂检验结果与上次型式检验有较大差异时；

e) 国家及部级质量监督机构提出进行型式检验要求时。

型式检验项目包括第5章中的各项内容。

7.2 组批与抽样

7.2.1 组批

产品以批为单位进行验收。同一牌号的原料、同一配方、同一规格和同一生产工艺并稳定连续生产的一定数量的产品为一批，每批数量不超过500卷，每卷长度大于或等于30m，不足500卷则以五日产量为一批。

7.2.2 抽样

产品检验以批为单位，从每批产品中随机抽取三卷进行检验。

7.3 判定规则

7.3.1 外观质量的判定

样品外观质量应符合5.2的规定。

7.3.2 无纺土工织物外观疵点的规定

7.3.2.1 凡按长度扣分的疵点，均按最大长度计算。

7.3.2.2 外观疵点应符合表6的规定。

7.3.3 复检判定

若检验样品满足5.1.1的全部要求，而4.2和5.2中只有一项不合格，则判为合格批。若检验样品有一项不满足5.1.1的要求，则应在该批产品中重新抽取双倍样品制作试样，对5.1.1中的不合格项目进行复检,复检全部合格,该批为合格;如果复检仍有一项不满足 5.1.1 的要求,则判为该批不合格。复检结果为最终判定依据。

8 标志、包装、运输和贮存

8.1 标志、包装

标志、包装按 GB/T 14798 的规定进行。

8.2 运输

产品在装卸运输过程中,不得抛摔,避免与尖锐物品混装运输,避免剧烈冲击。运输工具应有遮篷等防雨与防晒措施。

8.3 贮存

未掺加防老化助剂的无纺土工织物产品不得露天存放,应避免日光长期照射,并离热源大于 15m。对具有抗光老化能力以及掺加防老化助剂的无纺土工织物累积暴露存放不得超过 1 个月。玻纤无纺土工织物应贮存在无腐蚀气体、无粉尘和通风良好、干燥的室内。

进行复检,复检全部合格,该批为合格;如果复检仍有一项不满足5.1.1的要求,则判为该批不合格。复检结果为最终判定依据。

8 标志、包装、运输和贮存

8.1 标志、包装

标志、包装按GB/T 14798的规定进行。

8.2 运输

产品在装卸运输过程中,不得抛摔,避免与尖锐物品混装运输,避免剧烈冲击。运输工具应有遮篷等防雨与防晒措施。

8.3 贮存

未掺加防老化助剂的无纺土工织物产品不得露天存放,应避免日光长期照射,并离热源大于15m。对具有抗光老化能力以及掺加防老化助剂的无纺土工织物累积暴露存放不得超过1个月。玻纤无纺土工织物应贮存在无腐蚀气体、无粉尘和通风良好、干燥的室内。

ICS 93.080.10
P 66
备案号:

中华人民共和国交通行业标准

JT/T 668—2006

公路工程土工合成材料　保温隔热材料

Geosynthetics in highway engineerings — Thermal insulation materials

2006-12-19 发布　　2007-03-01 实施

中华人民共和国交通部　发布

ICS 93.080.10
P 66
备案号：

中华人民共和国交通行业标准

JT/T 668—2006

公路工程土工合成材料 保温隔热材料

Geosynthetics in highway engineerings — Thermal insulation materials

2006-12-19 发布　　　　2007-03-01 实施

中华人民共和国交通部　发布

5 技术要求

5.1 理化性能

5.1.1 物理力学性能应符合表4规定的指标要求。

表4 物理力学性能指标

项目	型号规格									
	TCZ3	TCZ4	TCZ6	TCZ8	TCZ10	TCZ15	TCZ20	TCZ25	TCZ30	TCZ40
	TCN3	TCN4	TCN6	TCN8	TCN10	TCN15	TCN20	TCN25	TCN30	TCN40
	TCH3	TCH4	TCH6	TCH8	TCH10	TCH15	TCH20	TCH25	TCH30	TCH40
	TCC3	TCC4	TCC6	TCC8	TCC10	TCC15	TCC20	TCC25	TCC30	TCC40
	TDZ3	TDZ4	TDZ6	TDZ8	TDZ10	TDZ15	TDZ20	TDZ25	TDZ30	TDZ40
	TDN3	TDN4	TDN6	TDN8	TDN10	TDN15	TDN20	TDN25	TDN30	TDN40
	TDH3	TDH4	TDH6	TDH8	TDH10	TDH15	TDH20	TDH25	TDH30	TDH40
	TDC3	TDC4	TDC6	TDC8	TDC10	TDC15	TDC20	TDC25	TDC30	TDC40
纵、横向拉伸强度(kN/m)	≥3	≥4	≥6	≥8	≥10	≥15	≥20	≥25	≥30	≥40
CBR 顶破强度(kN)	≥0.5	≥0.7	≥1.0	≥1.2	≥1.7	≥2.5	≥3.5	≥4.0	≥5.5	≥7.0
纵、横向梯形撕破强度(kN)	≥0.10	≥0.12	≥0.16	≥0.2	≥0.25	≥0.4	≥0.5	≥0.6	≥0.8	≥1.0
纵、横向拉伸断裂伸长率(%)	25~100									
等效孔径 O_{95}(mm)	0.07~0.3									

5.1.2 无纺土工织物抗光老化等级应符合表5的规定。

表5 无纺土工织物抗光老化等级

抗光老化等级	I	II	III	IV
光照辐射强度为550W/m^{2}照射150h,拉伸强度保持率(%)	<50	50~80	80~95	>95
炭黑含量(%)	—		2.0~2.5	
注:对不含炭黑或不采用炭黑作抗光老化助剂的无纺土工织物,其抗光老化等级的确定参照执行。				

5.2 外观质量

5.2.1 产品颜色应色泽均匀,无明显油污。

5.2.2 产品无损伤、无破裂。

5.2.3 外观质量还应符合表6规定。

表6 外观质量

序号	疵点名称	轻缺陷	备注
1	布面不均、折痕	轻微	—
2	杂物	软质、粗经≤5mm	—
3	边不良	≤300cm时,每50cm计一处	—
4	破损	≤0.5cm	以疵点最大长度计
要求		在一卷无纺土工织物上不允许存在重缺陷,轻缺陷每200m^{2}应不超过5个	

6 试验方法

6.1 纵、横向撕破强度、CBR 顶破强度、垂直渗透系数的测试均按 JTG E50 的规定进行。

6.2 等效孔径 O_{95}、单位面积质量以及伸长率的测试均按 JTG E50 的规定进行。

6.3 拉伸强度的测试按 JTG E50 的规定进行。

6.4 抗光老化拉伸强度保持率测试:光照射试验按标准 GB/T 16422.2 的规定进行。对拉伸强度的测试按 JTJ/T 060 的规定进行,并按下式计算抗光老化拉伸强度保持率:

$$\text{抗光老化拉伸强度保持率} = \frac{\text{照射后的拉伸强度}}{\text{照射前的拉伸强度}} \times 100\%$$

6.5 炭黑含量的测试应按 GB/T 13021 的规定进行。

6.6 炭黑分布的测试应按 GB/T 18251 的规定进行。

7 检验规则

产品经检验合格,并附有质量检验合格证,方可出厂。

7.1 检验分类

检验分为出厂检验和型式检验。

7.1.1 出厂检验

产品出厂时应进行出厂检验。

出厂检验项目应包括表 3 和表 4 中的各项内容。

7.1.2 型式检验

有下列情况之一时应进行型式检验:

a) 正式生产后,如结构、材料、工艺有较大改变,可能影响产品性能时;

b) 正常生产时,每半年进行一次型式检验;

c) 产品停产超过 3 个月,恢复生产时;

d) 出厂检验结果与上次型式检验有较大差异时;

e) 国家及部级质量监督机构提出进行型式检验要求时。

型式检验项目包括第 5 章中的各项内容。

7.2 组批与抽样

7.2.1 组批

产品以批为单位进行验收。同一牌号的原料、同一配方、同一规格和同一生产工艺并稳定连续生产的一定数量的产品为一批,每批数量不超过 500 卷,每卷长度大于或等于 30m,不足 500 卷则以五日产量为一批。

7.2.2 抽样

产品检验以批为单位,从每批产品中随机抽取三卷进行检验。

7.3 判定规则

7.3.1 外观质量的判定

样品外观质量应符合 5.2 的规定。

7.3.2 无纺土工织物外观疵点的规定

7.3.2.1 凡按长度扣分的疵点,均按最大长度计算。

7.3.2.2 外观疵点应符合表 6 的规定。

7.3.3 复检判定

若检验样品满足 5.1.1 的全部要求,而 4.2 和 5.2 中只有一项不合格,则判为合格批。若检验样品有一项不满足 5.1.1 的要求,则应在该批产品中重新抽取双倍样品制作试样,对 5.1.1 中的不合格项目进行复检,复检全部合格,该批为合格;如果复检仍有一项不满足 5.1.1 的要求,则判为该批不合格。复检结果为最终判定依据。

8 标志、包装、运输和贮存

8.1 标志、包装

标志、包装按 GB/T 14798 的规定进行。

8.2 运输

产品在装卸运输过程中,不得抛摔,避免与尖锐物品混装运输,避免剧烈冲击。运输工具应有遮篷等防雨与防晒措施。

8.3 贮存

未掺加防老化助剂的无纺土工织物产品不得露天存放,应避免日光长期照射,并离热源大于 15m。对具有抗光老化能力以及掺加防老化助剂的无纺土工织物累积暴露存放不得超过 1 个月。玻纤无纺土工织物应贮存在无腐蚀气体、无粉尘和通风良好、干燥的室内。

ICS 93.080.10
P 66
备案号：

中华人民共和国交通行业标准

JT/T 668—2006

公路工程土工合成材料　保温隔热材料

Geosynthetics in highway engineerings — Thermal insulation materials

2006-12-19 发布　　2007-03-01 实施

中华人民共和国交通部　发布

ICS 93.080.10
P 66
备案号

中华人民共和国交通行业标准

JT/T 668—2006

公路工程土工合成材料 保温隔热材料

Geosynthetics in highway engineerings — Thermal insulation materials

2006-12-19 发布　　2007-03-01 实施

中华人民共和国交通部 发布

公路工程土工合成材料　保温隔热材料

1　范围

本标准规定了保温隔热材料的术语和定义、分类、规格与尺寸允许偏差、技术要求、试验方法、检验规则，以及标志、包装、运输和贮存的要求。

本标准适用于公路路基等工程用保温隔热材料。水运、铁路、水利、建筑、环保和农业等领域工程用保温隔热材料可参照执行。

2　规范性引用文件

下列文件中的条款通过本标准的引用而成为本标准的条款。凡是注日期的引用文件，其随后所有的修改单(不包括勘误的内容)或修订版均不适用于本标准，然而，鼓励根据本标准达成协议的各方研究是否可使用这些文件的最新版本。凡是不注日期的引用文件，其最新版本适用于本标准。

GB/T 1844.1　塑料及树脂缩写代号　第一部分：基础聚合物及其特征性能

GB/T 2918　塑料试样状态调节和试验的标准环境(GB/T 2918—1998，idt ISO 291:1997)

GB/T 6342　泡沫塑料与橡胶　线性尺寸的测定(GB/T 6342—1996，idt ISO 1923:1981)

GB/T 8810　硬质泡沫塑料吸水率的测定(GB/T 8810—2005，ISO 2896:1986，MOD)

GB/T 8811　硬质泡沫塑料尺寸稳定性试验方法(GB/T 8811—1998，eqv ISO 2796:1980)

GB/T 8813　硬质泡沫塑料压缩试验方法(GB/T 8813—1998，idt ISO 844:1978)

GB/T 10294　绝热材料稳态热阻及有关特性的测定防护热板法和热流计法

GB/T 10295　绝热材料稳态热阻及有关特性的测定热流计法

GB/T 12027　塑料-薄膜和薄片-加热尺寸变化率试验方法

GB/T 14798　土工布　鉴别标志(GB/T 14798—1993，eqv ISO 10320:1991)

GB/T 17219　生活饮用水输配水设备及防护材料的安全性评价标准

GB/T 17642　土工合成材料　非织造复合土工膜

JT/T 518　公路工程土工合成材料　土工膜

JTG E50　公路工程土工合成材料试验规程

3　术语和定义

下列术语和定义适用于本标准。

保温隔热材料　thermal insulation materials

采用高分子聚合物为原料与适量的化学发泡剂、催化剂、稳定剂、溶剂等为辅助料，经过发泡而制成的一种软质或硬质闭孔状材料。

4　产品分类

4.1　分类

4.1.1　保温隔热材料分类代号为 H。

按保温隔热材料的软、硬(板状)和成型工艺，分为：

——软质模塑保温隔热材料，代号为 HRM；

——软质挤塑保温隔热材料，代号为 HRJ；

——硬质模塑保温隔热材料，代号为 HYM；

——硬质挤塑保温隔热材料,代号为 HYJ。

4.1.2 公路常用聚合物原材料名称与代号见表 1。

表 1 公路常用聚合物原材料名称与代号

名 称	代号	名 称	代号
丁腈聚合物	NPH	聚乙烯	PE
聚酯	PET	聚氨酯	PU
注 1:禁止使用有毒、有害的原材料。 注 2:未列塑料及树脂基础聚合物的名称按 GB/T 1844.1 等规定表示。			

4.2 型号

型号表示如下:

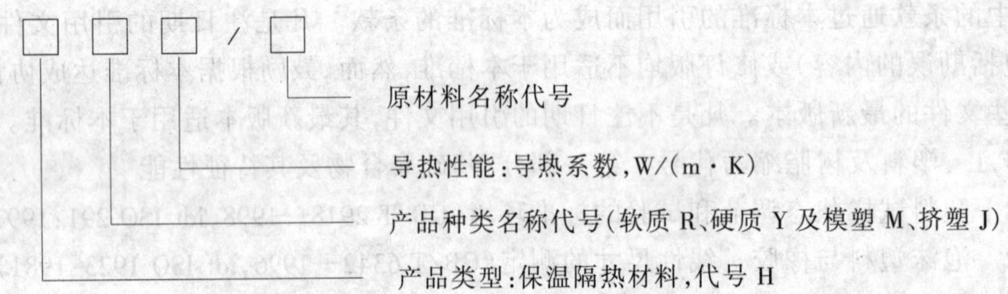

示例 1:

导热系数为 0.035W/(m·K)的丁腈聚合物软质挤塑保温隔热材料,表示为:HRJ0.035/NPH。

示例 2:

导热系数为 0.04 W/(m·K)的聚乙烯硬质模塑保温隔热材料,表示为:HYM0.04/PE。

5 产品规格系列与尺寸允许偏差

5.1 规格系列

产品规格系列见表 2。

表 2 产品规格系列

类 型	产 品 规 格						
软质模塑型	HRM0.1	HRM0.05	HRM0.04	HRM0.035	HRM0.03	HRM0.025	HRM0.02
软质挤塑型	HRJ0.1	HRJ0.05	HRJ0.04	HRJ0.035	HRJ0.03	HRJ0.025	HRJ0.02
硬质模塑型	HYM0.1	HYM0.05	HYM0.04	HYM0.035	HYM0.03	HYM0.025	HYM0.02
硬质挤塑型	HYJ0.1	HYJ0.05	HYJ0.04	HYJ0.035	HYJ0.03	HYJ0.025	HYJ0.02

5.2 尺寸允许偏差

保温隔热材料的尺寸允许偏差应符合表 3 规定。

表 3 保温隔热材料的尺寸允许偏差

项 目	允许偏差(%)	项 目	允许偏差(%)
厚度	+5	硬质材料长度	+1.0
宽度(幅宽)	+2.5		

5.3 材料成品

保温隔热材料成品应满足 GB/T 17219 的规定,密度、质量和尺寸应符合表 4 规定。

表 4　保温隔热材料成品的密度、质量和尺寸的允许值

检测项目	允许值	检测项目	允许值
密度(kg/m³)	≤70	软质材料幅宽(m)	≥1.1
单位面积质量相对偏差(%)	±2.5	软质材料纵向长度(m)	≥20

6　技术要求

6.1　物理力学性能应符合表5或表6的规定

表 5　软质保温隔热材料技术性能指标

项　目	型　号　规　格					
	HRM0.05	HRM0.04	HRM0.035	HRM0.03	HRM0.025	HRM0.02
	HRJ0.05	HRJ0.04	HRJ0.035	HRJ0.03	HRJ0.025	HRJ0.02
导热系数[W/(m·K)]	≤0.05	≤0.04	≤0.035	≤0.03	≤0.025	≤0.02
CBR 顶破力(N)	≥350					
纵、横向撕破力(N)	≥100					
抗压强度(10%变形)(kPa)	≥200					
纵、横向拉伸抗力(kN/m)	≥4					
纵、横向拉伸断裂伸长率(%)	≥150					
垂直渗透系数(cm/s)	≤10^{-7}					
耐静水压力(MPa)	≥0.2					
工作温度(℃)	-40~+70					
温度稳定性(%)	≤4					
浸水 96h 的吸水率(%)	≤1.5					
低温弯折性(-20℃)	无裂纹					
纵、横向尺寸变化率(%)	≤2					

表 6　硬质保温隔热材料技术性能指标

项　目	型　号　规　格					
	HYM0.05	HYM0.04	HYM0.035	HYM0.03	HYM0.025	HYM0.02
	HYJ0.05	HYJ0.04	HYJ0.035	HYJ0.03	HYJ0.025	HYJ0.02
导热系数[W/(m·K)]	≤0.05	≤0.04	≤0.035	≤0.03	≤0.025	≤0.02
CBR 顶破力(kN)	≥3	≥4.5	≥6	≥7.5	≥9	≥10.5
抗压强度(10%变形)(kPa)	≥300					
拉伸强度(kPa)	≥450					
纵、横向拉伸断裂伸长率(%)	≥10					
垂直渗透系数(cm/s)	≤10^{-11}					
耐静水压力(MPa)	≥0.2					
工作温度(℃)	-50~+70					
温度稳定性(%)	≤4					
浸水 96h 的吸水率(%)	≤1					
纵、横向尺寸变化率(%)	≤5					

6.2 外观质量

外观质量应符合表7或表8的规定。

表7 软质保温隔热材料外观质量

序号	项 目	要 求
1	切口	平直,无明显锯齿现象
2	颜色	色泽均匀、无明显油污
3	外观	无损伤、无破裂、不粘结、无孔洞、无接头和断头、无永久性皱褶
4	水云、云雾和机械划痕	不明显
5	杂质和僵块	直径0.6mm~2.0mm的杂质和僵块,允许每平方米20个以内,直径20mm以上的不允许出现
6	卷端面错位	≤10mm

表8 硬质保温隔热材料外观质量

序号	项 目	要 求
1	切口	平直,无明显锯齿现象
2	颜色	色泽均匀、无明显油污
3	外观	无损伤、无破裂、不粘结、无孔洞
4	水云、云雾和机械划痕	不明显
5	杂质和僵块	直径0.6mm~2.0mm的杂质和僵块,允许每平方米20个以内,直径20mm以上的不允许出现
6	端面错位	≤10mm

7 试验方法

7.1 试验的状态调节按GB/T 2918的规定进行。

7.2 尺寸、密度、单位面积质量、厚度和拉伸强度的测试按JTG E50的规定进行。

7.3 抗压强度测定按GB/T 8813的规定进行。

7.4 保温隔热材料在100%湿度环境下的尺寸稳定性、尺寸稳定温度范围的测试均应按GB/T 8811和GB/T 6342的规定进行。

7.5 吸水率测试按GB/T 8810的规定进行。

7.6 低温弯折性的测定按JT/T 518的规定进行。

7.7 纵、横向撕破力、CBR顶破力、垂直渗透系数的测定按JTG E50的规定进行。

7.8 耐静水压力试验按GB/T 17642的规定进行。

7.9 纵、横向尺寸变化率试验按GB/T 12027中的规定进行。

7.10 导热系数的测试按GB/T 10294和GB/T 10295的规定进行。

8 检验规则

出厂检验项目为5.2、5.3、表5或表6、表7或表8内容。产品需经检验合格,并附有质量检验合格证方可出厂。

8.1 检验分类

8.1.1 产品出厂时必须进行出厂检验。出厂检验的项目为要求指标的各项。

8.1.2 型式检验

有下列情况之一时,应进行型式检验:

a) 正式生产后,如结构、材料、工艺有较大改变,可能影响产品性能时;

b) 正常生产时,每半年进行一次型式检验;

c) 产品停产超过三个月,恢复生产时;

d) 出厂检验结果与上次型式检验有较大差异时;

e) 国家及部级质量监督机构提出进行型式检验要求时。

型式检验的项目包括本标准技术要求中的各项。

8.2 组批与抽样

8.2.1 组批

产品以批为单位验收,同一牌号的原料、同一配方、同一规格、同一生产工艺并稳定连续生产的一定数量的产品为一批。软质保温隔热材料,每批数量不超过500卷,每卷长度大于或等于20m,不足500卷则以五日产量为一批。硬质保温隔热材料,每批数量不超过5000块,不足5000块则以五日产量为一批。

8.2.2 抽样

产品检验以批为单位,从每批产品中随机抽取软质保温隔热材料五卷或硬质保温隔热材料10块进行检验。

8.3 判定规则

8.3.1 外观质量的判定

样品外观质量应符合6.2的规定。

8.3.2 复检判定

若6.1和6.2全部合格并满足GB/T 17219的规定,而表3和表4中只有一项不合格,则判为合格批;否则判为不合格。若不能满足GB/T 17219的规定,则判为该批产品不合格。

若6.1和6.2有一项不合格而满足GB/T 17219的规定,则应在该批产品中重新抽取双倍样品制作试样,对6.1和6.2中的不合格项目进行复检,复检全部合格,则该批产品为合格;如果复检仍有一项不合格,则判为该批产品不合格。复检结果为最终判定依据。

9 标志、包装、运输和贮存

9.1 标志、包装

标志、包装按GB/T 14798的规定进行。

9.2 运输

产品在装卸运输过程中,不得抛摔,避免与尖锐物品混装运输,避免剧烈冲击。运输工具应有遮篷等防雨、防日晒设施。

9.3 贮存

未掺加防老化助剂的保温隔热材料产品不得露天存放,应避免日光长期照射,并离热源大于15m。对具有抗光老化能力以及掺加防老化助剂的保温隔热材料累积暴露存放不得超过一个月。保温隔热材料应包装完好,贮存在无腐蚀气体、无粉尘和通风良好、干燥的室内。

ICS 93.080;ICS 91.100.01
P 66
备案号:

JT

中华人民共和国交通行业标准

JT/T 669—2006

公路工程土工合成材料
复合材料的分类、性能要求和试验方法

**Geosynthetics in highway engineerings —
Sort, capability demand and test method of composite materials**

2006-12-19 发布　　2007-03-01 实施

中华人民共和国交通部　发布

ICS 93.080; ICS 91.100.01
P 66
备案号：

中华人民共和国交通行业标准

JT/T 669—2006

公路工程土工合成材料
复合材料的分类、性能要求和试验方法

Geosynthetics in highway engineering —
Sort, capability demand and test method of composite materials

2006-12-13 发布　　2007-03-01 实施

中华人民共和国交通部　发布

公路工程土工合成材料
复合材料的分类、性能要求和试验方法

1 范围

本标准规定了复合材料的术语和定义、分类、性能要求和试验方法。

本标准适用于公路路基等工程用的复合材料。水运、铁路、水利、建筑、环保和农业等领域工程用复合材料可参照执行。

2 规范性引用文件

下列文件中的条款通过本标准的引用而成为本标准的条款。凡是注日期的引用文件,其随后所有的修改单(不包括勘误的内容)或修订版均不适用于本标准,然而,鼓励根据本标准达成协议的各方研究是否可使用这些文件的最新版本。凡是不注日期的引用文件,其最新版本适用于本标准。

GB/T 1844.1 塑料及树脂缩写代号 第1部分:基础聚合物及其特征性能

GB/T 1844.2 塑料及树脂缩写代号 第2部分:填充及增强材料

GB/T 1844.3 塑料及树脂缩写代号 第3部分:增塑剂

GB/T 2918 塑料试样状态调节和试验的标准环境

JT/T 480 交通工程土工合成材料 土工格栅

JT/T 513 公路工程土工合成材料 土工网

JT/T 514 公路工程土工合成材料 有纺土工织物

JT/T 515 公路工程土工合成材料 土工模袋

JT/T 518 公路工程土工合成材料 土工膜

JT/T 664 公路工程土工合成材料 防水材料

JT/T 665 公路工程土工合成材料 排水材料

JT/T 666 公路工程土工合成材料 轻型硬质泡沫材料

JT/T 667 公路工程土工合成材料 无纺土工织物

JT/T 668 公路工程土工合成材料 保温隔热材料

JTG E50 公路工程土工合成材料试验规程

3 术语和定义

下列术语和定义适用于本标准。

复合材料 composite materials

按工程应用的功能要求,有选择地将多种不同类型的土工合成材料产品复合成为一体的复合型制品。

4 产品分类

4.1 分类

4.1.1 复合材料的代号为O,按公路工程土工合成材料单项产品在复合材料中的功能分为若干个亚类。

4.1.2 复合材料亚类标注顺序的规定见表1。

表1 复合材料亚类标注顺序的规定

标注顺序	材料名称	代号	标注顺序	材料名称	代号
1	土工格栅	G	6	土工防水材	R
2	土工网	N	7	土工排水材	D
3	有纺土工织物	W	8	土工轻型硬质泡沫板	S
4	无纺土工织物	T	9	保温隔热材料	H
5	土工膜	M	10	土工模袋	F

注1：平面复合材料在上下两个表面若使用的是同一种产品材料，则应以小标称规格在前排序。若上下两个表面的产品及标称规格相同，则再按第二复合层排序，并以此类推。

注2：未列产品材料名称，其名称应特殊说明。参照"公路工程土工合成材料系列产品标准"。

4.2 型号

4.2.1 型号表示如下：

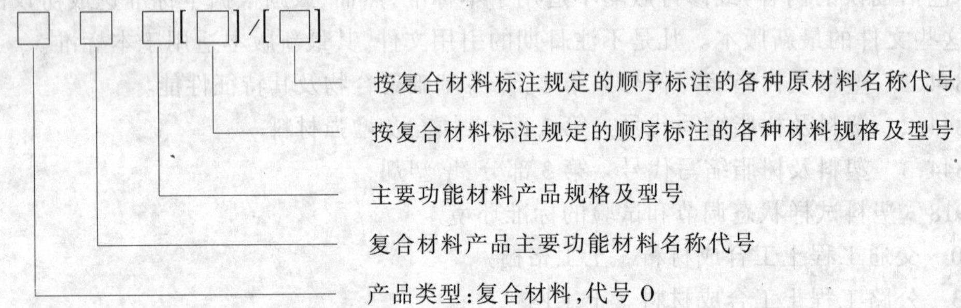

4.2.2 原材料名称与代号

复合材料原材料名称与代号应按 GB/T 1844.1、GB/T 1844.2 和 GB/T 1844.3 规定表示。

示例1：

用于防渗的平面复合材料的复合产品由上到下各层的排序为：①GSL80/HDPE、②WJ35/PA、③M1.5/PE、④TCZ15/PP、⑤GSB80/GE。表示为：OM1.5(GSL80—WJ35—M1.5—TCZ15—GSB80)/(HDPE—PA—PE—PP—GE)；简写为 OM1.5(GWMTG)。

示例2：

用于防渗的平面复合材料的复合产品由上到下各层的排序为：①GSL80/HDPE、②WJ35/PA、③M1.5/PE、④TCZ15/PP、⑤GSB60/GE。表示为：OM1.5(GSB60—TCZ15—M1.5—WJ35—GSL80)/(GE—PP—PE—PA—HDPE)。简写为 OM1.5(GTMWG)。

5 产品尺寸允许偏差

复合材料单位面积质量、尺寸允许偏差应符合表2规定。

表2 单位面积质量、尺寸允许偏差

项　目	允许相对偏差(%)	项　目	允许相对偏差(%)
单位面积质量	±5	宽度	+2
厚度	+5		

6 技术要求

6.1 理化性能

6.1.1 复合材料的性能技术指标应符合相应的土工合成材料产品标准 JT/T 480、JT/T 513、JT/T 514、JT/T 515、JT/T 518、JT/T 664、JT/T 665、JT/T 666、JT/T 667 和 JT/T 668 的规定。

6.1.2 复合材料力学性能指标还应满足表3规定。

表3 力学性能指标

项 目	指 标
剥离强度(kN/m)	大于两相邻土工合成材料中拉伸强度最小的那种材料规定标识拉伸强度的35%
复合后主要功能指标	按主要功能材料的测试规定进行;若有多种主要功能,则分别按主要功能产品的功能性指标测试规定进行

6.2 外观质量

6.2.1 产品颜色应色泽均匀,无明显油污、无损伤、无破裂。

6.2.2 对不同类型的复合材料还应符合各单类产品的技术规定。

7 试验方法

7.1 试验的状态调节按 GB/T 2918 的规定执行。

7.2 尺寸、单位面积质量、厚度、剥离强度的测试均应按 JTG E50 的规定进行。

7.3 其他性能的测定按相应的土工合成材料产品的技术标准规定进行。